中国社会科学院创新工程学术出版资助项目

蒙古语族语言语料库研究系列丛书

哈斯其木格 / 著

达斡尔语音系实验研究

社会科学文献出版社
SOCIAL SCIENCES ACADEMIC PRESS(CHINA)

总　序

　　国家社科基金重点项目"蒙古语族语言语料库研制"（编号：14AYY019）于 2014 年 6 月 15 日立项，成果之一是出版蒙古语族语言研究系列丛书。目前，该项目主要在两个方向上向前推进，一是蒙古书面语语料库及蒙古语方言土语研究，二是蒙古语族语言研究。前者除现代蒙古语书面语以外，还包括现代蒙古语喀喇沁土语、苏尼特土语等；后者包括达斡尔语、土族语和东乡语研究。

　　系列丛书由课题的阶段性成果和终极成果组成，阶段性成果主要由课题组成员博士论文补充、修改而成，包括音系学、形态学、句法学专著；终极成果为课题组呈报国家社科基金评审通过的专著，待评审结束后由指定出版社统一出版。

　　该系列丛书的出版，按照原设计思路，是想独立申请专项出版基金，但由于学校缺乏科研经费，只好改由课题组成员通过各种渠道分别申请社会各类出版基金。

　　语言科学、计算机科学和生物工程并称为现代社会三项先导科学。同国外加大语言科学研究投入相比，国内语言研究本身投入依然有限，研究范围也比较窄，甚至有的重要科研部门取消了语言研究专门机构，有的还自觉或不自觉地削弱现有多种语言的研究力量。在我国，目前人们过多地关注语言的社会功能，只强调汉语、英语等强势语言，却忽略了语言科学促进其他前沿科学的重要作用。没有自然语言编码及其模式的精细的深入的全方位的研究，计算机语言和人工智能研究就很难取得进展，计算机的自然语言处理能力和智能化是以自然语言编码的解读和仿真为前提的；计算机智能和人的智能的接轨迟早要实现，其重要前提是揭示并解读人脑的编码解码能力及其神经传递能力，而多种语言及其编码模式的研究，是研究人脑编码解码能力的最直接的途径；工控及现代化的各种操作平台、作战平台，以至互联网和私人通信，已构成现代社会庞大的信息链，创造、管理、维护、破解、控制信息链的能力，将成为人类文明进步的重要力量，也势必成为人类生死搏斗的重要战场。信息链的重要基础之一是信息编码和解码，以单一语言思维为基础的信息编码是贫乏、脆弱的，当民族、国家之间出现重大冲突时，信息链的强弱可能成为决定彼此胜负的重要因素。

最近几年，我国在量子通讯领域取得突破性进展，这对提高信息传送能力和接受质量、保障我国的通信安全，具有划时代的重要意义。语言的形式和内容互为表里，形式研究日新月异，语言本体研究也应该与时俱进，这是语言学家不可推辞的历史使命。

我们的能力非常有限，但是对蒙古语族语言展开一定规模的系统而细致的研究，不仅是为学术，为保护和保存民族语言，而更重要的是为国家的语言科学培养和积累具备战略眼光和先进技术的研究人才，以备将来不时之需。

包玉柱

2018 年 10 月 6 日

目 录

表目录

图目录

绪　论

一　达斡尔族

"达斡尔"是达斡尔民族自称。汉文史料有达呼尔、打虎儿、达瑚里、打虎力、达呼里、达古尔、达乌里、达乌尔等不同音译。[1] 有学者认为"达斡尔"一词与其族源有关，即契丹大贺氏和大贺部的音译。有关达斡尔族族源，主要观点有两种：蒙古分支说和契丹后裔说。蒙古分支说根据其语言特点，认为达斡尔人是蒙古族的分支，早期分开。契丹后裔说认为达斡尔人是契丹后裔，有以下几点根据。首先，达斡尔语中保留着契丹语，比如 $k^haso:$ "铁"。该词与契丹语同源，蒙古语族其他民族语言均无该词。其次，达斡尔族民间故事也说明了此点。比如民间故事里的领袖人物萨吉哈尔迪汗（ $sa:ʧkəlti: xan$ ）及其事迹是契丹辽灭亡后部分部族西迁的口传史实。另外，民俗传承中反映了契丹特征。根据史料记载，达斡尔族传统体育项目曲棍球也是辽代朝野普遍爱好的体育活动。只有达斡尔族传承曲棍球，保留到现代，蒙古语族其他民族都不玩曲棍球。

17世纪中叶，达斡尔族由黑龙江北岸南迁，原以嫩江及其支流甘河、讷谟尔河、诺敏河、阿荣河流域为聚居地，后来由于清政府的调遣，部分达斡尔人移居瑷珲、海拉尔、呼兰、新疆伊犁（后迁居塔城）等地。现今的达斡尔人主要居住在内蒙古自治区呼伦贝尔市海拉尔、鄂温克旗、莫力达瓦达斡尔族自治旗，黑龙江省齐齐哈尔市、讷河市，新疆维吾尔自治区塔城市等地。2010年的人口普查数据显示，我国达斡尔族有13万人。

---

① 《达斡尔族简史》修订编写组：《达斡尔族简史》，民族出版社，2008。

在历史上，达斡尔族经济形式多样。达斡尔人以游牧和游猎为主业，在黑龙江、嫩江等流域放牧生活，也善于打猎。清朝时期，达斡尔人开始定居，从事农业，种植大麦、小麦、燕麦、苏子、稷子、玉米等多种农作物。但狩猎依然是达斡尔人的重要经济活动。到18世纪末19世纪初，部分达斡尔人以伐木、运输木材、贩卖木材为生。新中国成立后，特别是20世纪七八十年代，国家开始禁猎，并禁止砍伐大兴安岭野生林木。随之，达斡尔人上缴猎枪，放下了砍伐工具。随着国内农业发展，达斡尔人逐渐放弃传统农业方式和农作物，开始种植大豆、玉米等经济作物。达斡尔人经济方式的改变对其语言的影响巨大，牧业、狩猎、林业、传统农业、野生动物、野生植物相关词语已大量流失。

二 达斡尔语研究综述

(一) 达斡尔语概况

达斡尔语属于阿尔泰语系蒙古语族，分为布特哈方言、齐齐哈尔方言、海拉尔方言和新疆方言等四个方言。布特哈方言的使用人口最多，使用者主要居住在内蒙古自治区呼伦贝尔市莫力达瓦达斡尔族自治旗（以下简称莫旗），以及呼伦贝尔市鄂伦春族自治旗，黑龙江省甘南县、讷河市、嫩江县、德都县、瑷珲县等地。布特哈方言分为纳文土语、讷莫尔土语、墨日根土语和瑷珲土语①。齐齐哈尔方言主要分布于黑龙江省齐齐哈尔市周围。海拉尔方言主要分布在内蒙古呼伦贝尔市海拉尔、鄂温克旗等地。新疆方言分布于新疆维吾尔自治区塔城等地。在语言使用方面，已出现母语型、兼用型和转用（汉语）型等几种分化②，越来越多的青少年正在转用汉语。本文研究对象为达斡尔语布特哈方言纳文土语，纳文土语主要分布在莫旗腾克镇和阿尔拉镇。纳文土语为活力最强，使用人口最多的土语，也是20世纪80年代创制达斡尔语记音符号的基础土语。

(二) 达斡尔语研究概况

在国外，从19世纪末起，俄罗斯人伊万诺夫斯基调查达斡尔语，发表

---

① 恩和巴图：《达斡尔语和蒙古语》，内蒙古人民出版社，1988，第23页。
② 丁石庆：《莫旗达斡尔族语言使用现状与发展趋势》，商务印书馆，2009，第179～183页。

《索伦语和达斡尔语范例》。1930 年鲍培在列宁格勒出版《达斡尔语方言》。1986 年，托达耶娃在莫斯科出版《达斡尔语言》。① 20 世纪初，俄罗斯学者鲁德涅夫、符拉基米尔佐夫、鲍培、桑杰耶夫等人先后出版或发表有关蒙古语族语言或达斡尔语研究论著，介绍达斡尔语。② 在日本出版的《大百科事典》《东洋历史大辞典》等著作中，提出达斡尔语隶属满—通古斯语族。③这一时期研究焦点是达斡尔语的归属问题。也有人认为达斡尔语属于东部蒙古语群的布里亚特方言（伊万诺夫斯基），符拉基米尔佐夫提出达斡尔语是蒙古语的一个方言，包括在东支里，而桑杰耶夫首次提出达斡尔语是独立的语言。

除此之外，在《蒙古语族语言》(*The Mongolic Languages*)④ 的第六章，津曲敏郎利用俄罗斯和中国学者已调查的达斡尔语语料、Hitoshi Kuribayashi (1989) 和 Shigeki Shiotani (1990) 等人的调查材料及其 1985~1986 年的田野调查语料（海拉尔方言区），对达斡尔语的音段音位、词结构、词法形式、词汇、句法进行了描写研究。

有关达斡尔语的大多数研究成果由国内学者完成。在国内，从 20 世纪50 年代开始调查达斡尔语，可总结为五个方面。

1. 田野调查

1955~1956 年，中国科学院组织人员进行全国语言普查。少数民族语言调查第五工作队达斡尔语调查组到内蒙古、黑龙江、新疆等地进行田野调查，记录语料。巴达荣嘎、孙竹、刚苏和等人编写《达斡尔语简志》初稿，仲素纯、乌珠尔、清格尔泰、拿木四来发表文章，介绍了达斡尔语概貌。仲素纯 1981 年出版了《达斡尔语简志》。

1980 年，内蒙古大学蒙古语文研究室组织人员，按照统一大纲，对国内蒙古语族语言以及蒙古语卫拉特方言、巴尔虎—布里亚特方言进行第二次调查。由恩和巴图带队到莫旗进行为期三个月的语言调查，编写《达斡

① 转引自恩和巴图《达斡尔语和蒙古语》、欧南乌珠尔《达斡尔语概论》、丁石庆《达斡尔语言与社会文化》等论著。
② 恩和巴图：《达斡尔语和蒙古语》，第 18~20 页。
③ 欧南·乌珠尔：《达斡尔语概论》，哈尔滨出版社，2003，第 5~6 页。
④ Juha Janhunen, *The Mongolic Languages*, Routledge 11 New Fetter Lane, London, EC4P4EE, 2003. 该书第六章为 Toshiro Tsumagari（津曲敏郎）所撰写的达斡尔语概论。

尔语调查报告》，并在此基础上出版了《达斡尔语和蒙古语》① 《达斡尔语词汇》② 《达斡尔语话语材料》③ 《达汉小词典》④ 等著作。

从 20 世纪 90 年代到目前，丁石庆、其布尔哈斯、呼和等人从语言使用、语言本体研究或语音实验的角度进行调查，大部分调查都集中在莫旗布特哈方言区，还有一部分调查在海拉尔方言区（梅花）和新疆方言区（丁石庆）内进行。相比 20 世纪 50 年代和 80 年代的调查，后期调查设备和技术有了明显的改善，更注重语料保存，更大程度上关注语言使用和传承。

2. 语言本体研究

综合研究：《中国蒙古语族语言和方言概况》⑤ 在第四到第九篇中，描写蒙古语族各语言的语音、音系、语法以及词汇，包括达斡尔语。《达斡尔语概况》⑥ 专题研究达斡尔语，描写其语音、词法、句法。《达斡尔语简志》⑦ 介绍达斡尔语概貌，后附 700 多条达斡尔语单词。恩和巴图的《达斡尔语和蒙古语》描写达斡尔语语音、语法和词汇，对蒙古语和达斡尔语语音进行详细比较，分析达斡尔语中所保留的蒙古语族语言早期特征。《达斡尔语与蒙古语比较》⑧ 用描写、对比等方法对达斡尔语和蒙古语的方言、语音、词法和句法进行研究，后附达斡尔语布特哈方言纳文土语 4000 多个单词、15 则民间文学文本以及 34 条谚语。《达斡尔语概论》⑨ 系统描写达斡尔语系属、方言、语音、词法、句法，后附日常对话、民间故事等约 1.4 万词的语料。

专题研究：《达斡尔语元音和谐》⑩ 分析达斡尔语词内元音相互适应和排斥规律，跟蒙古语进行对比，提出了达斡尔语的元音和谐规则以及元音

---

① 恩和巴图：《达斡尔语和蒙古语》，内蒙古人民出版社，1988。
② 恩和巴图：《达斡尔语词汇》，内蒙古人民出版社，1984。
③ 恩和巴图：《达斡尔语话语材料》，内蒙古人民出版社，1985。
④ 恩和巴图：《达汉小词典》，内蒙古人民出版社，1983。
⑤ 清格尔泰：《中国蒙古语族语言和方言概况》（蒙古文），《蒙古语文》1957 年第 11、12 期；《蒙古历史和语文》1958 年第 1、4、6、7、12 期。
⑥ 仲素纯：《达斡尔语概况》，《中国语文》1965 年第 4 期。
⑦ 仲素纯：《达斡尔语简志》，民族出版社，1981；2006 年由丁石庆修订再版。
⑧ 拿木四来、哈斯额尔敦：《达斡尔语与蒙古语比较》（蒙古文），内蒙古人民出版社，1983。
⑨ 欧南·乌珠尔：《达斡尔语概论》，哈尔滨出版社，2003。
⑩ 仲素纯：《达斡尔语元音和谐》，《民族语文》1980 年第 4 期。

阴阳之分的理由。《关于达斡尔语和蒙古语同源词》① 作者利用 1990 年在莫旗尼尔基镇和腾克公社进行田野调查所得的 2500 多个单词，进行达斡尔语和蒙古语同源词比较研究，发现达斡尔语布特哈方言单词里，与蒙古语有同源关系的词有 1600 多个。《达斡尔语和蒙古语同源词词义比较研究》② 作者 2006 年到 2011 年间在达斡尔语四大方言区进行田野调查，对达斡尔语和蒙古语同源词词源问题进行对比研究。《达斡尔语的传据语用策略》③ 以传据范畴的概念，对达斡尔语传据形式及功能进行了分析。《达斡尔语中的满—通古斯语借词》④《论达斡尔语中的满语借词》⑤《试论汉语对达斡尔语的影响》⑥ 等文章分析了达斡尔语中的借词。斯仁巴图⑦、希德夫⑧、乌尼尔其其格⑨等人在达斡尔语和鄂温克语、维吾尔语之间进行了比较研究。其他涉及达斡尔语语法、语义等方面的论著还有《达斡尔语的亲属称谓》⑩《达斡尔语的领属后缀》⑪《达斡尔语的谓语人称范畴》⑫《关于达斡尔语的格》⑬《关于达斡尔语动名词》⑭《试论达斡尔语的"类指"范畴》⑮《达斡尔语名词语法成分的重叠》⑯《达斡尔语和蒙古语同源词词义差异》⑰ 等。

① 乌力吉达来：《关于达斡尔语和蒙古语同源词》（蒙古文），硕士学位论文，内蒙古师范大学蒙古语言文学系，1991 年。
② 其布尔哈斯：《达斡尔语和蒙古语同源词词义比较研究》（蒙古文），内蒙古人民出版社，2013。
③ 丁石庆：《达斡尔语的传据语用策略》，《民族语文》2012 年第 6 期。
④ 朝克：《达斡尔语中的满—通古斯语借词》，《民族语文》1988 年第 4 期。
⑤ 丁石庆：《论达斡尔语中的满语借词》，《满语研究》1990 年第 1 期。
⑥ 塔娜：《试论汉语对达斡尔语的影响》，《内蒙古大学学报》1982 年 Z1 期。
⑦ 斯仁巴图：《鄂温克语和达斡尔语、蒙古语的形动词比较》，《满语研究》2001 年第 1 期。
⑧ 希德夫：《达斡尔语与鄂温克语语音比较》，《满语研究》2004 年第 2 期。
⑨ 乌尼尔其其格：《达斡尔语和维吾尔语谓语性人称附加成分的比较》，《新疆师范大学学报》2005 年第 2 期。
⑩ 仲素纯：《达斡尔语的亲属称谓》，《语言研究》1985 年第 1 期。
⑪ 拿木四来：《达斡尔语的领属后缀》，《内蒙古师范学院学报》1980 年第 2 期。
⑫ 拿木四来：《达斡尔语的谓语人称范畴》，《民族语文》1981 年第 2 期。
⑬ 恩和巴图：《关于达斡尔语的格》，《内蒙古大学学报》（蒙古文）1985 年第 3 期。
⑭ 丁石庆：《关于达斡尔语动名词》，《语言与翻译》1993 年第 2 期。
⑮ 丁石庆：《试论达斡尔语的"类指"范畴》，《中央民族大学学报》1991 年第 5 期。
⑯ 丁石庆：《达斡尔语名词语法成分的重叠》，《中央民族学院学报》1989 年第 6 期。
⑰ 其布尔哈斯：《达斡尔语和蒙古语同源词词义差异》，《内蒙古社会科学》（蒙古文）2009 年第 6 期。

3. 社会语言学和文化语言学研究

《达斡尔语言与社会文化》① 结合达斡尔语和达斡尔文化，从文化语言学的视角，研究达斡尔语，尤其对宗教词语、人名和地名的文化内涵、语言接触与文化等方面进行了深入分析。《莫旗达斡尔族语言使用现状与发展趋势》② 利用社会语言学的理论和方法，对莫旗境内达斡尔人语言使用情况、转用汉语的模式以及语言传承和保留现状等做了研究。《莫旗达斡尔族语言发展趋势预测》③《达斡尔族早期狩猎文化的母语重建》④《论达斡尔族母语文化的物质层次》⑤ 等多篇论文用社会语言学和文化语言学的方法研究了达斡尔语。

4. 达斡尔族文献及文字研究

18～19 世纪，达斡尔人借用满文字母书写达斡尔语，形成了满文字母的达斡尔文，到 19 世纪末期，其拼写方法基本规律化，对创立达斡尔族书面文学及达斡尔族文学语言起了决定性的作用。⑥《清代达呼尔文文献研究》⑦ 将 19 世纪达斡尔族文学大师敖拉昌兴等人的 51 篇文学作品译为汉语，并做了注释。《清代"达呼尔文"研究》⑧ 从历史、语言文字系统，以及人类语言学的角度对清代"达呼尔文"进行了较为全面的剖析。《19 世纪达斡尔人使用的文字》⑨《〈满达词典〉研究》⑩《论清代"达呼尔文"的历史文化价值》⑪ 等论著对清代达斡尔人所使用的文字进行了研究。

新中国成立后，前后两次起草创建达斡尔文字方案。20 世纪 50 年代用斯拉夫字母创建达斡尔文字，因众多原因夭折。80 年代以拉丁字母为基本字母，以汉语拼音方案为参考方案，以布特哈方言为基础方言，以布特哈

---

① 丁石庆：《达斡尔语言与社会文化》，中央民族大学出版社，1998。

② 丁石庆：《莫旗达斡尔族语言使用现状与发展趋势》，商务印书馆，2009。

③ 丁石庆：《莫旗达斡尔族语言发展趋势预测》，《中央民族大学学报》2008 年第 5 期。

④ 丁石庆：《达斡尔族早期狩猎文化的母语重建》，《满语研究》2004 年第 1 期。

⑤ 丁石庆：《论达斡尔族母语文化的物质层次》，《民族语文》1994 年第 3 期。

⑥ 恩和巴图：《谈满文字母的达斡尔文》，《民族语文》1994 年第 2 期。

⑦ 恩和巴图：《清代达呼尔文文献研究》，内蒙古大学出版社，2001。

⑧ 郭蕊：《清代"达呼尔文"研究》，博士学位论文，中央民族大学少数民族语言文学学院，2007 年。

⑨ 恩和巴图：《19 世纪达斡尔人使用的文字》，《内蒙古大学学报》1996 年第 6 期。

⑩ 恩和巴图：《〈满达词典〉研究》，《满语研究》1994 年第 2 期；恩和巴图：《〈满达词典〉研究（二）——满达词汇对照》，《满语研究》1995 年第 2 期。

⑪ 丁石庆：《论清代"达呼尔文"的历史文化价值》，《黑龙江民族丛刊》2001 年第 3 期。

方言纳文土语为基础语音，提出达斡尔文字方案。后称其为"达斡尔语记音符号"。"达斡尔语记音符号"所用的字母如下[1]：

短元音字母 6 个：a，e，i，ie，o，u

长元音字母 6 个：aa，ee，ii，iee，oo，uu

复合元音字母 16 个：ai，ei，oi，ui，ao，eu，ua，ue，ia，io，iu，iaa，uaa，ioo，uai，iao

辅音字母 18 个：b，p，m，f，d，t，n，l，g，k，h，j，q，x，s，r，y，w

借音字母 11 个：z，c，v，zhi，chi，shi，ri，zi，ci，si，ng

5. 达斡尔语词典和词汇集

最早出现的达斡尔语词典是 1892 年达斡尔人顺泰编著的《满汉达呼尔合璧大词典》。这是一部分类词典，包括了达斡尔语 36 类语词。[2] 从 20 世纪 80 年代到目前为止的 30 多年间，开英、恩和巴图、胡和、刚苏和、拿木四来、那顺达来、苏都日图木热等人前后出版或编写了达斡尔语各种词典或词汇集 10 部左右。

（三）达斡尔语语音研究情况

在达斡尔语语音和音系研究论著中，绝大多数为布特哈方言纳文土语语音研究著作，布特哈方言其他土语以及齐齐哈尔方言、新疆方言、海拉尔方言的语音研究著作较少。以下，以发表年份前后为序，介绍达斡尔语语音和音系研究概况，若无特别说明，研究对象均为布特哈方言纳文土语。

（1）《中国蒙古语族语言和方言概况》用俄文字母记录达斡尔语语音，认为①达斡尔语音系有 5 个短元音、5 个长元音、8 个复合元音、18 个辅音、3 个借词辅音和 6 种音节类型；②达斡尔语有辅音腭化和唇化现象；③重音在第一音节；④有元音和谐律，a、o 是阳性元音，ə 是阴性元音，и、y 是中性元音，规则是阳性和阴性元音不能出现在同一个词里。

（2）《达斡尔语概况》[3] 认为①达斡尔语母语音位有 6 个短元音、6 个长元音、6 个复元音（前响）、18 个单辅音、10 个腭化辅音、9 个唇化辅

---

① 恩和巴图：《达斡尔语记音符号》，《内蒙古大学学报》（哲学社会科学版）1983 年第 3 期。

② 恩和巴图：《〈满达词典〉研究》，《满语研究》1994 年第 2 期。

③ 仲素纯：《达斡尔语概况》，《中国语文》1965 年第 4 期。

音；借词音位有 2 个长元音、2 个复元音（后响）、3 个单辅音；②m、n、l、r、b、k 等辅音结合 d、t、ʤ、ʧ、s、ʃ、k 等辅音，形成复辅音；③有 4 种音节类型；④重音在第一音节，第一音节元音发音清晰，比其他音节元音略长；⑤没有全面的元音和谐，部分词有和谐，和谐规则是第一音节的元音决定后续音节元音；⑥有增音、减音、同化等语音变化。

（3）《达斡尔语简志》① 基本坚持了《达斡尔语概况》的观点，但稍有变动，如：①有 11 个腭化辅音，多了一个 pj；②有 12 个唇化辅音，多了 mw、lw、ʤw 等 3 个辅音；③提出了更多复辅音组合，如 b、m、n、l、r、g、k、ŋ 后加 d、t、ʤ、ʧ、s、ʃ、p、dw、sw、kw、tw、gw 等辅音，形成辅音组合。

（4）《达斡尔语与蒙古语比较》② 提出，达斡尔语：①有 6 个短元音、6 个长元音、10 个复合元音、18 个单纯辅音、14 个腭化辅音和 8 种音节类型；②重音在词的第一音节，第一音节元音发音清晰，其他音节元音短、模糊；③元音和谐律复杂，中性元音多，有词干元音和谐和词干与词缀间的元音和谐等；④有同化、异化等音变现象。

（5）《论达斡尔族语言》（上）③ 根据布特哈土语纳文话（该文认为达斡尔语没有方言差别，布特哈只是土语），提出达斡尔语①有 6 个短元音、6 个长元音、18 个复元音、2 个借词元音、18 个单纯辅音、6 个腭化辅音和 6 种音节类型；②重音落在第一音节，第一音节元音发音清晰；③元音和谐律不如蒙古语严整，一个词里可以出现很多种元音。

（6）《达斡尔语和蒙古语》④ 所做的语音和音系描写比较详尽，该著作也是达斡尔语研究中影响最大的著作。文中提出达斡尔语①有 6 个短元音、6 个长元音、6 个复元音、8 个借词元音、17 个单辅音、11 个腭化辅音、13 个唇化辅音、2 个借词辅音、6 种音节类型；②m、l、n、r、b、j、g、ɣ 和 t、d、k、s、ʤ、ʧ、ʃ、p 等辅音相互组合，形成复辅音；③有固定在第一音节的着力重音和落在末尾音节的音调重音；④元音和谐比较完整，有独立元音的和谐、独立元音与依附元音的和谐、词干元音与附加成分元音的

① 仲素纯：《达斡尔语简志》，民族出版社，1981；2006 年由丁石庆修订再版。
② 拿木四来、哈斯额尔敦：《达斡尔语与蒙古语比较》（蒙古文），内蒙古人民出版社，1983。
③ 孙竹：《论达斡尔族语言》（上），《青海民族学院学报》1983 年第 4 期。
④ 恩和巴图：《达斡尔语和蒙古语》，内蒙古人民出版社，1988。

和谐等几种；⑤有语流音变现象。

（7）《达斡尔语与蒙古语异同比较》① 认为达斡尔语①有 7 个短元音、6 个长元音、7 个复合元音、1 个借词元音、16 个基本辅音和 1 个借词辅音；②元音和谐律比较严密；③有音变现象。与其他论著不同的是，该文认为达斡尔语有 ɔ、ɷ、u 等 3 个圆唇元音，并提出达斡尔语元音和谐律比较严整。

（8）《新疆达斡尔语语音及其特点》② 分析达斡尔语新疆方言的语音特点，并在新疆方言、布特哈方言和齐齐哈尔方言语音之间进行了比较，提出新疆达斡尔语已受到哈萨克语的影响。该文认为新疆达斡尔语有短元音、长元音和复合元音各 6 个，有 19 个单辅音，腭化辅音和唇化辅音各 11 个，词重音出现后移趋向。

（9）《达斡尔语概论》③ 根据布特哈方言和齐齐哈尔方言的特点，提出达斡尔语①有 6 个短元音、6 个长元音、19 个复合元音、20 个母语辅音、4 个借词辅音、6 种音节类型；②有复辅音；③重音固定在第一音节，第一音节元音不会拉长，不会着力，重音没有区别词义功能；④元音和谐被限制在词根和词干里，有舌位和谐和唇形和谐；⑤有鼻化、腭化、唇化、同化、交替等音变现象。与其他研究不同的是，该书作者提出腭化和唇化是一种音变现象。

（10）《达斡尔语与蒙古书面语语音比较》④ 认为达斡尔语①有 6 个短元音、6 个长元音、3 个复元音、19 个母语辅音、5 个借词辅音；②有腭化辅音和唇化辅音。

（11）《达斡尔语布特哈方言语音特点》⑤ 在描写布特哈方言语音特点的同时又在达斡尔语四个方言语音之间做了比较，认为达斡尔语布特哈方言①短元音、长元音、复合元音和借词元音各有 6 个，有 17 个母语辅音、2 个借词辅音、11 个腭化辅音、13 个唇化辅音；②元音可分为阳性、阴性和中性，阳性和阴性元音内部和谐，同时各自与中性元音和谐。

---

① 巴达荣嘎：《达斡尔语与蒙古语异同比较》，《民族语文》1988 年第 6 期。
② 丁石庆：《新疆达斡尔语语音及其特点》，《语言与翻译》1995 年第 1 期。
③ 欧南·乌珠尔：《达斡尔语概论》，哈尔滨出版社，2003。
④ 何日莫其：《达斡尔语与蒙古书面语语音比较》，《黑龙江民族丛刊》1991 年第 4 期。
⑤ 丁石庆：《达斡尔语布特哈方言语音特点》，《民族语文》2008 年第 6 期。

（12）津曲敏郎（Toshiro Tsumagari）在 *The Mongolic Languages* 里根据达斡尔语海拉尔方言的语料，提出达斡尔语①有 5 个短元音、5 个长元音、7 个复合元音、17 个母语辅音、2 个借词辅音、11 个腭化辅音、13 个唇化辅音；②音节结构可描写为：（C）（G）V（V）（（C）C）（G），V 为 Vowel，C 为 Consonant，G 为 Glad，括号内的音可有可无，只有不在括号里的音是不可或缺的；③重音（stress）在第一音节，音高（pich）在最后音节；④有元音和谐律，元音可分为阳性、阴性和中性等三种。

（13）《达斡尔语海拉尔方言元音声学分析》① 首次用实验语音学的方法分析达斡尔语海拉尔方言区 4 名发音人（2 男、2 女）的发音语料（800 个孤立发音的单词），得出达斡尔语海拉尔方言①词首音节有 9 个短元音，非词首音节有 6 个短元音，有词末弱短元音；②词首和非词首音节各有 8 个长元音音位；③有 16 个复合元音；④词重音不是固定在第一音节；⑤有阴阳和谐等观点。

（14）《达斡尔语的元音和谐》② 研究达斡尔语元音和谐，认为达斡尔语的元音和谐规律比较复杂，元音可分为阳性、阴性和中性三种，中性元音较多，有阴阳和谐现象。

（15）《音系规划及其在达斡尔语中的应用》③ 利用 20 世纪后半叶兴起的生成音系理论，研究了达斡尔语音系规则。

（16）《达斡尔语词首音节短元音声学分析》④ 用实验语音学的方法分析达斡尔语布特哈方言区 1 名男性发音人的发音语料，认为达斡尔语布特哈方言词首音节有 ɐ、ə、i、o、u、ɛ 等 6 个短元音。该文对 ɐ、ɛ 两个元音的舌位描写和国际音标选用均不同于其他论著。

（17）《达斡尔语四种方言中的辅音 k 与 x 的对应的演变》⑤ 利用恩和巴

---

① 梅花：《达斡尔语海拉尔方言元音声学分析》，硕士学位论文，内蒙古大学蒙古学学院，2009 年。

② 仲素纯：《达斡尔语的元音和谐》，《民族语文》1980 年第 4 期。

③ 白纯：《音系规划及其在达斡尔语中的应用》，硕士学位论文，黑龙江大学外国语学院，1992 年。

④ 其布哈斯、呼和：《达斡尔语词首音节短元音声学分析》，第 9 届中国语音学会议论文，南开大学，2010 年 8 月。

⑤ 山田洋平：《达斡尔语四种方言中的辅音 k 与 x 的对应的演变》，硕士学位论文，内蒙古大学蒙古学学院，2013 年。

图、开英、胡和、津曲敏郎等人的语料（各为布特哈方言、新疆方言、齐齐哈尔方言、海拉尔方言），基于津曲敏郎提出的"强音的影响""擦音化"等概念，研究了达斡尔语软腭辅音的分布规则。

（18）《达斡尔语布特哈方言的辅音同化》① 统计作者 2008 年录制的 1600 个单词中出现的辅音同化现象，分析辅音同化规律，提出布特哈方言的辅音有顺同化、逆同化、半同化等多种现象。

除此之外，还有《新疆达斡尔语小舌音浅析》②《哈萨克语对新疆达斡尔语语音的影响》③ 等文分析了达斡尔语新疆方言的语音特点。《达斡尔语和蒙古语元音比较》④《达斡尔语海拉尔方言词首唇化辅音》⑤《蒙古语 b、d、g、s 音与达斡尔语 r 音之间的对应关系》⑥《达斡尔语海拉尔方言的非词首短元音的央化现象》⑦等论文对达斡尔语语音特点进行了研究。

（四）总结

有关达斡尔语短元音、长元音、单辅音、重音等问题，大部分人意见一致，认为达斡尔语布特哈方言有/a、o、ə、u、e、i/等 6 个短元音以及相对应的 6 个长元音，少数人认为有 5 个短元音和 5 个长元音。人们一共记录了 25 个单辅音，其中/b、p、m、w、d、t、s、n、l、r、ʤ、ʧ、ʃ、j、g、k、x/等 17 个辅音为大家意见一致的基本辅音，除此以外还记录了/ŋ、z、f、tɕ、tɕʰ、ɕ、ɣ、g⑧/等 8 个单辅音。大部分人认为达斡尔语有着力重音，落在词的第一音节。也有人提出达斡尔语还有音调重音，在词末音节。另外，有关复合元音、借词音、腭化辅音、唇化辅音、元音和谐律等问题，

① 其布尔哈斯：《达斡尔语布特哈方言的辅音同化》，《中国蒙古学》（蒙古文）2007 年第 2 期。
② 丁石庆：《新疆达斡尔语小舌音浅析》，《民族语文》1992 年第 5 期。
③ 丁石庆：《哈萨克语对新疆达斡尔语语音的影响》，《语言与翻译》1991 年第 4 期。
④ 阿如含：《达斡尔语和蒙古语元音比较》，《赤峰师范专科学院学报》（蒙古文）2012 年第 2 期。
⑤ 敖云高娃：《达斡尔语海拉尔方言词首唇化辅音》，《内蒙古社会科学》（蒙古文）2008 年第 4 期。
⑥ 马银亮：《蒙古语 b、d、g、s 音与达斡尔语 r 音之间的对应关系》，《中国蒙古学》（蒙古文）2005 年第 1 期。
⑦ 梅花：《达斡尔语海拉尔方言的非词首短元音的央化现象》，《内蒙古社会科学》（蒙古文）2014 年第 3 期。
⑧ 不同人用同一符号记录不同辅音，该/g/为浊塞音，而上述 17 个辅音中的/g/记录的是清塞音。

各家亦持有不同意见，而有关音节的研究较少，很少有人涉及音系规则问题。下面，以表 1、表 2、表 3 展示上述 13 部论著研究成果，以便互相对比。

表 1　达斡尔语元音研究成果对比（以作者姓名
第一字和年份区分不同的论著，下同）

	短元音	长元音	复合元音	借词元音
清	5：a, ə, и, o, y	5：ā, ə̄, ӣ, ō, ȳ	8：ан, ay, ен/ие, эɣ（эy）, ои, уи/ɣи, уэ/уɛ, yo	
仲, 65	6：a, o, ə, u, e, i	6：aa, oo, əə, uu, ee, ii	6：ai, oi, əi, ui, əu, au	4：yy, ў, ya, ye
仲, 81	6：a, o, ə, u, e, i	6：aa, oo, əə, uu, ee, ii	6：ai, oi, əi, ui, əu, au	4：yy, ў, ya, ye
拿	6：ɑ, ə, i, ɔ, ʉ, e	6：ɑː, əː, iː, ɔː, ʉː, eː	10：ɑi, əi, ɔi, ʉi, ɑʉ, əʉ, ʉɑ, eɑ, ɔɑ, iɑ	
孙	6：ɑ, o, ə, e, i, u	6：aa, oo, əə, ee, ii, uu	18：iɑ, io, iə, iu, uɑ, uə, ye, yɑ, ɑi, oi, əi, ui, ɑu, əu, uɑi, uəi, uɑi, iəu	2：y, yy
恩	6：ɑ, o, ə, e, i, u	6：ɑː, oː, əː, eː, iː, uː	6：ɑi, oi, əi, ui, ɑu, əu	8：y, yː, ʅ（ʅː）, ɚ, yɑ, yɑː, ye
巴	7：ɑ, ə, i, ɔ, ⱺ, u, e	6：ɑː, əː, iː, ɔː, ⱺː, uː	7：ɑi, əi, ⱺi, ui, ɑⱺ, əu, iu	1：y
丁, 95	6：a, o, ə, e, i, u	6：aa, oo, əə, ee, ii, uu	6：ɑi, oi, əi, ui, ɑu, əu	
乌	6：a, ə, i, o, u, ɣ	6：aː, əː, iː, oː, uː, ɣː	19：ai, ei, oi, ui, ao, eu, ie, ue, uo, ia, ie, io, iaa, iee, ioo, iai, iei, iao, ieu	
何	6：ɑ, ə, i, e, u, ɔ	6：ɑː, əː, iː, eː, ɔː, uː	3：ɑi, ɑu, ɔi	
丁, 08	6：a, o, ə, e, i, u	6：ɑː, oː, əː, eː, iː, uː	6：ɑi, oi, əi, ui, ɑu, əu	6：y, yː, ʅ, ɚ, yɑ, ye
津曲	5：ɑ, e, i, o, u	5：ɑɑ, ee, ii, oo, uu	7：ɑi, oi, ei, ui, ɑu, əu, ie	
梅	9：ʌ, ə, i, ɔ, ʊ, u, ɛ, e, œ	9：ʌː, əː, iː, ɔː, ʊː, uː, ɛː, eː, yː	15：ʌi, ʌu, ui, ɔɑ, əuɛ, ɜ, əi, iɔ, ɔi, ʌi, ʊʌ, iɔ, iu, uə, iʌi, ʊʌi	

表 2　达斡尔语辅音研究成果对比

	单辅音	腭化辅音	唇化辅音	借词辅音
清	18：б, в, м, п, д, т, н, л, р, с, ж, ч, ш, j, г, к, н, х	有辅音腭化现象	有辅音唇化现象	3：ф, ц, з
仲，65	18：b, p, m, w, d, t, s, n, l, r, ʤ, ʧ, ʃ, j, g, k, x, ŋ	10：bj, dj, gj, tj, kj, xj, mj, nj, lj, rj	9：bw, dw, gw, tw, kw, ʧw, sw, xw, nw	5：f, dz, tʂ, ʂ, z̻
仲，81	18：b, p, m, w, d, t, s, n, l, r, ʤ, ʧ, ʃ, j, g, k, x, ŋ	11：bj, pj, dj, gj, tj, kj, xj, mj, nj, lj, rj	12：bw, mw, dw, tw, sw, lw, rw, ʤw, ʧw, gw, kw, xw	5：f, dz, tʂ, ʂ, z̻
拿	18：b, p, m, w, f, n, l, r, d, t, s, ʤ, ʧ, ʃ, j, g, k, x	14：bʲ, pʲ, mʲ, nʲ, lʲ, rʲ, dʲ, tʲ, ʤ, ʧ, ʃ, gʲ, kʲ, xʲ		
孙	18：b, p, w, m, f, d, t, s, n, l, r, ʤ, ʧ, ʃ, j, g, k, x	6：bj, mj, nj, lj, rj, gj		
恩	17：b, p, m, w, s, d, t, n, l, r, ʤ, ʧ, ʃ, j, g, k, x	11：bʲ, pʲ, mʲ, dʲ, tʲ, nʲ, lʲ, rʲ, gʲ, kʲ, xʲ	13：bʷ, mʷ, dʷ, tʷ, nʷ, lʷ, sʷ, gʷ, kʷ, xʷ, ʤʷ, ʧʷ, ʃʷ	2：f, ŋ
巴	16：n, b, p, x, g, l, m, s, ʃ, t, d, ʧ, ʤ, j, r, w			1：f
丁，95	19：b, p, m, w, d, t, n, l, r, s, z, ʤ, ʧ, ʃ, j, g, k, x, ŋ	11：bj, phj, mj, dj, tj, nj, lj, rj, gj, kj, xj	11：dw, tw, sw, lw, ʤw, nw, ʧw, ʃw, gw, kw, xw	
乌	20：b, pʰ, m, w, d, tʰ, n, l, r, s, ʧ, ʧʰ, ʃ, tɕ, tɕʰ, ɕ, j, g, kʰ, x	13：b, pʰ, m, d, tʰ, n, l, r, tɕ, tɕʰ, ɕ, g, kʰ	3：tʰ, g, kʰ	4：f, ts, tsʰ, ŋ
何	19：n, ŋ, p, p′, x, k, g, ɣ, l, m, s, ʃ, t, t′, ʧ, ʧ′, j, r, w	有腭化辅音	有唇化辅音	5：f, ts, tʂ, ʂ, z̻
丁，08	17：b, p, m, w, s, d, t, n, l, r, ʤ, ʧ, ʃ, j, g, k, x	11：bʲ, pʲ, mʲ, dʲ, tʲ, nʲ, lʲ, rʲ, gʲ, kʲ, xʲ	13：bʷ, mʷ, dʷ, tʷ, nʷ, lʷ, sʷ, gʷ, kʷ, xʷ, ʤʷ, ʧʷ, ʃʷ	2：f, ŋ
津曲	17：t, c, k, b, d, j, g, s, sh, x, m, n, ng, l, r, w, y	11：py, ty, ky, by, dy, gy, xy, my, ny, ly, ry	13：tw, cw, kw, bw, dw, jw, gw, sw, shw, xw, mw, nw, lw	2：p, f

表3 达斡尔语超音段特征研究成果对比

	复辅音	音节	重音	元音和谐
清		V、VC、CV、CVC、VCC、CVCC	在第一音节	阳 a，o；阴 ə；中 и，y。阳性和阴性元音不能出现在同一个词里
仲，65	m、n、l、r、b、k＋d、t、ʤ、ʧ、s、ʃ、k	V、VC、CV、CVC	在第一音节	没有全面的元音和谐，部分词有和谐；词的第一音节的元音决定后续音节长元音和复合元音
仲，81	b、m、n、l、r、g、k、ŋ＋d、t、ʤ、ʧ、s、ʃ、p、dw、sw、kw、tw、gw	V、VC、CV、CVC	在第一音节	元音分阳性、阴性、中性，固有词能分阴阳，和谐受到破坏
拿		V、VC、CV、CVC、VV、VVC、CVV、CVVC，	在第一音节	有词干元音和谐、词干和词缀的和谐
孙		V、VC、CV、CVC、VCC、CVCC	在第一音节	不严整
恩	m、l、n、r、b、j、g、ɣ＋t、d、k、s、ʤ、ʧ、ʃ、p	V、VC、VCC、CV、CVC、CVCC	着力重音在第一音节，音调重音在末音节	有独立元音的和谐；独立元音与依附元音的和谐；词干元音与附加成分元音的和谐
巴				比较严密
丁，95			有后移趋向	
乌	收音性与收音性之间；开音性与开音性之间；收音性与开音性之间	V、VC、VCC、CV、CVC、CVCC		有舌位和谐，唇形和谐
何				
丁，08				有阴阳和谐和唇形和谐
津曲		(C)（G）V（V）（(C) C)（G）	stress 在第一音节，pich 在最后音节	阳性：a、aa、ai、au、o、oo、oi、ie；阴性：e、ee、ei、eu、uu、ui；中性：u、i、ii
梅			不在第一音节	有阴阳和谐

　　总之，人们已对达斡尔语系属、方言划分、语音、音系、文字史、词法、句法、词汇等方面有了一定程度的研究，已解决达斡尔语系属、方言划分等问题，并收集大量词汇和长篇语料，但存在不少问题。首先，研究

领域覆盖面相对窄。词法、词汇、语义研究多而深入，音系和句法研究少。其次，方法相对单一，使用传统语言学的描写、对比、比较等方法较多，现代语言学研究方法使用得少。最后，各方言土语的研究不平衡。布特哈方言纳文土语的研究较多，其他方言土语的研究少，特别是齐齐哈尔方言研究很少。除此之外，虽然已有人关注到达斡尔语濒危情况，开始研究语言使用情况，收集语料，挽救语言，但力量薄弱，需要更多人力和财力。

从布特哈方言语音和音系研究情况来看，单元音、单辅音和重音的问题在共识上分歧少，但在复元音、腭化辅音、唇化辅音、借词音、复辅音、元音和谐律等方面意见分歧较大，在音系规则方面的研究几乎是空白。虽然有很多学者描写过达斡尔语音节模式，但未能深入分析其组合规律。大部分学者认同重音在第一音节，但没有人分析过布特哈方言词内音调模式及其重音之间的关系。有学者使用实验方法分析过布特哈方言纳文土语的元音，但只分析了词首音节短元音，对其他元音、辅音、超音段特征等语音现象，还未进行基于实验数据的量化描写。达斡尔语研究虽然已取得很多成就，但仍然需要使用实验音系学理论和方法，结合声学和功能分析，从音段音位、音段音位以下的区别特征和音段音位以上的超音段特征角度，全面而细致地分析达斡尔语的音系。

总的看，以往研究偏重语言归属和比较、搜集语料、分析同源词，而忽略了达斡尔语固有特点。传统研究偏重基础研究，忽略了语言研究的实践目的。就方法论而言，传统研究着重分科（语音、词法、句法）研究，没有充分注意语音现象同形态和词汇系统之间的关系、音段特征同超音段特征之间的关系，因而对很多语音现象解析不够。

三 研究意义、内容和方法

（一）研究意义和内容

鉴于以上研究概况，本文以达斡尔语布特哈方言纳文土语的语料为研究对象，对其语音进行声学分析，量化描写该土语元音、辅音、词内音调模式，进一步用功能对立、语音自然类及区别特征理论分析其音系，归纳音系规则。

（1）基于现代实验语音学的理论框架和方法，利用高质量录音器材和通用的语音分析软件，进行数据采集、声学分析和数据统计，量化描写达斡尔语语音现象，并用现代音系学理论分析达斡尔语音系，系统而全面地展现达斡尔语布特哈方言纳文土语的音系建构。这类研究有助于解决传统语音研究中有争议的达斡尔语语音问题。词内音调模式研究是连续语流韵律模式研究的基础，该项研究也能够为以后的达斡尔语口语韵律研究奠定基础。

（2）达斡尔语元音、辅音、音节和重音的实验研究结果对蒙古语族其他语言相关领域的研究，甚至阿尔泰语系各语言语音、音系、音调、韵律的研究都有一定的参考价值。

（3）针对目前达斡尔语使用域萎缩的实际情况，本文所收集的语料、创建的参数库及词库对语言保护和保存具有较高使用价值，还可用于各种语言研究和信息科学研究，并能够促进达斡尔语的学习和应用。

（二）研究方法

本文的主要研究方法是基于系统论的描写方法。声学描写使用声学分析法。音系构建使用基于对立和分布的音位归纳法以及基于区别特征的音系规则形式化方法。音位变体描写、超音段特征的描写和音节研究多使用对比法。全部数据分析使用量化统计方法。

（1）基于语音实验方法，用语音声学数据描写音段特征和超音段特征。用元音前三个共振峰、音长和过渡特征描写元音。用元音过渡、辅音共振峰、辅音音长、辅音音强等数据描写辅音音质。根据音高、音强和音长的分布模式分析音节和重音的特征。设计专题实验，对于音节、重音、词末元音等疑难问题进行听辨实验。该研究用 PRAAT 语音分析软件获取实验数据。具体步骤为，用 PRAAT 软件进行语音标注后，使用中国社会科学院民族学与人类学研究所民族语言实验研究室为建立阿尔泰语系语言语音声学参数库所编写的脚本程序，自动采集数据，进行严格校对，保证数据正确性。声学参数采集方法如下。

元音时长：在词首和词末，元音的起始和结束以嗓音振动信号为标志。在词中，元音不清化时，以元音第二共振峰的起始和结束为元音的起始和结束标准，元音出现清化现象时，将元音清化段包含在元音部分里。

辅音时长：判定各类辅音的起始和结束时，一般以其标志性频谱的出现和结束为准。比如鼻音波形、清擦音的强能量乱纹、塞音和塞擦音的空白段或 VOT、浊擦音或近音的能量变化等。

元音共振峰：在元音起始点、元音目标位置、元音结束点上采集了前 4 个共振峰值。元音目标位置选在共振峰无过渡，较为平缓或受前后音素影响较少的时间点上。

辅音共振峰、强频集中区频率：在目标位置上，采集浊辅音的前 5 个共振峰或清擦音的强频集中区频率。除了塞音和塞擦音外，其他辅音的目标位置一般选在辅音前 1/3 段的结束处。

音高：用 PRAAT 的 Pitch 菜单显示音高曲线，以音节为单位，在音高曲线的起点、折点、终点上各采集一个数据。针对部分数据，在音高曲线上等距等额采集多个数据。

音强：在元音音强曲线的最高处采集元音音强数据。在辅音目标位置上采集辅音的音强数据。对塞音和塞擦音，其爆破点，即冲直条出现位置为目标位置；对其他辅音，前 1/3 段的结束点是目标位置。

本研究中，不同发音人的共振峰数据和音高数据没有进行归一化处理，以原始数据的图谱化形式展现语音特点，并用了简单的描述性统计。绘制图谱后发现，男女发音人元音格局之间具有较好的对应。统计声学参数用了均值（AVG）、标准差（STD）和变异系数（CV）等数据。变异系数（Coefficient of Variation）是将标准差除以均值而获得的百分比数据。当需要比较两组数据离散程度大小的时候，两组数据的测量尺度相差太大，或者数据量纲不同，如果直接使用标准差来进行比较就不合适，此时应当消除测量尺度和量纲的影响，而变异系数正解决了这一问题。

（2）文中主要用的图谱有三维语图、声学元音图、音高走向图、音长对比图、音强对比图等。本研究用了 Joos 型声学元音图，以元音第一共振峰 F1 为纵轴、以元音第二共振峰 F2 为横轴，绘制元音格局图。声学元音图纵轴（F1）刻度为线性刻度，男声从 200Hz 到 1000Hz，女声从 200Hz 到 1200Hz，横轴（F2）刻度为对数刻度，男声从 500Hz 到 3000Hz，女声从 500Hz 到 4000Hz。声学元音图与元音舌位图之间具有较好的对应关系。元音声学图包括单个元音分布范围图、元音系统对比图、元音舌位三角图等。

（3）用区别特征矩阵归纳达斡尔语音系，并用形式化表达式描写音系规则。

四 语料和参数库

(一) 语料

语料来自"达斡尔语语音声学参数数据库"①（下称"参数库"）和田野调查材料，见附录 2。"参数库"语料收集于 2008 年 7 月和 12 月，包含两男两女发音人每人 1900 多个单词、300 个短语和 200 个句子，共 14000 多词。从中选用 7000 左右孤立发音的单词采集数据。本书主要利用了 3000 个单词的语音数据。

发音人：M1，男，45 岁，高中文化，莫旗博物馆干部，祖籍为讷河市，出生于尼尔基镇，没有长期离开过该地区，父母和配偶均为当地达斡尔族，达斡尔语母语能力良好，发音条件符合实验要求。M2，男，56 岁，函授专科学历，公务员，祖籍为莫旗西拉金村，出生于莫旗腾克乡，居住于尼尔基镇，没有长期离开过该地区，父母和配偶均为当地达斡尔族，达斡尔语母语能力良好，非物质文化传承人，发音条件符合实验要求。F1，女，36 岁，自考本科学历，达斡尔语播音员，祖籍为讷河市，出生于阿尔拉镇开花浅村，居住于尼尔基镇，没有长期离开过该地区，父母和配偶均为当地达斡尔族，达斡尔语母语能力良好，发音条件符合实验要求。F2，女，41 岁，函授专科学历，个体经营者，祖籍为莫旗汗郭尔河，出生于阿尔拉镇拉力浅村，居住于尼尔基镇，没有长期离开过该地区，父母和配偶均为当地达斡尔族，达斡尔语母语能力良好，非物质文化传承人，发音条件符合实验要求。本研究以 M2 和 F2 的参数为主分析达斡尔语布特哈方言语音，同时参考另外两位发音人的语料和笔者的田野调查语料。

语料录制设备：语料用 IBM X40 笔记本电脑、Creative Sound blaster 7.1 声卡和 SONY44B 指向性话筒等设备录制于莫旗电视台录音室，用 Cooledit 2.0 软件整理语料，用 PRAAT 语音分析软件采集数据，用 EXCEL 进行数据统计。

田野调查分两次进行。第一次在 2014 年 9 月到 11 月（约 50 天），在莫旗阿尔拉镇、尼尔基镇等地搜集 6000 多条达斡尔语词和约 3 万词量的口语

---

① 该参数库为中国社会科学院创新工程项目"中国北方民族语言实验研究"的阶段性成果，由笔者完成。

长篇语料，发音人为男性，88 岁，退休干部，祖籍为莫旗绰尔哈屯（现黑龙江省甘南县境内），长期在阿尔拉镇工作。语料收集设备为联想笔记本电脑、SONY44B 指向性话筒、SONY 录音笔和 SONY 摄像机，用笔记本电脑和录音笔同步录音，并全程摄像记录发音人肢体语言。在此基础上利用 SIL 的 Fieldworks 平台建立了"达斡尔语词库"①。第二次田野调查在 2015 年 8 月 1 到 15 日（约 15 天）于莫旗尼尔基镇进行。这次调查是为"参数库"补充调查，结合语音学和音系方法，以调查和分析元音长短、词末元音、腭化辅音、唇化辅音、词内音调等为主要目的。发音合作人为莫旗阿尔拉镇、腾克镇和尼尔基镇的 4 男 2 女，年龄在 57～68 岁。调查词表由三部组成。（1）140 条长短对立词，即以元音长短对立形成对照组，比如 nər"名字"～nəːr"灶门上方"等。调查方法为发音人根据汉语对应词，直接用达斡尔语发音，并进行录制。（2）60 条包含长元音或短元音的词，调查方法为询问、模仿、听辨，比如调查者将长元音词发为短元音词，询问准确度和自然度，让发音人听辨。（3）46 条含有词末元音的词，词末元音前邻辅音设计为基本辅音、腭化辅音、唇化辅音、复辅音、重叠辅音等不同种类。调查方法：将这些词编入短语和句子中，调查者说汉语，让发音人直接翻译并说出达斡尔语。调查在较为安静的宾馆进行，用联想笔记本电脑、SONY44B 指向性话筒、SONY 录音笔录制。

（二）参数库

"参数库"包含 M2 和 F2 发音人的 3000 多个单词参数，包含 18 个功能字段，17 个辅音参数字段，14 个元音参数字段，4 个音高参数字段，2 个词和音节音长参数字段，共 55 个字段。②

功能字段：18 个功能字段可分为 3 类，即序号信息、词和音节信息、音素信息。序号信息包括 2 个字段，参数自然序号和声样的文件名。词和音节信息包括 9 个字段，即词的音标、词内音素个数、词内音素序号、音节音标、词内音节个数、词内音节序号、音节类型、音节内音素个数、音节内

---

① 该词库为中央民族大学包玉柱教授承担的国家社科基金重点项目"蒙古语族语言语料库研制"的子课题成果。
② 该参数库在中国社会科学院民族学与人类学研究所语音实验室《语音声学参数数据库》框架基础上增减而成。

音素自然序号等。音素信息包括 7 个字段，即音素音标、音素分类属性、音素在音节内的分类序号、目标音素前邻音素、前邻音素的分类属性、目标音素后邻音素、后邻音素的分类属性。利用这些功能字段可以完成各类数据分类、排序、查找、筛选等工作。

辅音参数字段：辅音参数字段为 17 个，可分为音长数据、音强数据和频谱数据等 3 类。音长数据包括塞音和塞擦音的无声间隙（GAP）长度、嗓音起始时长（VOT）、辅音音长等 3 个字段。音强数据为记录辅音音强的 1 个字段。频谱数据字段包含 13 个字段，即清辅音共振峰字段 5 个、浊辅音共振峰字段 5 个以及清擦音强频集中区字段 3 个。

元音参数字段：元音参数字段包括元音音长字段 1 个、音强字段 1 个、前过渡共振峰字段 4 个、目标位置共振峰字段 4 个、后过渡共振峰字段 4 个，共 14 个。

音高参数字段：音高参数字段包括 3 个音高数据字段和 1 个长度字段。

词和音节音长参数字段：用 2 个字段计算生成了词和音节的时长。

| 第一章 |

元音声学特征

　　词内位置是蒙古语族语言重要语境条件，影响音素音质，制约音素分布。那么，应该如何分类达斡尔语词内音素位置？首先，音节可分为词首音节和非词首音节，非词首音节包括词腹音节和词尾音节。词首音节是词干所在音节。词缀出现在非词首音节，随着词缀追加，音节重组，音素变异、弱化、脱落，音位中和。词首音节和非词首音节在词内的地位不同，功能各异。其次，音素在音节内的具体位置也很重要。最后，词头和词尾对音素也有显著影响。

　　本研究根据词内位置，将元音分为 4 类。词首音节元音分为起始（词头）和非起始位置元音；词尾音节元音分为末尾（词尾）和非末尾位置元音，词腹音节元音属于非末尾位置元音，以 V1、V2、V3、V4 分别代表该 4 个位置上的元音。出现在单词起始位置（无前邻辅音）上的元音为 V1；出现在词首音节非起始位置（有前邻辅音）上的元音为 V2；出现在非词首音节非末尾位置（其后有其他音素）上的元音为 V3；出现在多音节词末尾位置（无后接邻音）上的元音为 V4。比如，在 Allə "车辕" 一词里，A 为 V1，出现在起始位置；ə 是 V4，在末尾位置；在 sokur "瞎" 一词里，o 为 V2，在词首音节非起始位置，u 是 V3，在非词首音节非末尾位置。单音节词无法划分词首音节和非词首音节，本文处理方法如下。讨论元音舌位和音强时，将单音节词里的元音分类在 V1 或 V2 里。讨论元音音长时，分别分析单音节和多音节词里的元音音长。

第一节　短元音

一　短元音共振峰

达斡尔语里出现 [ʌ，ə，i，o，u，ɛ，e，ʏ，ɵ，ʉ，y] 等 11 个短元音，这些元音在 V1、V2、V3、V4 位置上的分布不均匀。在单词起始位置（V1），只出现 [ʌ，ə，i，o，u] 等 5 个元音。在词首音节非起始位置（V2），该 11 个元音都有出现。在非词首音节非末尾位置（V3），出现 [ʌ，ə，i，o，u，ʉ] 等元音，其中 [ʌ，o，ʉ] 较少见，[ə，i，u] 占绝大多数。在词末位置（V4），只出现 [ə，i，u] 等 3 个短元音。根据短元音在词内各位置上的出现频率，并考虑到起始位置较少受到语境影响的实际情况，分析短元音声学特征时将 V1（ʌ，ə，i，o，u 等）和 V2（ɛ，e，ʏ，ɵ，ʉ，y 等）当作典型元音。

（一）元音 [ʌ]

[ʌ] 可以出现在除词末以外的任何位置，例如 Apəs "棺材"、xʌsoː "问"、lʌːlʌʧ "胡言乱语" 等。在 V1 位置，例如 Arikʲ "酒"、Ajik "烟袋锅"、Arəs "皮"、Antʰ "味道" 等。男声 [ʌ] 元音 F1 取值范围在 739Hz ~ 958Hz，均值为 872Hz；F2 取值范围在 1153Hz ~ 1665Hz，均值为 1372Hz。女声 F1 取值范围在 866Hz ~ 1157Hz，均值为 1002Hz；F2 取值范围在 1442Hz ~ 1865Hz，均值为 1629Hz。在其他位置，舌位稍高，男声 F1 取值范围在 634Hz ~ 893Hz，均值为 769Hz；F2 取值范围在 941Hz ~ 1753Hz，均值为 1362Hz。女声 F1 取值范围在 687Hz ~ 1161Hz，均值为 914Hz；F2 取值范围在 1192Hz ~ 2098Hz，均值为 1646Hz。

元音 [ʌ] 声学分布如图 1.1 - a 和图 1.1 - b。根据数据，典型位置上男声 [ʌ] 第一和第二共振峰是 872Hz 和 1372Hz，是央、低元音。从取值范围看，该元音分布在次低和低、央舌位上，是展唇元音。元音 [ʌ] 在舌位高低维度上因词内位置不同而表现不一，出现在非起始位置，发音不到位，舌位升高（男声上升 103Hz，女声上升 88Hz）。在前后维度上，元音 [ʌ] 舌位主要受到邻接辅音的影响，在腭化辅音和 [ʧ、ʧʰ、ʃ、j] 等辅音前后，前移；在唇化辅音和 [p、w] 等双唇辅音前后，后移。

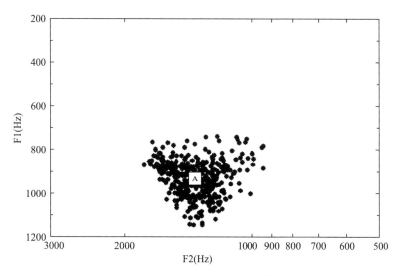

图 1.1 - a 元音 [A] 声学分布图 (M)

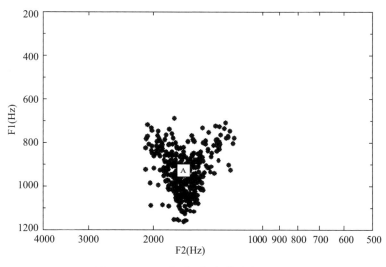

图 1.1 - b 元音 [A] 声学分布图 (F)

在传统语音学研究中,多数人用 [ɑ] 记录该元音,认为是低、后、展唇元音。也有学者用 [ɐ] 记录该元音,认为是央、低元音（F1、F2 为 817Hz、1392Hz）①。在蒙古语研究中,确精轧布用 [A] 记录 F1 在 750Hz ~

---

① 其布尔哈斯、呼和:《达斡尔语词首音节短元音声学分析》,第 9 届中国语音学学术会议论文集,南开大学,2010。

800Hz 的察哈尔土语元音。[①] 呼和用 [ʁ] 记录 F1 为 786Hz 的蒙古语标准音展唇、央、低元音。[②] 与蒙古语察哈尔土语或标准音比，达斡尔语典型位置上的 [ʌ] 更低，F1 为 872Hz，使用符号 [ʌ]，更能准确表达其舌位，也便于突出两个语言之间的差异。在 V2、V3 或 V4 位置，该元音发音不到位，舌位升高，相似于蒙古语的元音 [ʁ]。

（二）元音 [ə]

元音 [ə] 出现在词内任何位置，例如 əmkun "女人"、tʰəŋŋər "天"、Allər "消息"、tʰənnə "在那里" 等。在 V1 位置，男声 [ə] 的 F1 取值范围在 424Hz ~ 624Hz，均值为 523Hz；F2 取值范围在 868Hz ~ 1303Hz，均值为 1054Hz。女声 F1 取值范围在 540Hz ~ 768Hz，均值为 655Hz；F2 取值范围在 1133Hz ~ 1531Hz，均值为 1267Hz。该元音是央（靠后）、中、展唇元音。（见表 1.1）

表 1.1　词内不同位置元音 [ə] 共振峰数据

单位：Hz

		词首						非词首					
		V1			V2			V3			V4		
		AVG	STD	CV	AVG	STD	CV	AVG	STD	CV	AVG	STD	CV
M	F1	523	47	9%	508	46	9%	484	75	16%	605	48	8%
	F2	1054	107	10%	1246	143	11%	1292	201	16%	1286	89	7%
	F3	2569	138	5%	2454	148	6%	2391	170	7%	2684	280	10%
F	F1	655	50	8%	604	73	12%	583	94	16%	667	94	14%
	F2	1267	104	8%	1517	168	11%	1620	196	12%	1392	165	12%
	F3	2896	173	6%	2900	220	8%	2888	236	8%	3023	209	7%

在其他位置，男声 [ə] 元音 F1 取值范围在 331Hz ~ 682Hz，均值为 500Hz；F2 取值范围在 868Hz ~ 1765Hz，均值为 1274Hz。女声 [ə] 元音 F1 取值范围在 340Hz ~ 852Hz，均值为 597Hz；F2 取值范围在 1068Hz ~ 2190Hz，均值为 1566Hz。可见，元音 [ə] 舌位在前后维度上更容易发生变化，这种变化主要受词内位置和前后语境的影响。元音 [ə] 声学分布如

---

① 确精轧布：《蒙古语察哈尔土语元音的实验语音学研究》，《民族语文》1989 年第 4 期。
② 呼和：《蒙古语语音实验研究》，辽宁民族出版社，2009，第 36 页。

图 1.2 - a 和图 1.2 - b 所示。

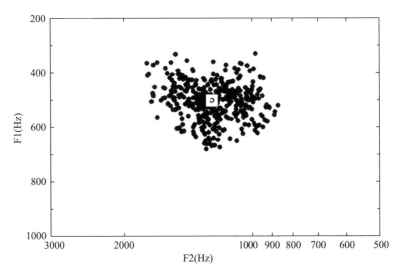

图 1.2 - a 元音 [ə] 声学分布图（M）

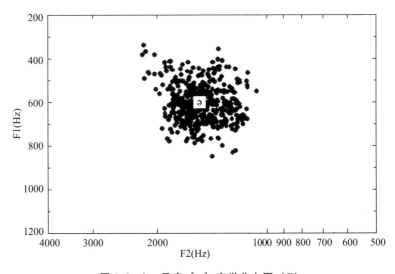

图 1.2 - b 元音 [ə] 声学分布图（F）

表 1.1 是词内不同位置元音 [ə] 共振峰数据表，图 1.3 为词内 4 种不同位置 [ə] 的 F1 和 F2 均值分布图。在舌位高低上，V4 最低（M：605Hz；F：667Hz），V3 最高（M：483Hz；F：583Hz），V2 与 V3 接近，V1 居中（M：523Hz；F：655Hz）。在舌位前后维度上，V1 明显靠后（M：1054Hz；F：1267Hz）；V2 和 V3 靠前，也比较接近，V4 居中。男声和女声

共同的特点是，V1 显著靠后，V2 和 V3 舌位接近，最靠前，最高，V4 舌位最低，在前后维度上居中。V1 和 V4，出现在词界，较少受到语境影响。V2 和 V3 受到语境影响，出现舌位上升和前移变化。

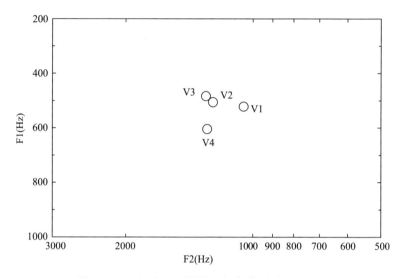

图 1.3 - a　词中不同位置元音［ə］分布图（M）

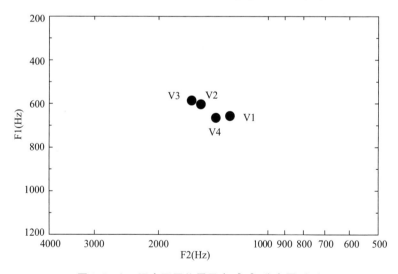

图 1.3 - b　词中不同位置元音［ə］分布图（F）

从变异系数看，V3 位置上的［ə］变异系数最大，分布分散，主要与词内第一音节元音音质和邻接辅音有关。根据词内第一音节元音，分类计算了非词首音节［ə］共振峰数据，如表 1.2。图 1.4 - a 和图 1.4 - b 是根

据表 1.2 绘制的声学元音图，其中音标代表相应词首音节元音，黑点为出现
在相应词首音节元音之后的非词首音节［ə］的舌位。当元音［ə］出现在
［ᴀ］［ɛ］［o］或［ᴀː］［oː］等元音之后时（例如：xᴀːlək "大门"、
nɛtəm "脸"、kʰorsəʧ "恨"），舌位相对低；出现在［ə］［i］［u］等元音之
后时（例如：ərkəl "二岁牛"、nirkəs "颗、粒"、tʰupəki "水果"），相对
高。在前后维度上，出现在［o］元音之后时相对靠后，出现在［ɛ］元音
之后时相对靠前，但其规律性不如高低维度的明显。主要原因是，在前后
维度上，非词首音节元音也受到邻接辅音的影响，在［p］［m］［w］［k］
等辅音前后舌位靠后，在其他辅音语境中靠前。可见，在非词首位置，［ə］
元音舌位高低受到词首音节元音的制约，舌位前后受到邻接辅音的影响。

表 1.2　不同词首元音之后出现的非词首元音［ə］共振峰值

单位：Hz

首音节元音	数据	M			F		
		F1	F2	F3	F1	F2	F3
ᴀ	AVG	542	1273	2395	618	1622	2896
	STD	80	158	254	96	167	271
	CV	15%	12%	11%	16%	10%	9%
ə	AVG	467	1253	2476	566	1511	2898
	STD	56	162	237	65	166	220
	CV	12%	13%	10%	12%	11%	8%
i	AVG	443	1240	2436	550	1629	2922
	STD	59	142	179	68	86	162
	CV	13%	11%	7%	12%	5%	6%
o	AVG	478	1013	2382	616	1464	2880
	STD	38	58	134	73	91	189
	CV	8%	6%	6%	12%	6%	7%
u	AVG	392	1352	2367	582	1524	2842
	STD	44	211	130	76	122	251
	CV	11%	16%	6%	13%	8%	9%
ɛ	AVG	477	1537	2421	619	1674	3019
	STD	12	134	162	45	85	194
	CV	3%	9%	7%	7%	5%	6%

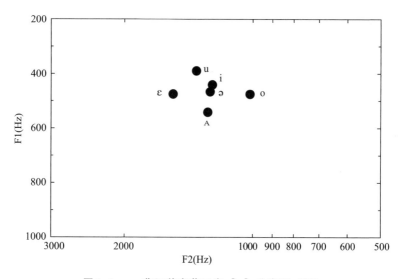

图 1.4 - a 非词首音节元音 [ə] 分布图 （M）

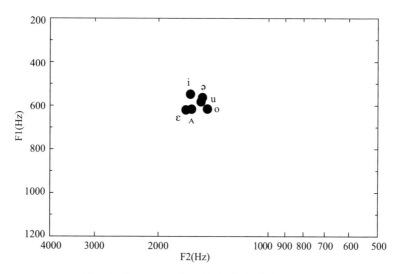

图 1.4 - b 非词首音节元音 [ə] 分布图 （F）

（三）元音 [i]

元音 [i] 出现在词内任何位置，例如 tilo:"缰绳"、ilkʌ:"花儿"、urkil "故事"、sonnʲi "选" 等。在 V1 位置，男声 [i] 的 F1 取值范围在 223Hz ~ 306Hz，均值为 266Hz；F2 取值范围在 2124Hz ~ 2332Hz，均值为

2241Hz。女声 F1 取值范围在 226Hz～419Hz，均值为 302Hz；F2 取值范围在 2286Hz～2703Hz，均值为 2562Hz。该元音是前、高、展唇元音。图 1.5－a 和图 1.5－b 为［i］的声学分布图。

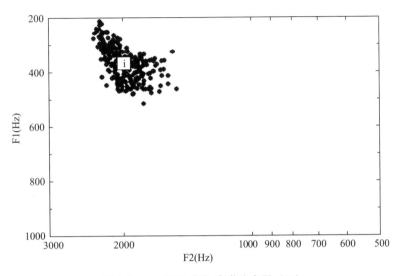

图 1.5－a　元音［i］声学分布图（M）

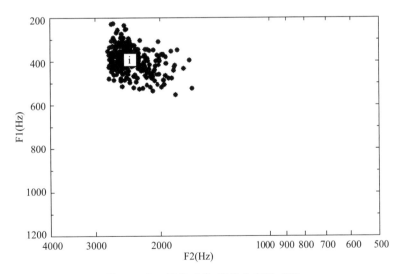

图 1.5－b　元音［i］声学分布图（F）

在其他位置，男声［i］的 F1 取值范围在 267Hz～482Hz，均值为 377Hz，F2 取值范围在 1504Hz～2342Hz，均值为 1971Hz；女声［i］的 F1

取值范围在 292Hz ~ 551Hz，均值为 400Hz，F2 取值范围在 1808Hz ~ 2706Hz，均值为 2398Hz。V2、V3、V4 位置上的元音 [i] 舌位出现央化趋势。

显然，元音 [i] 受到词内位置和前后语境影响而舌位移动，如表 1.3、图 1.6 - a 和图 1.6 - b 所示。从数据和图看，出现在 V1 位置的 [i] 元音舌位最高，最靠前；其他位置上的元音 [i] 都有一定的央化趋势，但还未成为央化元音。词末 [i] 元音最显著特征是舌位较低，接近次高位置。

表 1.3　词内不同位置元音 [i] 共振峰数据

单位：Hz

		词首						非词首					
		V1			V2			V3			V4		
		AVG	STD	CV	AVG	STD	CV	AVG	STD	CV	AVG	STD	CV
M	F1	267	25	10%	341	38	11%	397	46	12%	442	33	7%
	F2	2242	47	2%	2069	127	6%	1894	150	8%	1962	143	7%
	F3	3005	81	3%	2636	191	7%	2534	173	7%	2644	145	5%
F	F1	297	35	12%	377	45	12%	409	58	14%	420	40	10%
	F2	2518	178	7%	2413	177	7%	2297	266	12%	2605	89	3%
	F3	3500	228	7%	3263	243	7%	3060	273	9%	3346	263	8%

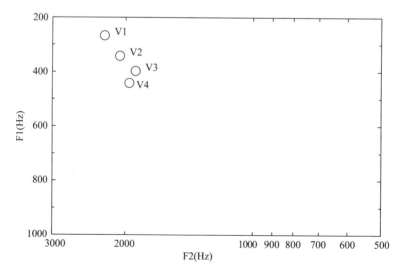

图 1.6 - a　词中不同位置元音 [i] 分布图 （M）

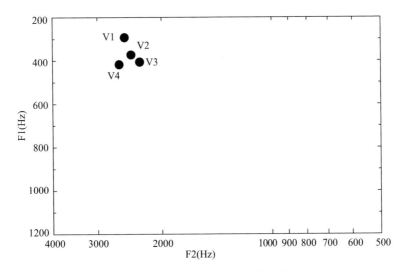

图 1.6 - b 词中不同位置元音［i］分布图（F）

比较上述 4 个位置上的元音［i］共振峰变异系数，V3 变异系数最大，数据离散程度大，元音舌位更容易受到语境影响。与［ə］相同，这种影响主要来自词首音节元音的舌位不同以及邻接辅音的作用。表 1.4 是出现在不同词首音节元音之后的非词首［i］元音共振峰值，图 1.7 - a 和图 1.7 - b 是根据表 1.4 绘制的词中［i］舌位分布图。显然，词中［i］受到词首音节元音制约，在［ʌ］［o］等元音之后（例如：Ajik "烟袋锅"、kʰotir "井"）舌位变低、靠后，在［ə］［i］［u］等元音之后（例如：kətʃik "头发"、tʃipitʃ "嘴角"、xurpitʃ "翻"）舌位相对变高、前。

表 1.4 不同词首元音之后出现的非词首元音［i］共振峰值

单位：Hz

首音节元音	数据	M			F		
		F1	F2	F3	F1	F2	F3
ʌ	AVG	409	1912	2590	417	2330	3084
	STD	37	136	157	53	240	260
	CV	9%	7%	6%	13%	10%	8%
ə	AVG	358	1905	2451	359	2424	3032
	STD	28	125	170	32	109	200
	CV	8%	7%	7%	9%	4%	7%

首音节元音	数据	M			F		
		F1	F2	F3	F1	F2	F3
i	AVG	381	2008	2534	379	2346	3127
	STD	61	58	150	51	144	171
	CV	16%	3%	6%	13%	6%	5%
o	AVG	418	1739	2463	452	2161	2949
	STD	43	135	179	52	243	287
	CV	10%	8%	7%	11%	11%	10%
u	AVG	368	1832	2448	397	2289	3051
	STD	33	149	203	43	248	336
	CV	9%	8%	8%	11%	11%	11%

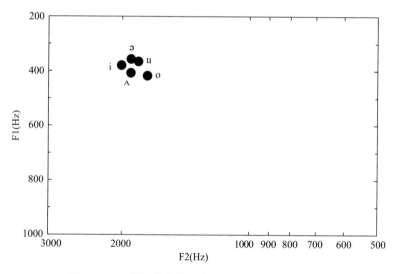

图 1.7 - a　非词首音节元音［i］舌位分布图（M）

（四）元音［o］

［o］出现在除了词末以外的位置，例如 sons "听"、ols "线麻"、kʰotʰon "城市"、mokʰun "氏族" 等。在 V1 位置，男声［o］的 F1 取值范围在 521Hz ~ 684Hz，均值为 595Hz；F2 取值范围在 731Hz ~ 1045Hz，均值为 858Hz。女声 F1 取值范围在 521Hz ~ 689Hz，均值为 599Hz；F2 取值范围在 904Hz ~ 1193Hz，均值为 1031Hz。数据表明，达斡尔语的［o］是中、

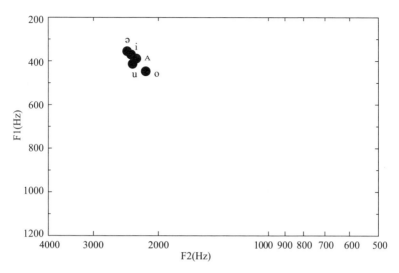

图 1.7 - b　非词首音节元音［i］舌位分布图（F）

后、圆唇元音。在其他位置，男声［o］元音 F1 取值范围在 466Hz ~ 693Hz，均值为 595Hz；F2 取值范围在 731Hz ~ 1235Hz，均值为 942Hz。女声［o］元音 F1 取值范围在 498Hz ~ 760Hz，均值为 639Hz；F2 取值范围在 901Hz ~ 1505Hz，均值为 1172Hz。V2 和 V3 位置的［o］在前后维度上出现一定的央化趋势。图 1.8 - a 和 1.8 - b 为全部［o］元音声学分布图。

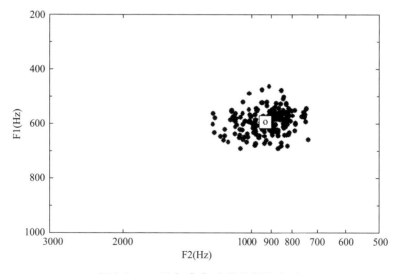

图 1.8 - a　元音［o］声学分布图（M）

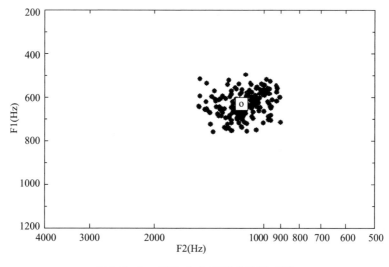

图 1.8 - b 元音〔o〕声学分布图（F）

（五）元音〔u〕

元音〔u〕可以出现在词内任何位置，例如 uʧʰəːkʰ"小的"、xuŋŋəːn "轻的"、kʰullur "铁锹"、sumus "汤"、xunnu "重的"。在 V1 位置，男声〔u〕元音 F1 取值范围在 280Hz～443Hz，均值为 358Hz；F2 取值范围在 608Hz～993Hz，均值为 731Hz。女声 F1 取值范围在 330Hz～449Hz，均值为 386Hz；F2 取值范围在 646Hz～989Hz，均值为 813Hz。达斡尔语〔u〕元音是高、后、圆唇元音。（见表 1.5）

表 1.5 词内不同位置元音〔u〕共振峰数据

单位：Hz

u		词首						非词首					
		V1			V2			V3			V4		
		AVG	STD	CV	AVG	STD	CV	AVG	STD	CV	AVG	STD	CV
M	F1	358	41	11%	397	46	12%	428	56	13%	470	28	6%
	F2	731	84	11%	830	113	14%	919	142	15%	777	70	9%
	F3	2422	158	7%	2424	150	6%	2405	199	8%	2538	153	6%
F	F1	386	25	6%	431	43	10%	470	81	17%	441	34	8%
	F2	813	84	10%	1047	180	17%	1118	188	17%	826	36	4%
	F3	2866	220	8%	2806	219	8%	2786	233	8%	2905	113	4%

　　在其他位置，男声［u］元音 F1 取值范围在 267Hz～532Hz，均值为 418Hz；F2 取值范围在 617Hz～1296Hz，均值为 880Hz。女声［u］元音 F1 取值范围在 292Hz～665Hz，均值为 449Hz；F2 取值范围在 644Hz～1588Hz，均值为 1073Hz。元音［u］声学分布如图 1.9－a 和图 1.9－b。可见，［u］元音分布范围广，舌位变动大，尤其在前后维度上的变化较大。［u］元音受到语境影响，在 V2、V3、V4 的位置上出现央化趋势。这种影响一方面来自词内位置；另一方面来自邻接音素和词首音节元音。

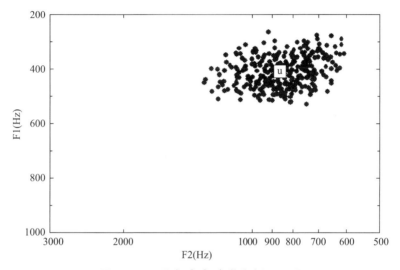

图 1.9－a　元音［u］声学分布图（M）

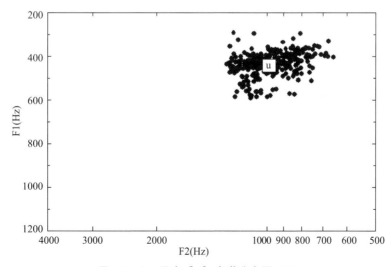

图 1.9－b　元音［u］声学分布图（F）

出现在 V1 位置的 [u] 舌位最高，最靠后，其他位置的 [u] 都有一定的央化趋势，见图 1.10 - a 和图 1.10 - b。

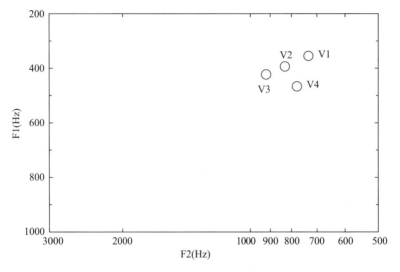

图 1.10 - a　词中不同位置元音 [u] 分布图（M）

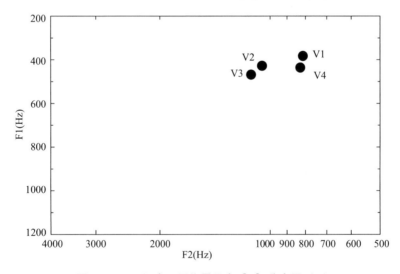

图 1.10 - b　词中不同位置元音 [u] 分布图（F）

在 V2 位置，[u] 受邻接辅音的影响，舌位发生移动，男声和女声变异系数分别达到 14% 和 17%。我们根据前后辅音特点，对元音 [u] 进行分类，考察了共振峰数据和语境之间的关系。首先，将词首音节 [u] 分为 A、B、C、D 四类。A 类包括三种，即起始 [u]（无前邻辅音）、双唇辅音

[p，pʰ，m] 和软腭辅音 [k，kʰ，x] 后出现的 [u]，例如，utʰum "饼、馍馍"、purtʰur "臀部"、muŋŋu "银"、kuluw "狗崽子"、kʰuwun "棉花"、xuluː "多余的" 等词第一音节的 [u]。B 类为出现在舌尖 – 龈辅音 [l，n] 后的 [u]，例如 luŋŋur "钻"、nukur "爱人" 等。C 类为出现在舌叶 – 齿辅音 [t，tʰ] 后的 [u]，例如 turup "四"、tʰum "万" 等。D 类为出现在舌面前 – 硬腭前辅音 [ʧ，ʧʰ，ʃ，s，j] 后的 [u]，例如 ʧuruw "心脏"、ʧʰuŋŋur "滚"、ʃuwaː "签"、suktən "气、气候"、jukuː "为什么" 等。

在此基础上，我们将男声词首音节 [u] 的 F2 变化范围（608Hz ~ 1103Hz）分为 600Hz ~ 700Hz、701Hz ~ 800Hz、801Hz ~ 900Hz、901Hz ~ 1000Hz、1000Hz 以上等五个等次，统计了（1）每个等次上出现的上述四类元音个数和（2）每类 [u] 元音 F2 所处的等次。我们把女声词首音节 [u] 元音 F2 变化范围（644Hz ~ 1248Hz）分为 801Hz 以下、801Hz ~ 900Hz、901Hz ~ 1000Hz、1001Hz ~ 1100Hz、1101Hz ~ 1200Hz、1200Hz 以上等六个等次，进行了相同的计算。根据所统计得到的数据绘制了图 1.11 – a 和图 1.11 – b。A 类 [u] 元音 F2 低，舌位靠后。B 类出现频次少，舌位也比较靠后，F2 在 701Hz ~ 900Hz（M）之间。C 类居中，大部分 [u] 的 F2 在 801Hz ~ 1000Hz。D 类大部分 [u] 的 F2 在 1001Hz 以上，舌位靠前。F2 为 1001Hz 以下的 [u] 基本都是 A 类，而 F2 超出 1001Hz 时，很少出现 A 类。见图 1.11 – a 和图 1.11 – b。

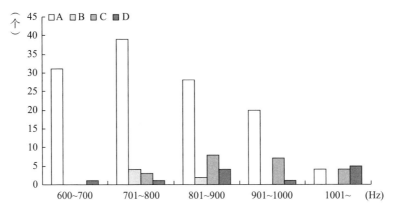

图 1.11 – a　词首音节元音 [u] F2 在不同辅音之后的分布图（M）

词首音节元音 [u] 后邻辅音中 [l，n，r] 等辅音占多数。后邻辅音对 [u] 元音的影响规律基本与前邻辅音一致，但影响程度相对弱，规律性

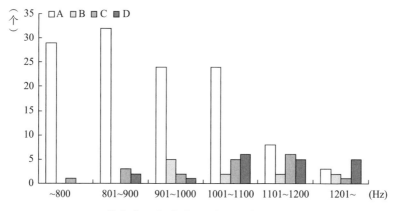

图 1.11 - b 词首音节元音［u］F2 在不同辅音之后的分布图（F）

差。当后邻辅音为固定的［l］或［r］等某个辅音时，元音［u］的 F2 高低因前邻辅音性质而定。但是前邻辅音为固定的［x］或无辅音时（这类例词最多），元音［u］的 F2 高低与后邻辅音分类没有关系。

非词首音节［u］元音在舌位前后维度上受到邻接辅音的影响，在舌位高低维度上受到词首音节元音音质的制约。在［A，o］等元音之后（例如：tAwur“达斡尔”、omul“孙子”），［u］元音的舌位相对低，而在［ə，i，u］等元音之后（例如：təːlpur“马鬃”、isur“衣物里子”、xunuk“狐狸”）相对高（见表 1.6、图 1.12 - a 和图 1.12 - b）。

表 1.6 不同词首元音之后出现的非词首元音［u］共振峰值

单位：Hz

首音节元音	数据	M			F		
		F1	F2	F3	F1	F2	F3
A	AVG	459	920	2383	505	1097	2854
	STD	36	106	238	83	132	211
	CV	8%	12%	10%	16%	12%	7%
ə	AVG	397	846	2405	415	1079	2807
	STD	48	77	206	32	155	199
	CV	12%	9%	9%	8%	14%	7%
i	AVG	400	946	2400	459	1101	2760
	STD	53	178	160	28	148	289
	CV	13%	19%	7%	6%	13%	10%
o	AVG	462	871	2455	511	1044	2753
	STD	43	107	224	65	119	247
	CV	9%	12%	9%	13%	11%	9%

续表

首音节元音	数据	M			F		
		F1	F2	F3	F1	F2	F3
u	AVG	398	908	2371	433	1060	2708
	STD	53	137	248	45	139	231
	CV	13%	15%	10%	10%	13%	9%

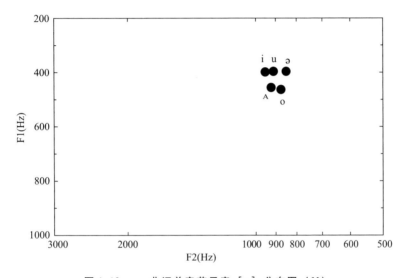

图 1.12 - a　非词首音节元音［u］分布图（M）

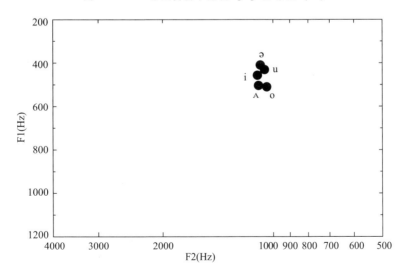

图 1.12 - b　非词首音节元音［u］分布图（F）

（六）元音 [ε]

在男声发音中，[ε] 出现了 28 次，在女声发音中出现了 40 次，均出现在 V2 位置，例如 sεk "守护"、tʰεn "认识"、tεns "草甸子"、nεreːm "谷子，小米"、tʰεp "五十"、nεtəm "脸"。女声所发的部分 [ε]，在男声中发为 [ʌ]，例如 sεp ~ sʌpʲ "鞋子"、tεkeː ~ tʌkeː "又、再"、tʰεpkər ~ thʲʌpkər "黑桦" 等。男声 [ε] 的 F1 取值范围在 632 Hz ~ 767 Hz，均值为 684 Hz，F2 取值范围在 1544 Hz ~ 1819 Hz，均值为 1688 Hz；女声 F1 取值范围在 523 Hz ~ 743 Hz，均值为 630 Hz，F2 取值范围在 1855 Hz ~ 2502 Hz，均值为 2185 Hz。我们认为该元音是中（偏低）、前、展唇元音，女声元音 [ε] 舌位相对高，靠前。图 1.13 - a 和图 1.13 - b 为元音 [ε] 声学分布图。

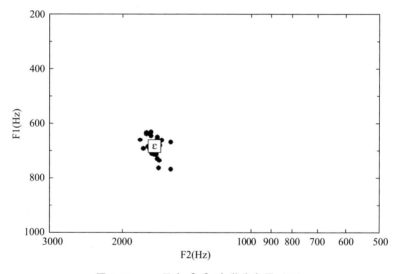

图 1.13 - a　元音 [ε] 声学分布图（M）

（七）元音 [e]

[e] 出现在 V2 位置，男声发音中出现 2 次，女声发音中出现 8 次，例如 lemmiːpeː "萎缩"、neʃkʰəlʌː "弹"、melʧʰuːr "颠簸（一下）"、penʃ "饺子"、ʧʰerpʰil "二岁马"、ʧellik "猪崽儿"、ʧerin "（装载）不满的"、ʧenʧilʌː "挑担" 等。男声以及其他几位发音人将 penʃ、ʧʰerpʰel、ʧellik、ʧerin、ʧenʧilʌː 等词中的 [e] 发为 [i]，即 pinʃ、ʧʰirpʰil、ʧillik、ʧirin、ʧinʧilʌː。

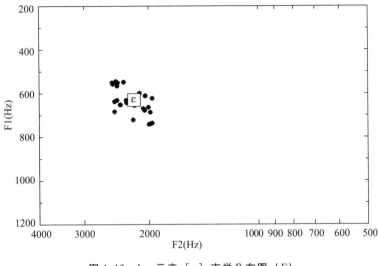

图 1.13 - b　元音［ε］声学分布图（F）

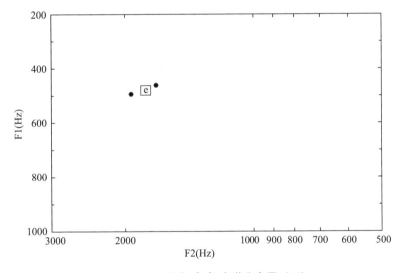

图 1.14 - a　元音［e］声学分布图（M）

男声元音［e］的 F1 均值为 479Hz，F2 均值为 1787Hz；女声 F1 均值为 520Hz，F2 均值为 2411Hz。［e］是中、前、展唇元音，图 1.14 - a 和图 1.14 - b 为［e］的声学分布图。

（八）元音［ʏ］

［ʏ］出现在 V2 位置，在男声发音中出现 5 次，例如，ʧʰʏʧʰ "受惊"、ʧʏrin "目的，目标"、sʏnnʲi "选"、çʏntʰun "健壮的"、nʲʏrkən "年画"

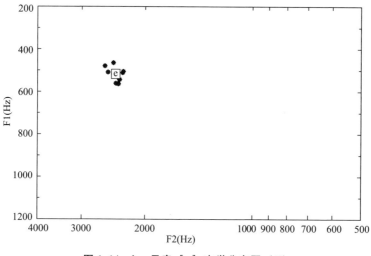

图 1.14 - b 元音［e］声学分布图（F）

等；女声发音中出现 4 次，例如，jɣlləmʌ："借来的钱或物"、nʲɣrkən "年
画"、çɣntʰun "健壮的" 等。ʧʰɣʧʰ、ʧɣrin、sɣnnʲi 等词中的第一音节元
音［ɣ］女声发为［o］音，nʲɣrkən、çɣntʰun 两个词在所有人的发音中均
相同。男声［ɣ］的 F1 均值为 564Hz，F2 均值为 1446Hz，F3 均值为
2358Hz；女声［ɣ］的 F1 均值为 723Hz，F2 均值为 1668Hz，F3 均值为
2892Hz。元音［ɣ］是中、前（靠央）、圆唇元音，图 1.15 - a 和图 1.15 - b
为［ɣ］元音声学分布图。元音［ɣ］第二共振峰在央元音范围内，但考虑

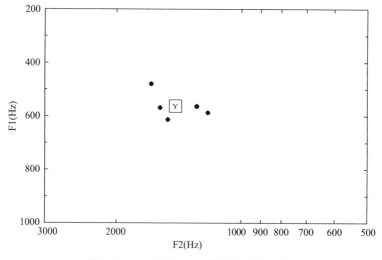

图 1.15 - a 元音［ɣ］声学分布图（M）

到其唇型会降低第二共振峰值的事实，将其归为前元音。

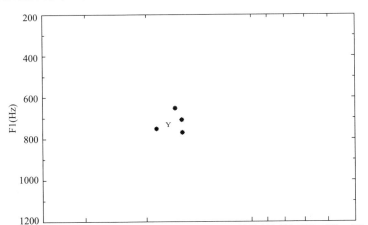

图 1.15 - b　元音［ʏ］声学分布图（F）

（九）元音［ɵ］

［ɵ］只出现在男声发音中，出现 6 次，例如 ʧʰɵkʰ "敲打"、mɵrkʰ "拧"、mɵr "马"、sɵp "吊膘、控马"、kʰɵlik "耳垢"、lɵplaːʧ "抖搂" 等。在女声发音中［ɵ］均发为［o］音，例如 ʧʰokʰⁱi、morkʰⁱi、morʲi、sopʲi、kʰolik、lopilaːʧ 等。该元音 F1 均值为 572Hz，F2 均值为 1212Hz，是中、央（靠后）、圆唇元音，图 1.16 为元音［ɵ］声学分布图。

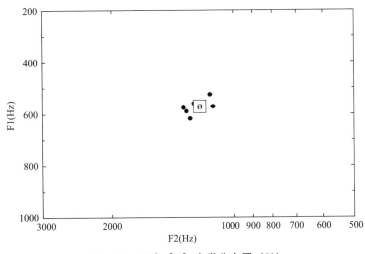

图 1.16　元音［ɵ］声学分布图（M）

（十）元音 [ʉ]

[ʉ] 出现在 V2 或 V3 位置。在男声发音中只出现在 V2 位置，共 29 次；在女声发音中出现在 V2 或闭音节 V3 位置，其中 V2 有 30 次，V3 有 16 次，例如 ʧʰʉrʧʰuː"鸡仔"、tʰʉleː"柴火"、kʰʉʃeː"篱笆"、unʉŋkeː"实在"等。

在男声发音中，[ʉ] 的 F1 取值范围在 287Hz ~ 453Hz，均值为 384Hz；F2 取值范围在 1056Hz ~ 1477Hz，均值为 1242Hz。女声词首音节 [ʉ] 的 F1 均值为 419Hz，F2 均值为 1368Hz；非词首音节 [ʉ] 的 F1 均值为 491Hz，F2 均值为 1481Hz。图 1.17 - a 和图 1.17 - b 分别为男声和女声元音 [ʉ] 声学分布图。可见，元音 [ʉ] 是高、央、圆唇元音。从女声数据和图 1.17 - b 来看，非词首音节 [ʉ]（空心圆圈）比词首音节的 [ʉ]（实心圆圈）更靠前，相对低。

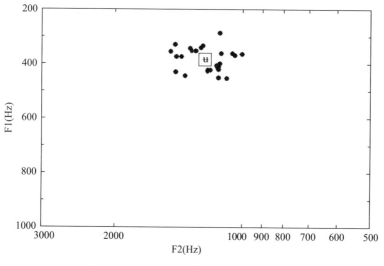

图 1.17 - a　元音 [ʉ] 声学分布图（M）

（十一）元音 [y]

在男声发音中 [y] 出现了 3 次，如：ʧyllipəi"停灵"、nyʃkʰeː"光身的"、nyr"画"；女声发音中出现了 3 次，如 ʧysun"酸的"、synʧʌːpeː"阴历五月"、nyʃkʰələ"脱光"等。女声没有 nyr 词，将 ʧyllipəi 发为 ʧullipəi；男声将 ʧysun、synʧʌːpeː 等词发为 ʧusun、sunʧʌːpeː。男声元音 [y] 的 F1

均值为 344Hz，F2 均值为 1776Hz，F3 均值为 2385Hz；女声 F1 均值为
381Hz，F2 均值为 2058Hz，F3 均值为 2792Hz。［y］是高、前、圆唇元音。
图 1.18 - a 和图 1.18 - b 为元音［y］声学分布图。

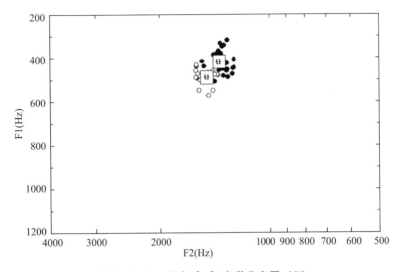

图 1.17 - b　元音［ʉ］声学分布图（F）

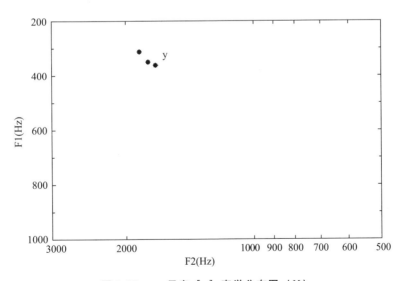

图 1.18 - a　元音［y］声学分布图（M）

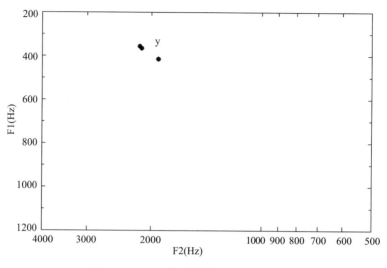

图 1.18 - b　元音 [y] 声学分布图（F）

二　短元音舌位分布

达斡尔语有 [A，ə，i，o，u，ε，e，ɤ，θ，ʉ，y] 等 11 个短元音，声学分布见图 1.19。

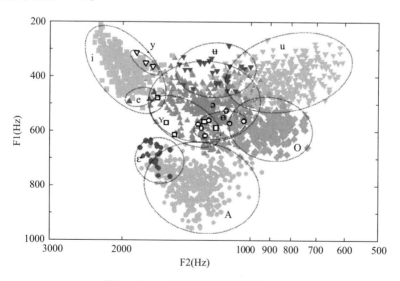

图 1.19 - a　短元音声学分布图（M）

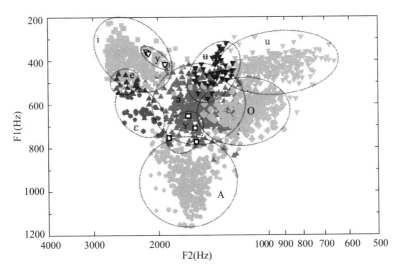

图 1.19 - b　短元音声学分布图（F）

图 1.20 为根据词内典型位置（V1、V2）11 个短元音 F1 和 F2 均值绘制的短元音分布图。达斡尔语短元音在舌位高低维度上分属高、中、低三类，4 个高元音［i, y, ʉ, u］、6 个中元音［e, ɛ, ʏ, ə, θ, o］和一个低元音［ʌ］；在舌位前后维度上也分属前、央、后三类，5 个前元音［i, y, e, ɛ, ʏ］、4 个央元音［ʉ, ə, θ, ʌ］和 2 个后元音［u, o］。在唇型上分属展唇和圆唇两类，5 个展唇元音［i, e, ɛ, ə, ʌ］和 6 个圆唇元音［y, ʏ, ʉ, θ, o, u］。用元音舌位和唇形，能区分达斡尔语 11 个元音，如下矩阵。

	前	中	后
高	i ｜ y	ʉ	u
中	e, ɛ ｜ ʏ	ə ｜ θ	o
低		ʌ	

［e］［ɛ］两个元音的 F1 值有差异，［e］舌位高而［ɛ］低。在音位层面上，［e］是 /i/ 的变体，［ɛ］是 /ʌ/ 的变体。我们在调查中也发现，前人记录的［e］正在演变为［i］。另一方面，与 20 世纪 80 年代的调查相比，达斡尔语里的元音［ɛ］出现频率正在提高，具体分析见第三章。

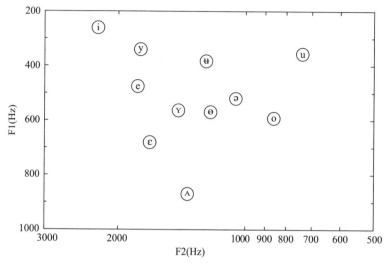

图 1.20 - a   短元音分布格局 （M）

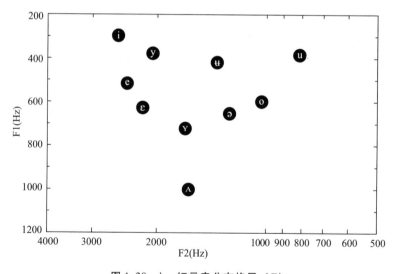

图 1.20 - b   短元音分布格局 （F）

以上矩阵所列的是达斡尔语典型位置上出现的 11 个元音音素，这些元音出现在其他位置上的时候，舌位都有所变化。当然，这种变化只是声学性质的变化，还没构成一个变体。表 1.7 列出了词内不同位置短元音 F1 和 F2 均值表，根据表 1.7 绘制了图 1.21。

表 1.7　词内不同位置短元音 F1 和 F2 均值

单位：Hz

			A	ə	i	o	u	ɛ	e	ɤ	ɵ	ʉ	y
M	F1	V1	872	523	267	595	358						
		V2	768	508	341	595	397	684	520	564	572	384	344
		V3	784	484	396	602	428						
		V4		605	442		470						
	F2	V1	1372	1054	2242	858	731						
		V2	1366	1246	2069	939	830	1687	1764	1446	1212	1226	1776
		V3	1315	1292	1894	974	919						
		V4		1286	1962		777						
F	F1	V1	1002	655	297	599	386						
		V2	922	604	377	633	431	667	533	723		419	381
		V3	965	583	409	631	470					491	
		V4		667	420		441						
	F2	V1	1629	1392	2605	1031	826						
		V2	1640	1267	2518	1142	813	2135	2412	1668		1368	2058
		V3	1691	1517	2413	1183	1047					1481	
		V4		1620	2297		1118						

　　绘制元音舌位三角空间是分析元音系统的方法之一。用线条连接舌位极端位置的［A，i，u］元音，形成舌位三角，其他元音基本都处在三角以内。元音舌位三角的位置、大小、外展或内缩等情况能够说明该语言里的元音格局和元音变化特点。图 1.21 用不同线条连接达斡尔语词内不同位置的三极元音［A（ə）］［i］［u］，以此展示该语言词内不同位置元音舌位三角空间的对应关系。从元音舌位三角图看，达斡尔语 V1 舌位三角最大，三个极端元音的距离最远，表明其发音动作最到位，语流中不易发生音变。事实也证明，达斡尔语起始位置元音一般不会发生音变，元音音变均发生在 V2 位置上。与之相比，V2、V3、V4 位置的短元音容易受到语境影响，随着元音在词内位置的后移，元音舌位三角变小，内缩，表现出央化趋势。在词末位置，只出现［ə］［i］［u］三个元音，不仅类型简单，元音舌位三角空间也最小。

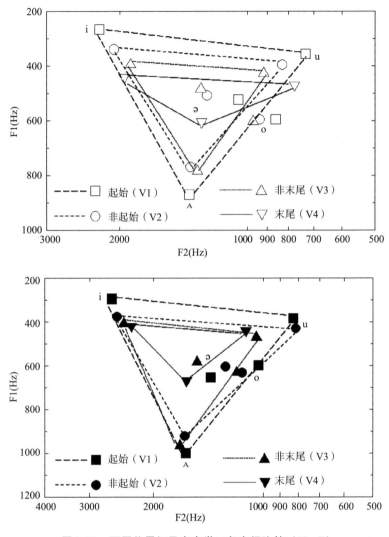

图 1.21　不同位置短元音声学三角空间比较（M、F）

三　短元音音长

达斡尔语元音以长短对立，区别词义。词内元音音长除了受音系制约外，与语境关系密切。人们提出元音具有固有音长的观点，认为低元音长而高元音短，也有人提出相反的观点，即高元音长而低元音短。[1] 我们相对

---

① 梁磊、石锋：《什么是语音学》，上海外语教育出版社，2015，第44页。

严格地限定语境后考察了达斡尔语短元音固有音长，在此基础上分析了元音音长在不同语境里的变化。

（一）舌位与短元音音长

考虑到达斡尔语短元音词中分布模式，选用 V1 和 V2 位置元音，考察元音舌位与音长之间的对应规律，数据见表 1.8、表 1.9、表 1.10。表 1.8 根据语境将 V1 位置的 [A，ə，i，o，u] 等 5 个元音分为 6 类，分别计算了其音长均值、标准差和变异系数。图 1.22 直观展示了 V1 音长变化情况。

表 1.8　V1 位置短元音音长数据（空格表明该元音在相应条件里没有出现）

单位：ms

			M					F				
			A	ə	i	o	u	A	ə	i	o	u
单音节词	VC	AVG	123	98	125	131	110	97	87	103	99	86
		STD	10	6.7	7.2	13	15	15	13	12	4.2	12
		CV	8%	7%	6%	10%	14%	15%	15%	12%	4%	14%
	VCC	AVG	128	88		110		109	94		96	100
		STD	6.5	4		8.2		19	11		28	
		CV	5%	5%		7%		17%	11%		29%	
双音节词	V	AVG	101	89	95	102	102	95	87	84	100	84
		STD	15	15	23	10	25	19	3.9	21	22	19
		CV	15%	16%	24%	10%	24%	20%	4%	25%	22%	23%
	VC	AVG	119	91	122	100	121	106	92	98	101	84
		STD	18	13	36	16	18	12	16	13	25	13
		CV	15%	14%	29%	16%	15%	11%	18%	13%	25%	15%
三音节词	V	AVG	114	83	118	117	128	108	89	87	93	75
		STD	23	11	17	9	33	27	13	17	1	21
		CV	20%	14%	14%	8%	26%	25%	14%	19%	1%	28%
	VC	AVG	148	95	142	105	111	106	92	88	81	73
		STD	27	9	28	7.1	6.7	24	20		27	22
		CV	18%	9%	20%	7%	6%	23%	22%		33%	30%

表 1.9 是 V2 位置短元音音长数据，分为 6 类。用图 1.23 图示化了其均值。

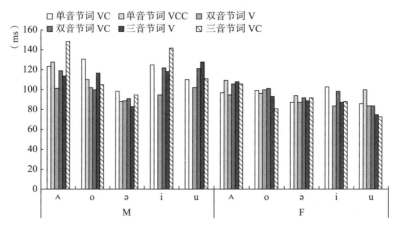

图 1.22　V1 位置短元音音长对比图

表 1.9　V2 位置短元音音长数据 1（［A，ə，i，o，u］）

单位：ms

			M					F				
			A	ə	i	o	u	A	ə	i	o	u
单音节词	CVC	AVG	97	72	77	100	67	75	52	58	80	57
		STD	20	13	17	24	19	15	19	8.3	24	8.2
		CV	20%	19%	22%	23%	28%	20%	37%	14%	30%	14%
	CVCC	AVG	82	60	70	106	56	72	70	55	77	51
		STD	16	11	29	25	23	18	23	16	20	18
		CV	20%	18%	41%	24%	41%	25%	34%	28%	25%	35%
双音节词	CV	AVG	82	62	56	68	53	82	64	55	75	55
		STD	27	17	16	24	16	26	12	17	27	20
		CV	33%	28%	28%	35%	30%	32%	18%	31%	37%	37%
	CVC	AVG	89	64	74	81	57	87	63	65	87	51
		STD	25	18	24	24	15	29	19	25	27	21
		CV	29%	28%	32%	30%	27%	34%	31%	38%	31%	40%
三音节词	CV	AVG	81	62	51	73	62	79	69	43	71	57
		STD	28	19	19	24	16	21	22	16	13	24
		CV	35%	31%	38%	32%	26%	26%	31%	36%	18%	42%
	CVC	AVG	88	62	74	88	67	83	42	61	66	51
		STD	24	17	14	25	18	26	17	18	17	10
		CV	27%	28%	19%	28%	27%	32%	40%	30%	26%	20%

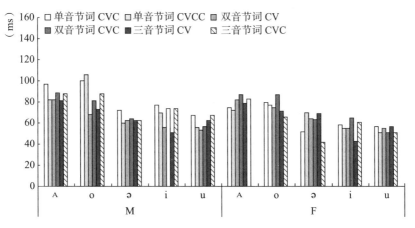

图 1.23 V2 位置短元音音长对比图

从以上数据和对比图看，V1 音长排序是，男声：［A］>［i］>［o］>
［u］>［ə］，女声：［A］>［o］>［i］>［ə］>［u］。男声和女声音长排序不一
致，元音音长之间也没有明显的界限。V2 排序是，男声：［A］>［o］>［i］>
［ə］>［u］，女声：［A］>［o］>［ə］>［i］>［u］。虽然男声和女声［ə］［i］
排序不同，但可以根据音长把这 5 个元音分为 2 类，即［A，o］长，［ə，
i，u］略短。

表 1.10 为［ɛ，e，ʏ，y，ɵ，ʉ］等元音的音长数据，这些元音出现在
V2 位置，其音长排序为，男声：［e］>［ɛ］=［ɵ］=［y］>［ʏ］>［ʉ］，女
声：［ʏ］>［ɛ］>［e］>［y］>［ʉ］。这些元音在音长排序上没有规律，主要
是因为［e，ʏ，y，ɵ］等 4 个元音出现频率非常低。从出现频率相对高的
［ɛ，ʉ］情况来看，［ɛ］与［A，o］为一类，略长；［ʉ］与［ə，i，u］
一类，相对短。

表 1.10　V2 位置短元音音长数据 2（［ɛ，e，ʏ，y，ɵ，ʉ］）

单位：ms

			M					F				
			ɛ	e	ɵ	ʏ	ʉ	y	ɛ	e	ʏ	ʉ	y
单音节词	CVC	AVG	86		81		78		99			56	
		STD	27		11		7		34			11	
		CV	31%		13%		9%		35%			20%	

续表

			M						F				
			ε	e	θ	ʏ	ʉ	y	ε	e	ʏ	ʉ	y
双音节词	CV	AVG	73			68	49		90			49	
		STD	32				11		12			14	
		CV	43%				23%		14%			28%	
	CVC	AVG	91	99		84	60	81	89	84	99	57	69
		STD	20	11		7	20	26	15	20	10	25	16
		CV	22%	11%		8%	33%	32%	17%	23%	11%	44%	23%
三音节词	CV	AVG	70				65		69			45	
		STD	6.5				18		8.3			22	
		CV	9%				28%		12%			50%	
	CVC	AVG	87				75		83			45	
		STD	18				9.9		21			27	
		CV	21%				13%		25%			60%	

根据以上数据，达斡尔语短元音似乎有某种固有音长，舌位较低的元音更长而舌位较高的元音相对短。但是，达斡尔语元音音长变化复杂，互相比较的前提是严格控制其他条件，比如语速、词内位置、词内音节个数、音节结构、前后音素等。本次研究发现前邻辅音对元音音长具有明显的影响。需要说明的是，以上部分分析未考虑前邻辅音的因素。

总之，元音固有音长是一种统计结果，并不绝对。而且，相比不同语境里的音长差异，达斡尔语元音固有音长之间的差异微不足道，在统计中可以忽略不计。

（二）语境与短元音音长

达斡尔语短元音音长受到语境影响发生变化。这里所指的语境包括个数、位置和邻音。以孤立单词为例，个数指词中音节个数以及音节内音段个数；位置指音节在词内的位置以及音段在音节里的位置；邻音指前后邻接辅音。

1. 个数与音长

词内音节个数和音节内音段个数对达斡尔语短元音音长的影响不显著。

首先，音节个数不同时，短元音音长并无显著差异。根据表 1.8 和表 1.9，单音节词、双音节词和三音节词词首音节短元音音长相近。在 VC 类型里，单音节词里的短元音音长均值为 117ms（M）或 94ms（F）；双音节词里的短元音音长均值为 111ms（M）和 96ms（F）；三音节词里的短元音音长均值为 120ms（M）和 88ms（F）。在 CVC 类型里，男声单音节的短元音最长，而女声双音节词词首音节的短元音最长。根据表 1.11、表 1.12 和表 1.13，在双音节、三音节和四音节词非词首音节短元音音长之间没有显著差异，基本在 50ms~60ms。可见，词内音节个数对达斡尔语短元音音长没有影响。

其次，音节内的音素个数不同时，或音节类型不同时，短元音音长同样没有显现出有规律的差异性。根据表 1.9，在多数情况下，单音节词 CVC 里的短元音长于 CVCC 里的短元音。但是，根据表 1.8，单音节词 VC 和 VCC 音节里，有时 VC 里的短元音长，有时 VCC 里的短元音长，无特定规律。根据表 1.11，双音节词词首 CVC 和 CVCC 音节里，CVCC 里的元音稍长；而在非词首音节里，CVC 音节里的元音则长于 CVCC 里的元音。而且，这种差值较小，可以忽略。因此，我们认为音节内音素多寡对达斡尔语短元音音长没有规律性的影响。

2. 位置与音长

位置对短元音音长的影响主要在两个层面上起作用，一是元音所处音节在词内的位置，另一个是元音在音节内的位置。

首先，词首音节元音长于非词首音节元音。表 1.11、表 1.12、表 1.13 为达斡尔语双音节词、三音节词和四音节词短元音音长数据统计。数据表明，V2 在 70ms~90ms 之间，V3 在 50ms~60ms 之间，V4 出现在词末，有所自由延长。显然，词首音节短元音长于非词首音节短元音。

表 1.11　双音节词内短元音音长数据

单位：ms

	M						F					
	V2			V3		V4	V2			V3		V4
	CV	CVC	CVCC	CVC	CVCC	CV	CV	CVC	CVCC	CVC	CVCC	CV
AVG	69	76	85	59	52	110	70	74	82	56	52	171
STD	25	25	19	18	15	35	26	28	15	18	10	32
CV	37%	33%	22%	31%	29%	31%	37%	38%	18%	32%	20%	19%

表 1.12　三音节词内短元音音长数据

单位：ms

	M						F					
	V2		V3			V4	V2		V3			V4
	CV	CVC	CV	CVC	CVC	CV	CV	CVC	CV	CVC	CVC	CV
AVG	68	80	47	56	64	116	67	70	58	51	65	171
STD	23	21	15	17	11	20	22	23	24	17	22	25
CV	33%	26%	32%	30%	17%	18%	32%	32%	42%	34%	33%	15%

表 1.13　四音节词内短元音音长数据（SP 为音节位置）

单位：ms

	M								F							
	V2		V3					V4	V2		V3					V4
	CV	CVC	CV	CV	CVC	CVC	CVC	CV	CV	CVC	CV	CV	CVC	CVC	CVC	CV
AV	64	68	55	39	52	40	68	118	60	63	54	74	48	45	58	176
STD	12	15	3.8	12	13	3.5	7.7	24	19	22	18	21	17	7.1	4.5	27
CV	18%	22%	7%	31%	24%	9%	11%	20%	31%	36%	33%	29%	35%	16%	8%	13%
SP	Ⅰ	Ⅰ	Ⅱ	Ⅲ	Ⅱ	Ⅲ	Ⅳ	Ⅳ	Ⅰ	Ⅰ	Ⅱ	Ⅲ	Ⅱ	Ⅲ	Ⅳ	Ⅳ

其次，V1 明显长于 V2。在图 1.24 里，根据表 1.8 至表 1.12 的数据对比展示 V1、V2 和 V3 音长。V1 出现在词头，其前无其他音素，音长最长，在 100ms ～ 120ms（M）之间。V2 是词首辅音之后的元音，虽然也在词首音节里，但其前出现辅音。V2 相对短，在 70ms ～ 80ms 之间。非词首音节短

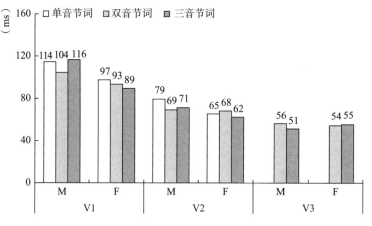

图 1.24　词内短元音音长对比图

元音最短，在 50ms～60ms 之间。女声的短元音相对短于男声。但，不管是男声还是女声，V1 和 V2 相差 30ms～40ms，V2 和 V3 相差 20ms 左右。

显然，元音出现在词边界上时，音长可以延长。在词首，以延长元音音长的手段标志词界，在词末，元音的延长是停顿标志。这种延长有一定的自由性，在词末延长程度更大，自由性也更大。

根据实验数据还发现，多音节词词首 V 和 VC 音节里，绝大多数情况下 VC 里的元音更长；CV 和 CVC 音节里，CVC 里的元音更长。这表明，达斡尔语闭音节短元音长于开音节的短元音，即元音出现在音节边界（非词边界）上时，音长会缩短。

3. 邻音与音长

达斡尔语辅音发音方法对后接元音音长有显著影响。根据前邻辅音的发音方法，将元音分为四类：A 类为出现在送气塞（擦）音之后的元音；B 类为出现在不送气塞（擦）音之后的元音；C 类为出现在清擦音之后的元音，D 类为出现在鼻音、边音、颤音、近音之后的元音。表 1.14 为单音节词内不同前邻辅音之后出现的短元音音长数据。

表 1.14 单音节词内不同前邻辅音之后出现的短元音音长数据

单位：ms

		CVC 音节				CVCC 音节			
		A 类	B 类	C 类	D 类	A 类	B 类	C 类	D 类
M	AVG	68	84	85	101	53	65	70	88
	STD	15	16	17	19	16	16	18	19
	CV	22%	20%	20%	18%	29%	26%	26%	21%
F	AVG	46	71	67	78	53	70	64	82
	STD	13	11	15	18	18	15	13	21
	CV	28%	16%	23%	23%	35%	21%	20%	26%

表 1.15 和图 1.25 为双音节词词首音节 CV、CVC 和非词首音节 CVC 的短元音音长数据。数据和图表明，（1）在所有条件下，A 类元音最短，D 类元音最长，B 和 C 类元音居中，其中 C 类元音短于 B 类。即，这些元音音长的排序是 D＞B＞C＞A。（2）第二音节元音比较稳定，第一音节元音受到更大影响，发生音长变化。

表 1.15　双音节词内不同类型辅音之后短元音的音长数据

单位：ms

		词首音节								非词首音节			
		CV 音节				CVC 音节				CVC 音节			
		A 类	B 类	C 类	D 类	A 类	B 类	C 类	D 类	A 类	B 类	C 类	D 类
M	AVG	43	70	61	95	54	82	67	99	54	58	63	61
	STD	12	19	13	20	14	14	16	23	14	16	15	19
	CV	29%	28%	22%	21%	26%	18%	24%	23%	26%	27%	24%	31%
F	AVG	49	79	60	86	49	83	61	96	43	58	52	61
	STD	15	26	16	21	18	16	18	25	15	15	9. 2	16
	CV	30%	33%	27%	24%	37%	20%	29%	26%	36%	26%	18%	26%

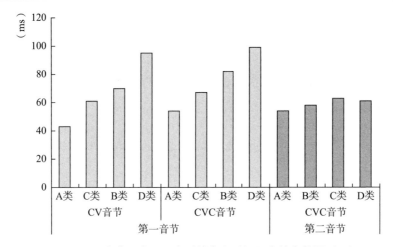

图 1.25　双音节词内不同类型辅音之后短元音的音长图（M）

（三）小结

　　首先，词内位置与达斡尔语短元音音长之间关系密切。词首音节短元音长于非词首音节短元音。词界上的短元音长于非词界短元音。闭音节短元音长于开音节短元音。其次，前邻辅音发音方法影响元音音长，伴有强气流特征的辅音（送气辅音及清擦音）会缩短元音音长。与之相反，具有弱气流特征的辅音（不送气辅音及浊辅音）不会缩短短元音音长。再次，达斡尔语短元音固有音长可分为两类：［ʌ，o，ɛ］长；［ə，i，u，ʉ］短，其差异较小。最后，词内音节个数和音节内音素个数对短元音音长基本没有影响。

四　短元音音强

（一）舌位与短元音音强

在语音实验中人们早已发现"随着开口度的加大，元音响度也加大；而且后元音的响度也比同部位的前元音的大，圆唇元音响度也比同部位展唇元音的大"[1]。这一结果在英语、汉语以及蒙古语卫拉特方言[2]的研究中已得到证实。

在本研究中，对元音音强做了分类统计。以 V2 为例（表 1.16、图 1.26）列出了元音音强均值。根据数据和图，达斡尔语短元音音强排序是，男声：[ʏ]>[ɛ]>[θ]>[ə]>[e]>[ʌ]>[o]>[i]>[u]>[ʉ]>[y]，即 [ʏ，ɛ，θ，ə，e，ʌ，o] 等元音强，音强在 78dB 到 81dB 之间，[i，u，ʉ，y] 等元音弱，音强在 72dB 到 76dB 之间。女声：[ʌ]>[ə]>[o]>[ɛ][ʏ]>[e]>[ʉ]>[u]>[i]>[y]，即 [ʌ，ə，o，ɛ，ʏ] 等元音强，音强在 75dB 到 77dB 之间，[e，ʉ，u，i，y] 等元音弱，音强在 71dB 到 73dB 之间。虽然男女排序不同，但可根据音强数据将短元音分为 2 类，一类是音强较强的元音，[ʌ，ə，o，ɛ，ʏ，θ] 等，另一类是音强弱的元音，[i，u，ʉ，y] 等。两类之间的音强差达到 2dB。元音 [e] 音强在男声和女声数据中表现不同，在男声发音中较强，归强音类，而在女声发音中较弱，归弱音类。主要是因为男生所发的 [e] 舌位相对低，女声所发的 [e] 舌位相对高。从元音舌位和音强之间的对应规律看，舌位高低与达斡尔语元音固有音强之间关系密切，高元音弱，非高元音强。

表 1.16　V2 位置短元音音强数据

单位：dB

		ʌ	ə	i	o	u	ɛ	e	ʏ	θ	ʉ	y
M	AVG	78.49	79.14	75.83	78.37	74.53	80.43	79	80.6	80.33	74.52	72
	STD	3.079	3.091	4.206	2.974	3.058	3.133	1.6	2.154	2.055	2.712	2.944
	CV	4%	4%	6%	4%	4%	4%	2%	3%	3%	4%	4%

---

[1]　鲍怀翘、林茂灿主编《实验语音学概要》（增订版），北京大学出版社，2014，第 273 页。

[2]　图雅：《卫拉特方言元音的实验语音学研究》（蒙古文），内蒙古人民出版社，2008，第 59 页。作者提到蒙古语卫拉特方言元音固有音强特点是非高元音强于高元音。

续表

		A	ə	i	o	u	ɛ	e	ɣ	θ	ʉ	y
F	AVG	76.58	76.07	71.42	75.57	71.72	75	73	75		72.13	71.33
	STD	2.905	3.16	3.741	2.738	3.171	2.6	2.3	1.871		3.191	1.247
	CV	4%	4%	5%	4%	4%	3%	3%	2%		4%	2%

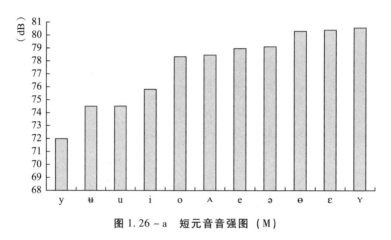

图 1.26 - a　短元音音强图（M）

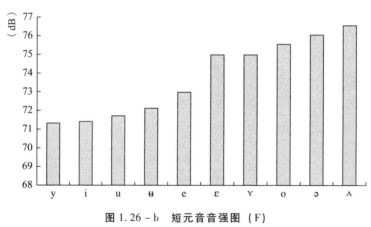

图 1.26 - b　短元音音强图（F）

（二）语境与短元音音强

考虑到达斡尔语短元音出现频率的不均衡，主要选用出现频率较高、词内分布较广的 [A，ə，i，o，u] 等主要元音进行语境与短元音音强之间的关系分析。语境包括位置、个数、邻音等几个条件。用二分法，将这些条件表达为：词首/非词首、起始/非起始、末尾/非末尾、闭音节/开音节、单音节/多音节、弱邻音/强邻音等，如表 1.17 和表 1.18。

表 1.17　不同语境中的短元音音强数据 1

单位：dB

语境			M					F				
			A	ə	i	o	u	A	ə	i	o	u
位置	词首音节	起始	78.38	79.44	72.29	78.38	79.44	75.16	76.74	71.21	75.73	69.24
		非起始	78.53	79.17	75.83	78.53	79.17	76.58	76.07	71.42	75.54	71.70
	非词首音节	末尾		74.68	74.88		74.68		72.48	70.84		72.07
		非末尾	79.55	77.40	75.92	79.55	77.40	74.73	73.56	71.70	74.24	71.99
个数	词首音节	单音节	81.45	81.34	77.27	81.45	81.34	77.85	77.38	76.13	77.53	73.86
		双音节	78.38	79.43	76.53	78.38	79.43	75.86	76.40	70.92	75.12	71.20
		三音节	77.45	78.06	73.6	77.45	78.06	76.14	76.20	70.10	74.91	70.40
		四音节	77.52	78.71	75	77.52	78.71	76.88	73.25	70.54	75.75	68.91
	非词首音节	双音节	80.25	77.95	76.26	80.25	77.95	74.64	74.96	74.61	75.07	72.99
		三音节	80	76.89	75.57	80	76.89	74.41	72.64	70.23	73.64	70.62
		四音节	78.42	77.21	76.05	78.42	77.21	75	73.02	70.51	73.5	70.94
前邻音	强气流音	送气	77.43	78.87	76.09	77.43	78.87	76.13	75.39	72.67	75.79	72.19
		清擦音	78.16	77.97	75.82	78.16	77.97	77.71	75.19	71.02	75	71.27
	弱气流音	不送气	78.65	80.58	76	78.65	80.58	76.46	77.54	71.69	75.63	71.13
		浊音	79.15	79.22	75.23	79.15	79.22	76.30	76.25	71.17	75.84	73.56
后邻音	强气流音	送气	76.09	76.79	69.78	77.13	69.43	75.38	75.12	69.66	75.16	69.09
		清擦音	78.26	77.63	73.62	79.08	73.83	76.05	73.48	70.26	75.81	70.68
	弱气流音	不送气	77.5	78.38	72.95	76.67	72.36	76.44	74.47	70.83	75.8	70.36
		浊音	79.30	79.21	76.81	79.69	75.11	76.50	75.26	72.40	76.02	71.63

统计结果如下。第一，单音节词内短元音强，多音节词内短元音弱，随着音节个数的增多，元音音强变弱，如图 1.27 所示。

第二，在送气辅音之前元音相对弱，在浊辅音之前元音相对强，如图 1.28 所示。前邻音的音质对短元音音强无明显影响。

第三，从位置角度看，（1）大部分情况下（男声 [ə，i，u]、女声 [ə，i]）末尾短元音音强明显弱于非末尾短元音。达斡尔语词末短元音有弱化趋向，详细分析见第四章。（2）在词首音节，起始 [i]（男）、[u]

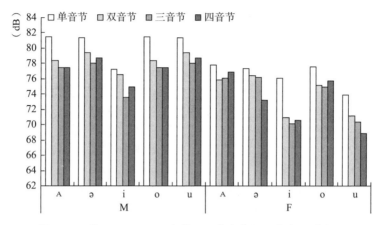

图 1.27 单、双、三、四音节词词首音节短元音音强对比图

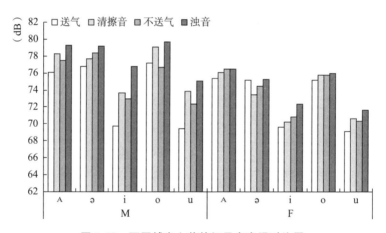

图 1.28 不同辅音之前的短元音音强对比图

（女）元音弱于非起始 [i] [u]，但其他元音无此类特征。（3）在词首音节和非词首音节元音之间，男声词首 [ə，u] 强于非词首 [ə，u]，词首 [A，i，o] 弱于非词首 [A，i，o]；女声词首 [A，ə，o] 强于非词首 [A，ə，o]，词首 [i，u] 弱于非词首 [i，u]。在词首和非词首音节元音之间，元音音强无规律性的分类，元音音强可能受其他因素的影响。

第四，在多数情况下，闭音节短元音强于开音节短元音，如表 1.18。VC 音节元音强于 V 音节元音；CVC 音节元音强于 CV 音节元音。这一规律适用于词首或非词首音节元音。

表 1.18　不同语境中的短元音音强数据 2

单位：dB

		词首音节				非词首音节					
						词腹				词尾	
		V	VC	CV	CVC	CV	CVC	CV	CVC	CV	CVC
M	双音节	74.49	78.01	77.07	77.96					74.47	77.16
	三音节	76.68	76.21	75.75	77.37	75.16	76.22			75.57	76.76
	四音节	75.67	78.4	76.43	76.84	75.43	76.84	77.6	76.78	74.25	75.75
F	双音节	71.54	74.74	73.51	75.65					72.33	74.28
	三音节	74.65	73.79	73.57	75.09	71.18	71.94			71.57	73.41
	四音节	74.25	74	73.56	73.75	71.44	72.04	72.68	71.86	71.28	71.85

　　总之，语境对达斡尔语短元音音强的影响如下。（1）词中音节个数和邻音（后接）对短元音音强有规律性的影响，单音节短元音强，多音节元音弱；后邻送气辅音能减弱元音音强。（2）位置条件对达斡尔语部分短元音音强具有显著影响，末尾短元音弱于非末尾短元音，起始 [i]、[u] 元音弱于非起始短元音，大部分情况下闭音节短元音弱于开音节短元音。

第二节　长元音

　　达斡尔语有 [ɑː，əː，iː，eː，oː，uː] 等 6 个长元音。其中，[ɑː，əː，oː，uː] 可以出现在词内任何位置，但在单词起始位置（V1）出现率非常低，[iː，eː] 基本不会出现在单词起始位置。在我们数据库 2000 多个单词里，只有 10 个单词起始位置出现了长元音，即 ɑː"居住"、ɑːl"脾气"、ɑːnək"狩猎点、（曲棍球）球门"、ɑːnəkmɑː"守门人"、ɑːʃ"习性、脾气"、əːlkʰəlʧ"撒娇"、əːttʰən"发酵、变稠"、oː"喝"、oːli"绕过"、uːsən"死了"等。《达斡尔语词汇》[①] 7800 多词条里也只有 70 多个词以长元音开头，其中包括同词根派生的不同词以及借词。这是达斡尔语语音特点之一。本文将以 V2、V3、V4 位置的长元音为主，分析达斡尔语长元音的声学和音系特点。

---

　　① 恩和巴图：《达斡尔语词汇》，内蒙古人民出版社，1984。

一 长元音共振峰

(一) 长元音 [ɑː]

达斡尔语长元音 [ɑː] 可以出现在词内任何位置, 例如 ɑːl "脾气"、kɑːllən "天晴"、ilɑːn "三"、 ɑkʰɑː "哥哥" 等。在词首音节, 男声 [ɑː] 的 F1 取值范围在 758Hz~958Hz, 均值为 861Hz, F2 取值范围在 1055Hz~1409Hz, 均值为 1365Hz; 女声 F1 取值范围在 939Hz~1196Hz, 均值为 1041Hz, F2 取值范围在 1348Hz~1753Hz, 均值为 1552Hz。[ɑː] 是央、低、展唇元音。

元音 [ɑː] 出现在词中不同位置时舌位不发生变化 (见图 1.29-a 和图 1.29-b)。在 V4 位置, 男声 [ɑː] 的 F1 均值为 834Hz, F2 均值为 1244Hz; 女声 F1 均值为 1086Hz, F2 均值为 1581Hz。在 V3 位置, 男声 [ɑː] 的 F1 均值为 823Hz, F2 均值为 1347Hz; 女声 F1 均值为 1020Hz, F2 均值为 1650Hz。

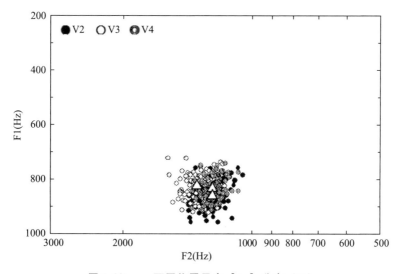

图 1.29-a 不同位置元音 [ɑː] 分布 (M)

(二) 长元音 [əː]

达斡尔语长元音 [əː] 可以出现在词内任何位置, 例如 əːttʰən "发酵、变稠"、pəːlpəːt "蝴蝶"、uʧʰəːk "少"、əwəː "母亲" 等。在词首音节, 男声 [əː] 的 F1 取值范围在 396Hz~576Hz, 均值为 455Hz, F2 取值范围在

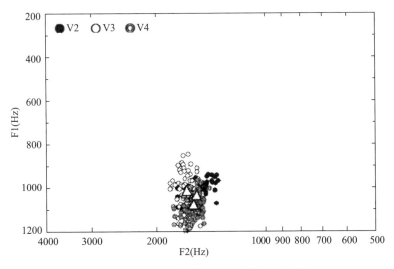

图 1.29 - b　不同位置元音 ［A:］分布（F）

846Hz～1321Hz，均值为 1014Hz；女声 F1 取值范围在 386Hz～588Hz，均值为 494Hz，F2 取值范围在 976Hz～1385Hz，均值为 1186Hz。［ə:］是央（靠后）、中、展唇元音。

如图 1.30 - a 和 1.30 - b 所示，元音 ［ə:］出现在词中不同位置时舌位发生变化。在 V4 位置，男声 ［ə:］的 F1 均值为 570Hz，F2 均值为 1134Hz；女声 F1 均值为 665Hz，F2 均值为 1288Hz。在 V3 位置，男声 ［ə:］的 F1 均

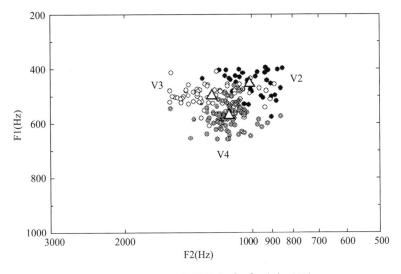

图 1.30 - a　不同位置元音 ［ə:］分布（M）

值为 498Hz，F2 均值为 1246Hz；女声 F1 均值为 637Hz，F2 均值为 1489Hz。词首音节 ［ə:］最靠后，最高；V3 位置的 ［ə:］最靠前，在高低维度上居中；词末 ［ə:］最低，在前后维度上居中。元音 ［ə:］在词中不同位置所引起的舌位变化大于元音 ［ʌ:］。

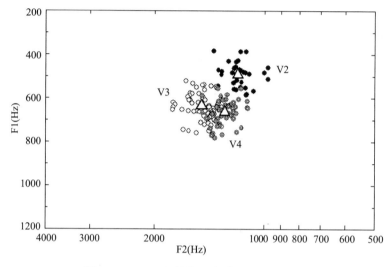

图 1.30 - b　不同位置元音 ［ə:］分布 （F）

（三） 长元音 ［i:］

长元音 ［i:］出现在非起始位置，即 V2、V3 和 V4 位置，例如 tʰi:mər "是、那样"、Ali:s "黄油渣"、Arti: "雷" 等。男声词首音节元音 ［i:］的 F1 取值范围在 270Hz ~ 347Hz，均值为 305Hz，F2 取值范围在 2156Hz ~ 2266Hz，均值为 2222Hz；女声 F1 取值范围在 342Hz ~ 406Hz，均值为 366Hz，F2 取值范围在 2569Hz ~ 2738Hz，均值为 2677Hz。［i:］是前、高、展唇元音。

词内位置导致的 ［i:］舌位变化不大，见图 1.31 - a 和图 1.31 - b。词首音节 ［i:］最高，最靠前；非词首 ［i:］元音舌位低，靠后。词首音节 ［i:］发音更到位；非词首音节 ［i:］有央化趋势。在 V4 位置，男声元音 ［i:］的 F1 均值为 400Hz，F2 均值为 2126Hz；女声 F1 均值为 421Hz，F2 均值为 2694Hz。在 V3 位置，男声 ［i:］的 F1 均值为 392Hz，F2 均值为 2051Hz；女声 F1 均值为 395Hz，F2 均值为 2603Hz。

（四） 长元音 ［e:］

长元音 ［e:］主要出现在非词首音节里，只有 9 个 （男，6%） 或 8 个

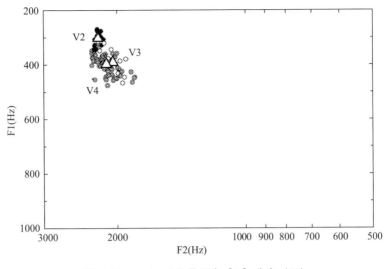

图 1.31 - a 不同位置元音 [iː] 分布（M）

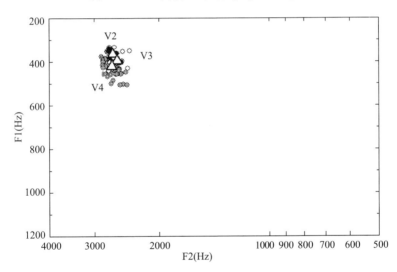

图 1.31 - b 不同位置元音 [iː] 分布（F）

（女，5%）[eː] 出现在 V2 位置，例如 ʧeːkə："挪、搬"、ʧeːŋkeː："结"、jeːnuːtʰeː："热闹的、可笑的" 等。在词首音节里，男声 [eː] 的 F1 取值范围在 378Hz ~ 506Hz，均值为 421Hz，F2 取值范围在 1675Hz ~ 2042Hz，均值为 1866Hz；女声 F1 取值范围在 424Hz ~ 686Hz，均值为 569Hz，F2 取值范围在 2187Hz ~ 2669Hz，均值为 2480Hz。[eː] 是前、中、展唇元音。

图 1.32 - a 和图 1.32 - b 是词中不同位置出现的长元音 [eː] 分布图。

从图和数据看，词首音节元音［eː］舌位最高，最靠前；非词首音节［eː］舌位有央化趋势。如，在词末，男声 F1 均值为 555Hz，F2 均值为 1691Hz；女声 F1 均值为 634Hz，F2 均值为 2268Hz。在 V3 位置，男声 F1 均值为 498Hz，F2 均值为 1752Hz；女声 F1 均值为 558Hz，F2 均值为 2283Hz。

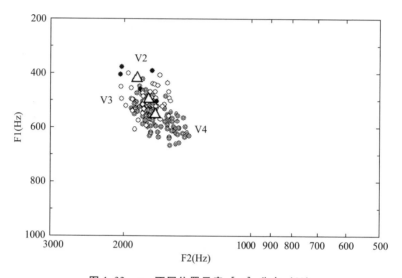

图 1.32 - a　不同位置元音［eː］分布（M）

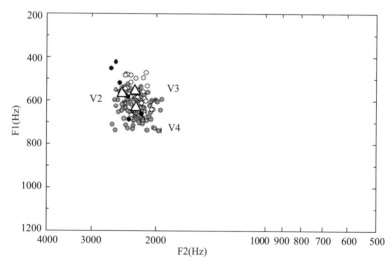

图 1.32 - b　不同位置元音［eː］分布（F）

（五）长元音［oː］

长元音［oː］可以出现在词内任何位置，例如 oː"喝"、moːt"树"、

ollo:n "旁边"、opo: "敖包"等。在词首音节，男声 [o:] 的 F1 取值范围在 434Hz ~ 601Hz，均值为 517Hz；F2 取值范围在 662Hz ~ 874Hz，均值为 767Hz。女声 [o:] 的 F1 取值范围在 522Hz ~ 778Hz，均值为 632Hz；F2 取值范围在 879Hz ~ 1192Hz，均值为 988Hz。元音 [o:] 是中、后、圆唇元音。

在词内不同位置上 [o:] 舌位有所不同（如图 1.33 - a 和 1.33 - b 所示）。在词末，男声 [o:] 的 F1 均值为 604Hz，F2 均值为 855Hz；女声 F1

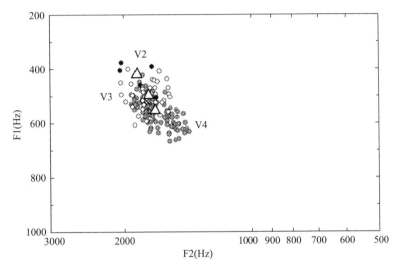

图 1.33 - a　词中不同位置元音 [o:] 分布（M）

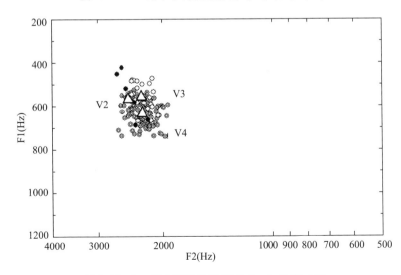

图 1.33 - b　词中不同位置元音 [o:] 分布（F）

均值为706Hz，F2 均值为1064Hz。在 V3 位置，男声 F1 均值为622Hz，F2 均值为970Hz；女声 F1 均值为719Hz，F2 均值为1237Hz。词首音节 ［oː］ 舌位相对高、后；非词首音节 ［oː］ 相对低、前。

（六）长元音 ［uː］

长元音 ［uː］ 的出现频率相对低，我们数据库男声发音中出现了67 次，女声发音中出现了50 次，例如 suː "奶"、tuːrkʰu "满的"、putuːn "粗的" 等。在词首音节，男声 ［uː］ 的 F1 取值范围在341Hz～441Hz，均值为382Hz，F2 取值范围在651Hz～796Hz，均值为717Hz；女声 F1 取值范围在308Hz～432Hz，均值为 378Hz，F2 取值范围在682Hz～953Hz，均值为788Hz。［uː］ 是后、高、圆唇元音。

元音 ［uː］ 出现在词中不同位置时，其舌位发生一定变化（见图 1.34 - a 和图 1.34 - b）。在词首音节，元音 ［uː］ 舌位最高，也最靠后。在词末，舌位在高低维度上最低，在前后维度上居中，男声 ［uː］ 的 F1 均值为418Hz，F2 均值为728Hz；女声 F1 均值为424Hz，F2 均值为757Hz。在 V3 位置，舌位高低居中，最靠前，男声 ［uː］ 的 F1 均值为395Hz，F2 均值为785Hz；女声 F1 均值为414Hz，F2 均值为981Hz。女声发音的部分 ［uː］ 元音舌位更靠前，接近 ［ʉ］，例如在 xutʃuːr "尖"、səruːnʃeː "乘凉"、putuːnkʰəːli "粗一点的" 等词里，元音 ［uː］ 的 F2 均值各为1329Hz、1431Hz 和1584Hz。

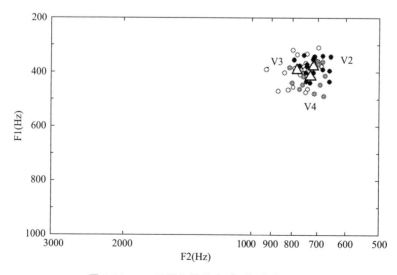

图 1.34 - a　不同位置元音 ［uː］ 分布（M）

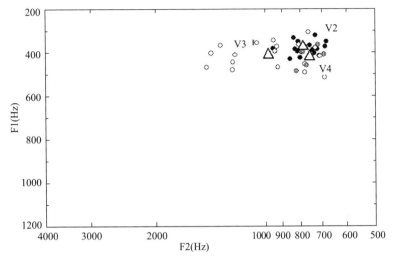

图 1.34 - b　不同位置元音 [uː] 分布（F）

二　长元音舌位分布

（一）长元音舌位三角

达斡尔语 [Aː，əː，iː，eː，oː，uː] 等 6 个长元音声学分布见图 1.35。图 1.36 为根据词首音节长元音 F1 和 F2 的均值绘制的达斡尔语长元音声学格局图。

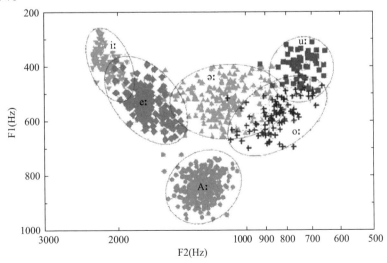

图 1.35 - a　长元音声学分布图（M）

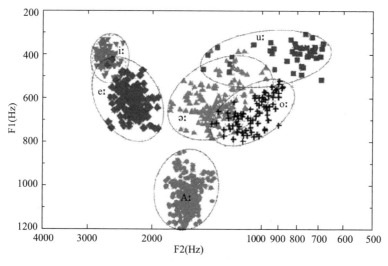

图 1.35 - b 长元音声学分布图（F）

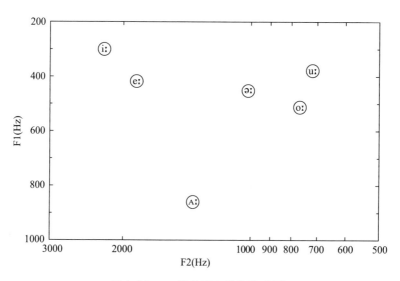

图 1.36 - a 长元音声学格局（M）

在舌位高低维度上，达斡尔语有 2 个高元音 ［iː，uː］、3 个中元音 ［eː，əː，oː］ 和一个低元音 ［Aː］。在舌位前后维度上，有 2 个前元音 ［iː，eː］、2 个央元音 ［əː，Aː］ 和 2 个后元音 ［oː，uː］。有 ［Aː，əː，iː，eː］ 等 4 个展唇元音和 ［oː，uː］ 等 2 个圆唇元音。

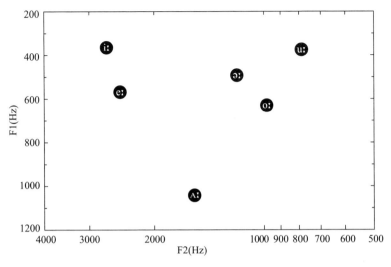

图 1.36 – b　长元音声学格局（F）

用舌位前、央、后和高、中、低能够有效区分达斡尔语 6 个长元音，如下矩阵所示。圆唇元音都位于后位，展唇元音位于前位。

i:　　　　　　　u:

e:　　　ə:　　　o:

A:

表 1.19 为 V2、V3、V4 位置长元音 F1 和 F2 均值表，根据该数据表绘制了图 1.37。

表 1.19　长元音在 V2、V3、V4 中 F1、F2 均值

单位：Hz

			A:		ə:		i:		e:		o:		u:	
	音节	元音	F1	F2	F1	F2	F1	F2	F1	F2	F1	F2	F1	F2
M	词首	V2	861	1243	455	1014	305	2222	421	1866	517	767	382	717
	非词首	V3	823	1347	498	1246	392	2051	498	1752	622	970	395	785
		V4	834	1244	570	1134	400	2126	555	1691	604	855	418	728
F	词首	V2	1041	1552	494	1186	366	2677	569	2480	632	988	378	788
	非词首	V3	1020	1650	637	1489	395	2603	558	2283	719	1237	414	981
		V4	1086	1581	665	1288	421	2694	634	2268	706	1064	424	757

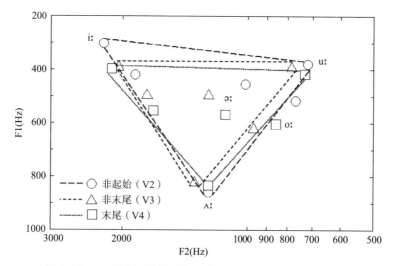

图 1.37 - a　词中不同位置长元音舌位三角空间比较图（M）

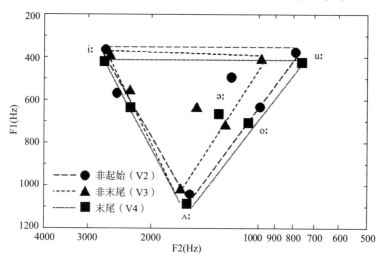

图 1.37 - b　词中不同位置长元音舌位三角空间比较图（F）

　　从数据及图 1.37 - a 和图 1.37 - b 可以看出，词中不同位置长元音的舌位三角空间格局不同于短元音格局。长元音在词内不同位置上变化相对小，没有出现随着位置的后移逐步内缩的现象。V3 舌位三角空间小于 V2 三角空间，有一定的央化趋势，但差异较小。V4 舌位三角整体上相对低，交叉于 V2 舌位三角。可见，长元音在词内的发音相对稳定，变化小。

（二）长短元音舌位比较

　　达斡尔语长短元音的舌位比较见图 1.38 - a、图 1.38 - b 和图 1.39 - a、

图 1.39 - b。在词首音节（图 1.38 - a 和图 1.38 - b），V2 位置短元音舌位
三角空间小于长元音三角，位于其内。V1 位置短元音的舌位三角比长元音
舌位三角相对靠前，更高。在 V3 位置（如图 1.39），短元音的舌位三角处
于长元音舌位三角内侧（男声短［i］有所不同），短元音舌位三角小于长
元音的三角。总之，达斡尔语相应长、短元音舌位基本相同。

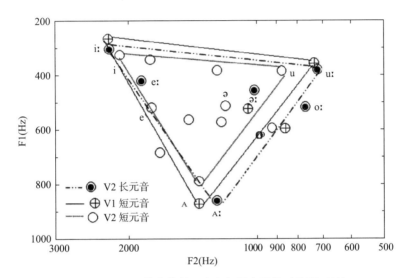

图 1.38 - a　词首音节长元音和短元音舌位对比图（M）

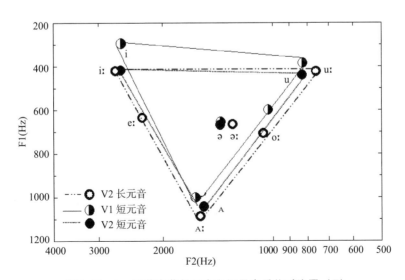

图 1.38 - b　词首音节长元音和短元音舌位对比图（F）

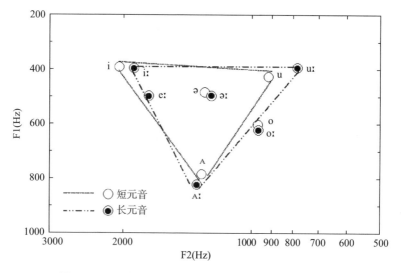

图 1.39 - a　非词首音节长元音和短元音舌位对比（M）

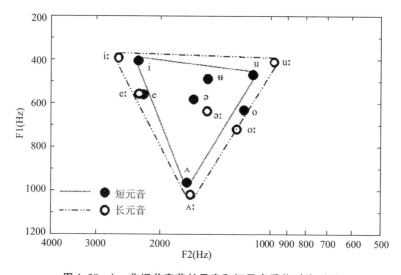

图 1.39 - b　非词首音节长元音和短元音舌位对比（F）

三　长元音音长

（一）舌位与长元音音长

为了避免词边界音素拉长效应，我们选用单音节和双音节词里的 V2、V3，分析了长元音音长，数据见表 1.20。在单音节词里，男声 [ɑː，əː] 长，[oː，uː] 居中，[iː] 最短，女声 [ɑː，oː，əː] 长，[iː，uː] 短。在双音节词 V2 位置，男声 [ɑː，əː，oː] 长，[iː] 相对短，没有出现 [uː] 元音，女声 [ɑː，oː] 长，[əː] 居中，[uː，iː] 短。在双音节词 V3 位置，元音音长之间的差异缩小，相比之下男声 [ɑː，eː，oː，əː] 长，[uː] 短，女声 [ɑː，eː，əː，uː] 相对长，[oː] 相对短。可以说，达斡尔语 [iː，uː] 等高元音短，其他非高元音长，特别是元音 [iː] 短于元音 [ɑː]，差值达到 30ms 左右。

这一结论与短元音音长规律基本一致。

表 1.20　不同长元音音长数据

单位：ms

		M						F					
		ɑː	əː	iː	oː	uː	eː	ɑː	əː	iː	oː	uː	eː
单音节 V2	AVG	197	187	164	179	176		212	206	158	213	169	
	STD	27	25	25	23	27		32	44	35	42	33	
	CV	14%	13%	15%	13%	15%		15%	21%	22%	20%	19%	
双音节 V2	AVG	201	205	169	213			205	184	157	204	170	
	STD	32	30	20	24			42	37	50	21	54	
	CV	16%	15%	12%	11%			20%	20%	32%	10%	32%	
双音节 V3	AVG	97	92		91	80	104	105	93		83	91	94
	STD	18	15		19	34	15	18	18		14	20	15
	CV	18%	16%		21%	43%	15%	17%	20%		17%	22%	16%

元音音长一般跟元音舌位高低、前后和唇形有关系。达斡尔语长元音也不例外，因为元音舌位高低的不同而表现为不同的长度。但是，这种元音音长之间的差异及其规律性在其他多种因素的共同作用下常发生很大变化。

（二）语境与长元音音长

从位置、个数、邻音等三个语境条件来看，位置对达斡尔语长元音音长影响最明显，其次是个数，邻音对长元音音长几乎没有影响。

（1）音节位置对长元音音长的影响显著。非词首音节长元音（指 V3，不包括 V4）音长只有词首音节相应元音的 1/2 左右或更短，如表 1.21 所示。在双音节词里，以男声为例，词首和非词首 CVC 音节里的长元音音长均值各为 208ms 和 97ms，相差 111ms；CVCC 音节里的长元音音长相差

121ms。在三音节词第一、第二和第三音节里,男声长元音音长均值各为183ms、112ms 和92ms;女声均值为173ms、117ms 和119ms。在四音节词里,词首音节很少出现长元音,男声发音中出现了两次,各为172ms 和191ms,女声出现了3次,各为139ms、149ms、201ms;在第二音节,男声长元音音长均值为81ms,女声为106ms;在第三音节,男声为109ms,女声为121ms;在第四音节,男声为89ms,女声119ms。

表 1.21　词内不同位置长元音音长数据

单位：ms

位置	\multicolumn{7}{c}{M}							\multicolumn{7}{c}{F}						
位置	V1	\multicolumn{3}{c}{V2}			\multicolumn{2}{c}{V3}		V4	V1	\multicolumn{3}{c}{V2}			\multicolumn{2}{c}{V3}		V4
类型	V,VC	CV	CVC	CVCC	CVC	CVCC	CV	V,VC	CV	CVC	CVCC	CVC	CVCC	CV
AVG	233	207	208	186	97	65	189	254	208	190	177	94	80	228
STD	25	31	30	13	17	13	47	53	35	41	17	17	6.5	39
CV	11%	15%	15%	7%	17%	19%	25%	21%	17%	22%	9%	18%	8%	17%

除此之外,位置效应的另一个表现是 V1 和 V4 位置长元音音长会延长。但延长程度不同,V4 的自由度大,延长程度长,V1 相对稳定。在这一点上,达斡尔语长短元音规律一致。

(2) 根据音节类型分类统计长元音音长的结果显示,单音节词 V、VC、CV 等音节中的元音长于 CVC 和 CVCC 音节。男声单音节词 V、VC、CV、CVC、CVCC 等音节的元音平均音长各为 301ms、224ms、259ms、193ms 和166ms。基本分为三个档次:单个元音音节 (V) 里的长元音最长;其次是CV 和 VC 等音节里的词边界元音,其中词末元音长于起始元音;最短的是CVC、CVCC 音节里的长元音。女声上述音节元音音长各为 255ms、203ms、206ms、208ms 和 156ms,V 音节元音最长,CVC、CV、VC 等音节元音居中,CVCC 音节元音最短。

(3) 词中音节个数对长元音音长有一定的影响,数据见表 1.22。随着词内音节个数的增多,长元音变短,即单音节词和双音节词长元音相对长,三、四音节词中的长元音更短。在词腹音节里,三音节词第二音节长元音音长接近四音节词第三音节元音音长,而四音节词第二音节元音是最短的长元音。词末 CVC 音节元音一般不受词中音节个数的影响。

表 1.22　词内音节个数与长元音音长数据

单位：ms

		词首音节（V2）						词腹音节（V3）				
		CVC				CV			CVC			CV
		单	双	三	四	双	三	四	三	四	三	四
M		193	208	192	191	207	178	172	99	67	92	115	86	112
F		208	181	178		212	167	163	83	72		112	112	119

（4）与短元音不同，达斡尔语长元音音长一般不会受到邻接辅音的影响。

（三）长、短元音音长比较

在词内任何位置，达斡尔语长元音和短元音之间的音长差异显著。这种显著性在词首音节更明显，在非词首音节里显著性有所降低。在词首音节里（V2），长元音约为短元音的 2～3 倍（表 1.23、表 1.24）。在非词首音节（V3），长元音和短元音的音长差异缩小，长元音约长 40% 左右，见表 1.24 和图 1.40。

表 1.23　单音节词和双音节词 V2 位置长元音和短元音音长数据

单位：ms

		Aː	A	əː	ə	iː	i	eː	e	oː	o	uː	u
男	单	197	101	187	75	164	88	178	86	179	108	176	70
	双	201	89	205	72	169	71	229	92	213	79	181	67
女	单	212	82	206	66	158	68		100	213	84	169	63
	双	205	87	184	73	157	64	158	88	204	83	170	60

表 1.24　不同音节词中不同位置长元音和短元音的音长数据

单位：ms

	V2				V3				V4			
	男		女		男		女		男		女	
	长	短	长	短	长	短	长	短	长	短	长	短
双音节词	200	77	192	75	81	55	87	54	189	110	228	171
三音节词	183	74	173	69	102	56	118	58	162	116	233	171
四音节词	181	66	163	62	93	51	115	56	159	118	229	176

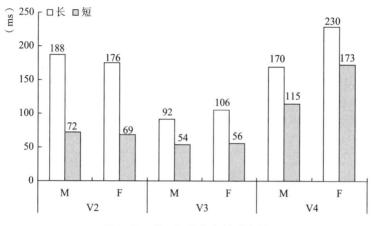

图 1.40　长、短元音音长对比图

四　长元音音强

达斡尔语长元音音强的一般特点是高元音弱，非高元音强，即 [iː, uː] 相对弱，[ʌː, əː, oː, eː] 等元音相对强。数据见表 1.25。除此之外，长元音的音强一般不会受到语境的影响，不管出现在词内什么位置、什么类型音节以及词内音节个数有几个，长元音的音强变化不大。

表 1.25　单音节词元音音强数据

单位：dB

	M						F				
	ʌː	eː	əː	iː	oː	uː	ʌː	əː	iː	oː	uː
AVG	81	79	81	75	81	74	75	76	72	76	74
STD	5	1.6	2.8	2.7	2.5	2.3	3.2	2	2.5	2.1	1.8
CV	6%	2%	4%	4%	3%	3%	4%	3%	3%	3%	2%

第三节　复合元音

达斡尔语有 [ei, ʌɛ, æi, æɛ, ʌʊ, əi, ei, ɔɛ, ɜe, ɣʊ, oø, ui, ɥi] 等 13 个复合元音，在数据库中出现了 200 多次（男 211 次，女 221 次），大部分出现在词首音节里（男 197 次，女 202 次）。男声 211 个复合元音里，93 个（45%）出现在单音节词中，85 个（40%）出现在双音节词中，23 个出现

（11%）在三音节词中，其余出现在四音节词、五音节词中。女声 221 个复合元音的 68 个（31%）出现在单音节词中，104 个（47%）出现在双音节词中，36 个（16%）出现在三音节词中，其余的出现在四音节词、五音节词中。

一　复合元音共振峰

（一）复合元音［ɐi］

［ɐi］出现在单音节词或多音节词词首音节，例如 ɐimən "部族"、kʰɐitʃʰ "剪刀"、lɐipər "脏" 等。男声［ɐ］目标时刻[①] F1 和 F2 为 811Hz 和 1460Hz，［i］目标时刻 F1 和 F2 为 423Hz 和 2062Hz；女声［ɐ］目标时刻 F1 和 F2 为 878Hz 和 1699Hz，［i］目标时刻 F1 和 F2 为 469Hz 和 2515Hz。可见，［ɐi］的起始舌位在央、低（或次低）位置，终极舌位在前、高位置，唇形始终保持展唇状态。根据［ɐi］发音全程 F1 和 F2 的变化情况，绘制发音动程图（如图 1.41 – a 和图 1.41 – b），展示舌体从［ɐ］的目标舌位滑动到［i］目标舌位的过程。

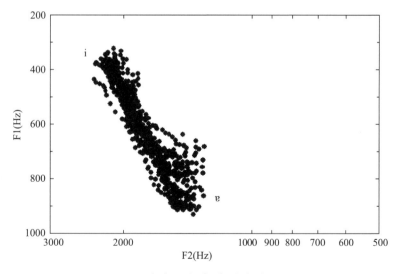

图 1.41 – a　复合元音［ɐi］发音动程图（M）

---

① 目标时刻为时域概念，指元音目标舌位出现时刻或时段。复合元音的发音是一种动态过程，舌体从一个目标舌位滑动到另一个目标舌位。在这过程中，舌体在目标舌位上停留一段时间（元音有稳定段）或只有奔向目标舌位的动作，而不停留（元音无稳定段）。元音共振峰走势清楚展示了这个过程。

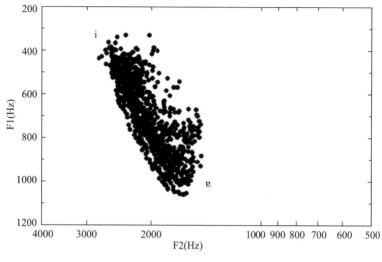

图 1.41 - b　复合元音 [ɐi] 发音动程图 (F)

元音 [ɐi] 的共振峰过渡近似于直线，F1 和 F2 斜率较大，F1 斜率为负值，其绝对值一般大于 15；F2 斜率为正值，一般大于 25，如图 1.42（图上标出了 F1 和 F2 的斜率）。根据复合元音过渡段的共振峰和斜率（共振峰变化值除以时长）绘制了复合元音斜率图，其中不包含前、后稳定段。

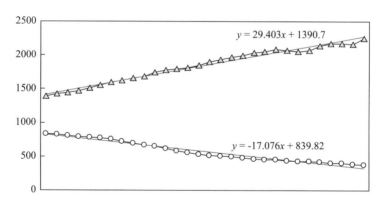

$y = 29.403x + 1390.7$

$y = -17.076x + 839.82$

图 1.42　复合元音 [ɐi] 的 F1 和 F2 斜率图，例词：ɐi "害怕"（M）

（二）复合元音 [ɜɐ]

[ɜɐ] 也出现在单音节词或多音节词词首音节，例如 nɜaʊ "八"、pɐɜnʌːʧʰʌː山神"等。男声 [ɐ] 目标时刻 F1 和 F2 为 756Hz 和 1335Hz，[ɜ] 目标时刻 F1 和 F2 为 555Hz 和 1894Hz；女声 [ɐ] 目标时刻 F1 和 F2

为 875 Hz 和 1671 Hz，［ɛ］目标时刻 F1 和 F2 为 641 Hz 和 2329 Hz。［ɐɜ］舌位变化动程如图 1.43 - a 和图 1.43 - b。［ɐɜ］元音起始舌位在央、次低位置，终极舌位在前、中位置。发［ɐɜ］时舌体从央、次低位置滑动到前、中位置，保持展唇状态。

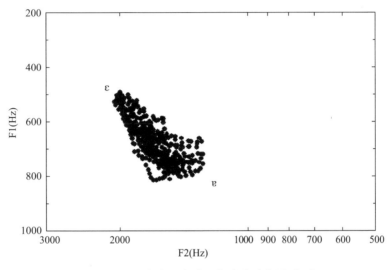

图 1.43 - a　复合元音［ɐɜ］发音动程图（M）

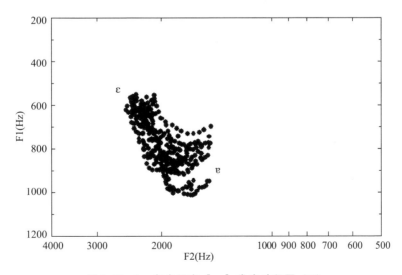

图 1.43 - b　复合元音［ɐɜ］发音动程图（F）

发［ɐɜ］时，舌体活动距离比［iɐ］近，轨迹也基本表现为直线。F1

和 F2 斜率相对低，F1 斜率为负值，绝对值一般低于 15，F2 斜率为正值，低于 20。见图 1.44。

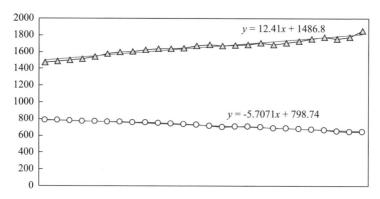

图 1.44　复合元音 [ɐɛ] 的 F1 和 F2 斜率图，例词：pʰɐɛ "纸牌" （M）

（三）复合元音 [æi]

[æi] 出现在单音节词或多音节词词首音节，例如 tʰæip "房桷，房梁"、sæiso: "问好，请安" 等。男声 [æ] 目标时刻 F1 和 F2 为 749Hz 和 1658Hz，[i] 目标时刻 F1 和 F2 为 463Hz 和 2124Hz；女声 [æ] 目标时刻 F1 和 F2 为 807Hz 和 1985Hz，[i] 目标时刻 F1 和 F2 为 472Hz 和 2556Hz。[æi] 舌位变化动程如图 1.45 – a 和图 1.45 – b。[æi] 元音起始舌位在前、

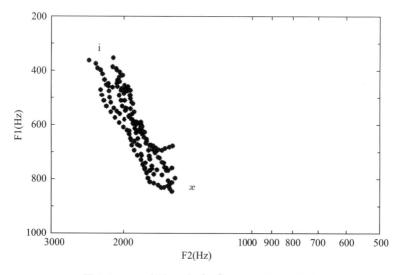

图 1.45 – a　复合元音 [æi] 发音动程图 （M）

次低位置，终极舌位在前、高位置。发［æi］时舌体从前、次低位置滑动到前、高位置，保持展唇状态。［æi］元音的起始舌位明显靠前。［æi］元音 F1 斜率较高，而 F2 斜率相对低，见图 1.46。

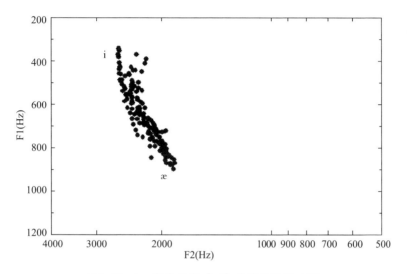

图 1.45 – b 复合元音［æi］发音动程图（F）

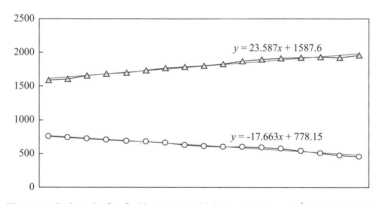

图 1.46 复合元音［æi］的 F1 和 F2 斜率图，例词：xæitʃʰ "剪刀"（M）

（四）复合元音［æɛ］

［æɛ］非常少见，在男声发音中出现了 2 次，sæɛntʰ "刚才"、næɛmtʰiːjəːr "八岁开始" 等；在女声发音中出现了 3 次，xæɛllʲitʃi "爱惜"、næɛmtʰiːjəːrə "从八岁起"、kʰæɛlArtʃʰinsul "海拉尔人们" 等。男声［æ］目标时刻 F1 和 F2 为 754Hz 和 1689Hz，［ɛ］目标时刻 F1 和 F2 为 625Hz 和

1957Hz；女声［æ］目标时刻 F1 和 F2 为 873Hz 和 1944Hz，［ɛ］目标时刻 F1 和 F2 为 594Hz 和 2384Hz。元音［æɛ］的舌位变化动程如图 1.47 - a 和图 1.47 - b。［æɛ］起始舌位在前、次低位置，终极舌位在前、中位置，发［æɛ］时舌体从前、次低位置滑动到前、中位置，保持展唇状态。

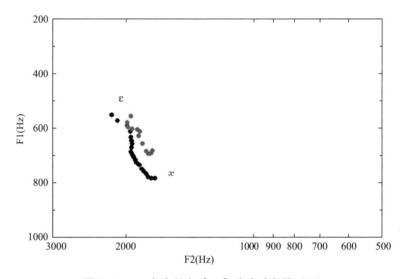

图 1.47 - a 复合元音［æɛ］发音动程图（M）

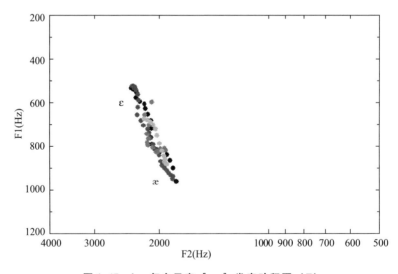

图 1.47 - b 复合元音［æɛ］发音动程图（F）

相比［ɐi］［ɜɣ］［æi］等复合元音，［æɛ］的 F1 和 F2 斜率低，尤其 F2 较为平缓，见图 1.48。

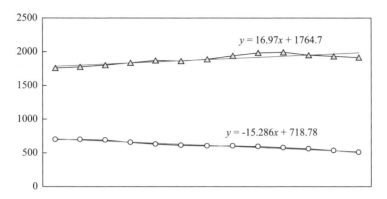

图 1.48　复合元音［æɛ］的 F1 和 F2 斜率图，例词：sæɛntʰ "刚才"（M）

（五）复合元音［ʌʊ］

［ʌʊ］出现在单音节词或多音节词词首音节，例如 ʌʊr "气"、nʌʊr "湖泊"、nʌʊʨʰoː "舅舅" 等。男声［ʌ］目标时刻 F1 和 F2 为 713Hz 和 1040Hz，［ʊ］目标时刻 F1 和 F2 为 520Hz 和 795Hz；女声［ʌ］目标时刻 F1 和 F2 为 841Hz 和 1329Hz，［ʊ］目标时刻 F1 和 F2 为 546Hz 和 960Hz。［ʌʊ］起始舌位在后（靠央）、次低位置，终极舌位在后、次高位置，发音时舌体从后（靠央）、次低位置滑动到后、次高位置，唇形从展唇状态变为圆唇。舌位变化动程见图 1.49 – a 和图 1.49 – b。

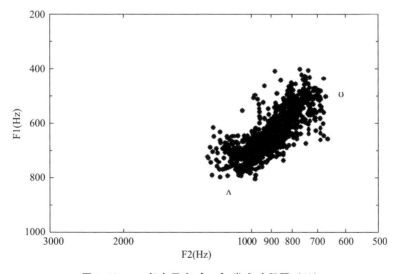

图 1.49 – a　复合元音［ʌʊ］发音动程图（M）

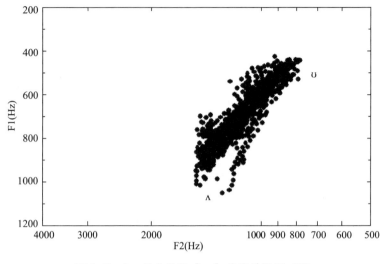

图 1.49 - b 复合元音［ʌʊ］发音动程图（F）

发［ʌʊ］时 F1 和 F2 共振峰均下降，其斜率较为平缓，见图 1.50。

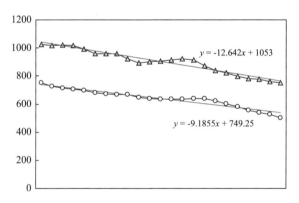

$y = -12.642x + 1053$

$y = -9.1855x + 749.25$

图 1.50 复合元音［ʌʊ］的 F1 和 F2 斜率图，例词：ʌʊl"山"（M）

（六）复合元音［əi］

［əi］只出现在男声发音的词首音节中，女声相应元音均发音为［ei］，例如 əikən ~ eikən "驴"、xəispɛ: ~ xeispɛ: "被风吹走"、əimərkʰəl ~ eimərkʰəl "这样的"等。发［əi］时，［ə］目标时刻 F1 和 F2 为 488Hz 和 1400Hz，［i］目标时刻 F1 和 F2 为 363Hz 和 2089Hz。可见，［əi］元音起始舌位在央、中位置，终极舌位在前、高位置，舌体从央、中位置滑动到前、高位置，保持展唇状态。舌位变化动程见图 1.51。

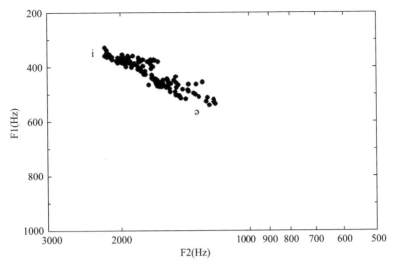

图 1.51　复合元音［əi］发音动程图

在语图上，［əi］的 F1 小幅度下降，斜率低，F2 大幅度上升，斜率高。在例词 pəitʃʰ "打猎" 里，［əi］元音 F1 斜率为 - 7.6466，F2 斜率为 47.523，见图 1.52。

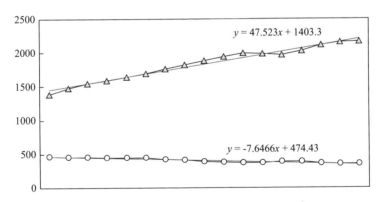

$$y = 47.523x + 1403.3$$

$$y = -7.6466x + 474.43$$

图 1.52　复合元音［əi］的 F1 和 F2 斜率图，例词：pəitʃʰ "打猎"（M）

（七）复合元音［ei］

在男声发音中，［ei］出现在单音节词或多音节词词首音节里，例如 xe-in "风"、meitʰ "取消"、meis "冰" 等；女声［ei］出现在词首或词末位置，例如 keisən "天亮了"、kʌrpei "出来、出现" 等。词首音节元音［ei］，男声［e］目标时刻 F1 和 F2 为 507Hz 和 1678Hz，［i］目标时刻 F1

和 F2 为 427Hz 和 2051Hz；女声 [e] 目标时刻 F1 和 F2 为 546Hz 和 1830Hz，[i] 目标时刻 F1 和 F2 为 420Hz 和 2449Hz。[ei] 起始舌位在前（靠央）、中位置，终极舌位在前、高位置，舌体从前（靠央）、中位置滑动到前、高位置，保持展唇状态。舌位变化动程见图 1.53。

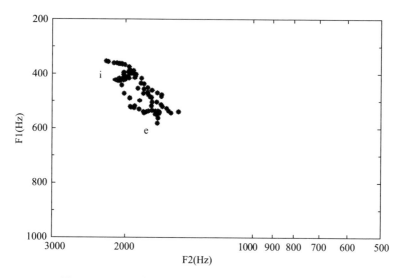

图 1.53 - a　词首音节复合元音 [ei] 发音动程图（M）

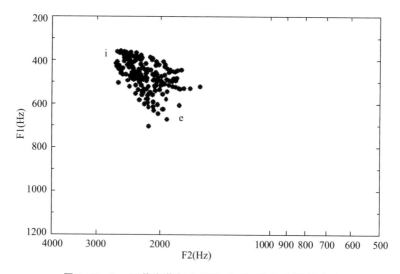

图 1.53 - b　词首音节复合元音 [ei] 发音动程图（F）

[ei] 的 F1 斜率相似于 [əi]，而 F2 斜率明显小于 [əi]，见图 1.54。

词末［ei］只出现在女声发音中。［e］目标时刻 F1 和 F2 为 584Hz 和 1709Hz，［i］目标时刻 F1 和 F2 为 446Hz 和 2398Hz，其舌位动程变化如图 1.53 - c。

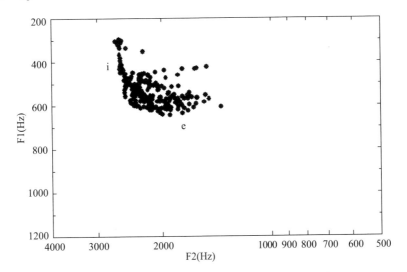

图 1.53 - c　词末复合元音［ei］发音动程图（F）

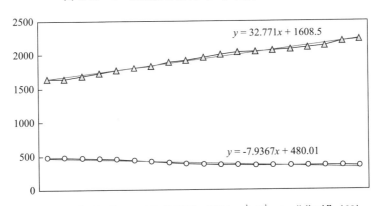

图 1.54　［ei］的 F1、F2 斜率图，例词：tʰeikʰəntə "此时"（M）

（八）复合元音［əɛ］

［əɛ］出现频率低，只出现在男声发音中，出现了 3 次，均出现在词末，nʲaːrpəɛ "爱恋"、tʰoŋkʰupəɛ "乱拱"、kʰorkʰurtaːpəɛ "打鼾" 等。发 ［əɛ］时 ［ə］目标时刻 F1 和 F2 为 488Hz 和 1248Hz，［ɛ］目标时刻 F1 和 F2 为 635Hz 和 1627Hz。［əɛ］舌位起始位置在央、中位置，终极位置在前（靠央）、中（偏低）位置，唇形保持展唇状态，发音过程如图 1.55。

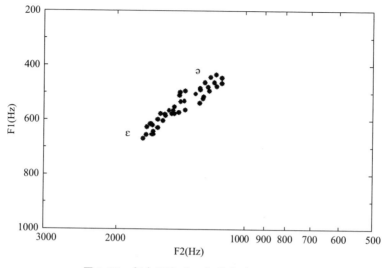

图 1.55　复合元音［əɛ］发音动程图（M）

元音［əɛ］的 F1 和 F2 斜率均上升，如图 1.56。

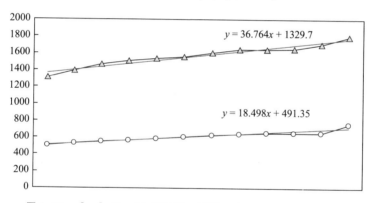

$y = 36.764x + 1329.7$

$y = 18.498x + 491.35$

图 1.56　［əɛ］F1、F2 斜率图，例词：nʲAːrpəɛ "爱恋"（M）

（九）复合元音［ɜe］

［ɜe］只出现在女声发音中，出现了 4 次，均出现在词末，kʷAːrtpɜe "喧闹"、kAʃkAːtpɜe "觉得孤独"、xAlləpɜe "传染"、çinəːtpɜe "嘲笑"等。发［ɜe］时，［ɜ］目标时刻 F1 和 F2 为 646Hz 和 1811Hz，［e］目标时刻 F1 和 F2 为 565Hz 和 2266Hz，舌位往前、往高移动，如图 1.57。

显然，该元音在舌位前后维度上的活动幅度较大，在高低维度上的活动幅度小，例词 kAʃkAːtpɜe 的 F1 斜率为 -3.8627，F2 斜率为 31.984，也证明了这一点，见图 1.58。

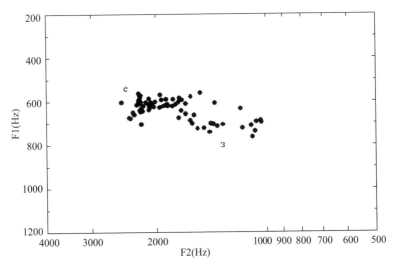

图 1.57　复合元音［ɜe］发音动程图

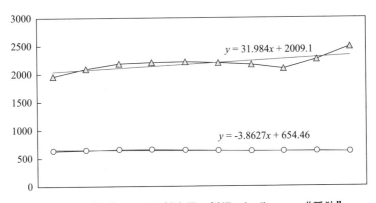

图 1.58　　［ɜe］F1、F2 斜率图，例词：kʌʃkʌːtpɜe "孤独"

（十）复合元音［ɣu］

［ɣu］出现在单音节词或多音节词词首音节，例如 ɣur "疾病"、nɣu "搬迁"、sɣutər "影子" 等。男声［ɣ］目标时刻 F1 和 F2 为 529Hz 和 980Hz，［u］目标时刻 F1 和 F2 为 395Hz 和 706Hz；女声［ɣ］目标时刻 F1 和 F2 为 584Hz 和 1137Hz，［u］目标时刻 F1 和 F2 为 406Hz 和 792Hz。［ɣu］起始舌位在后（靠央）、中位置，终极舌位在后、高位置，发音时舌体从后（靠央）、中位置滑动到后、高位置，唇形从展唇状态合拢，变为圆唇状态。舌位动程变化见图 1.59 - a 和图 1.59 - b。

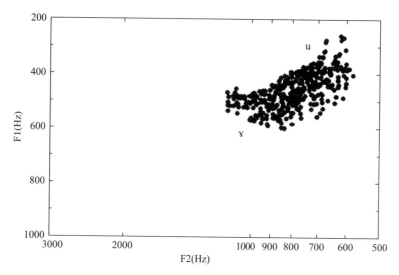

图 1.59 - a　复合元音［ɣu］发音动程图（M）

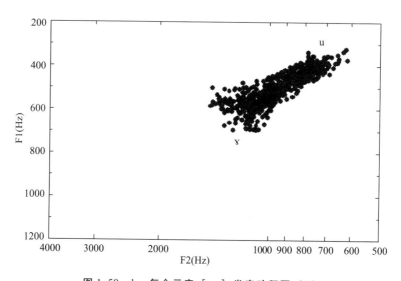

图 1.59 - b　复合元音［ɣu］发音动程图（F）

在语图上，［ɣu］的 F1 和 F2 均下降，F2 斜率大于 F1 斜率，例词 nɣu "搬迁" 中 F2 斜率为 -22.967，F1 斜率为 -9.2411，如图 1.60。

（十一）复合元音［oø］

［oø］出现在单音节词或多音节词词首音节，例如 oøs "桦树皮"、noør "睡眠"、noøtʰon "湿" 等。发［oø］时，男声［o］目标时刻 F1 和 F2 为

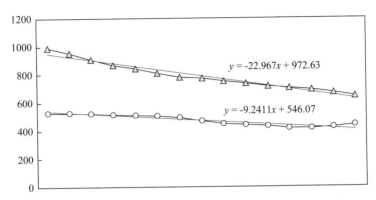

图 1.60　复合元音［ɤu］的 F1 和 F2 斜率图，例词：nɤu"搬家"（M）

580Hz 和 1017Hz，［ø］目标时刻 F1 和 F2 为 401Hz 和 1844Hz；女声［o］目标时刻 F1 和 F2 为 561Hz 和 1253Hz，［ø］目标时刻 F1 和 F2 为 414Hz 和 2345Hz。元音［oø］起始舌位在后、中位置，终极舌位在前（靠央）、次高位置，发音时舌体从后、中位置滑动到前（靠央）、次高位置，唇形保持圆唇状态。舌位动程变化见图 1.61 - a 和图 1.61 - b。不同于其他复合元音的是，发［oø］时舌体先下降，后上升，并非直线上升。但是，舌体下降幅度小，时间短，在大部分发音过程中舌体向上、往前运动。

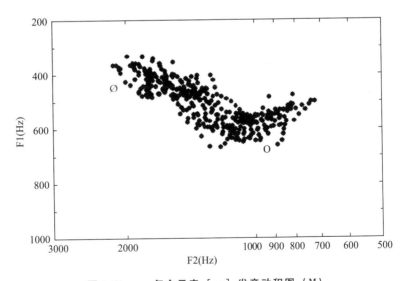

图 1.61 - a　复合元音［oø］发音动程图（M）

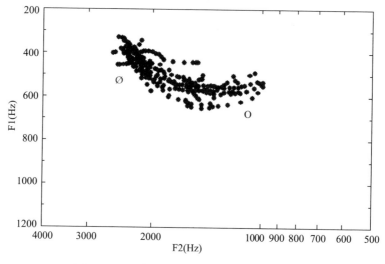

图 1.61 - b 复合元音 [oø] 发音动程图 (F)

在语图上，元音 [oø] 的 F1 先上升，后下降（与舌位高低变化正好相反），斜率较低，变化缓慢；F2 一直上升，斜率较大。例词 oøp "变糊涂" 里，元音 F1 斜率为 -6.3619，F2 斜率为 31.795，如图 1.62 所示。

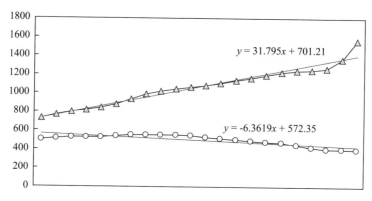

$y = 31.795x + 701.21$

$y = -6.3619x + 572.35$

图 1.62 复合元音 [oø] 的 F1 和 F2 斜率图，
例词：oøp "变糊涂" (M)

（十二）复合元音 [ui]

大部分 [ui] 出现在单音节词或多音节词词首音节，也有少数出现在词末，例如 puil "牙龈"、kuiləːs "杏"、kʰuitʰun "寒冷"、kʌrkʰui "东方" 等。男声 [u] 目标时刻 F1 和 F2 为 367Hz 和 1005Hz，[i] 目标时刻 F1 和 F2 为 356Hz 和 1987Hz；女声 [u] 目标时刻 F1 和 F2 为 431Hz 和 1219Hz，[i] 目标

时刻 F1 和 F2 为 398Hz 和 2549Hz。［ui］起始舌位在后、高位置，终极舌位在前、高位置，发音时舌体从后、高位置向前滑动到前、高位置，其间唇形从圆唇状态变为展唇状态。舌位变化动程见图 1.63 - a 和图 1.63 - b。

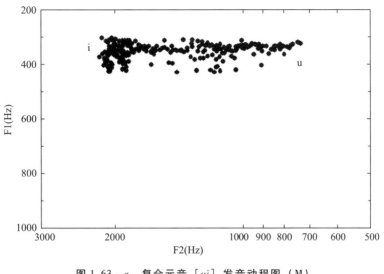

图 1.63 - a 复合元音［ui］发音动程图（M）

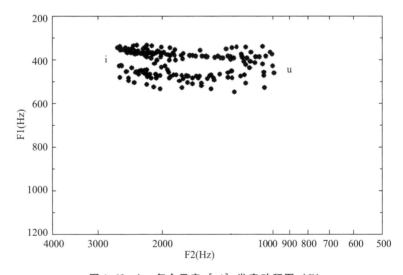

图 1.63 - b 复合元音［ui］发音动程图（F）

发［ui］时，舌位在前后维度上的变化大，在高低维度上基本没有变化，在语图上也能观察到这一点。图 1.64 中 F2 斜率为 54.894，F1 斜率只有 1.0629。

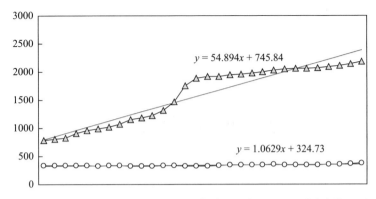

图 1.64　复合元音［ui］的 F1 和 F2 斜率图，例词：puil "齿龈"（M）

（十三）复合元音［ʉi］

［ʉi］出现在词首音节、词腹或词末，例如 sʉitʰkʰəːn "小指"、orkʉitʌː "人参"、mukʰʉi "弯腰" 等。男声［ʉ］目标时刻 F1 和 F2 为 390Hz 和 1503Hz，［i］目标时刻 F1 和 F2 为 384Hz 和 1938Hz；女声［ʉ］目标时刻 F1 和 F2 为 427Hz 和 1695Hz，［i］目标时刻 F1 和 F2 为 390Hz 和 2419Hz。［ʉi］起始舌位在中、高位置，终极舌位在前、高位置，发音时舌体从中、高位置向前滑动到前、高位置，其间唇形从圆唇状态变为展唇状态。舌位变化动程见图 1.65 - a 和图 1.65 - b。

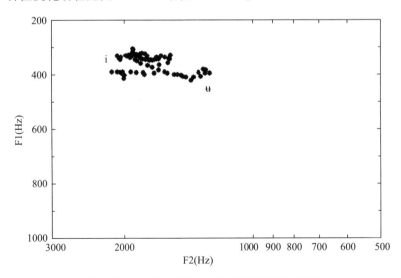

图 1.65 - a　复合元音［ʉi］发音动程图（M）

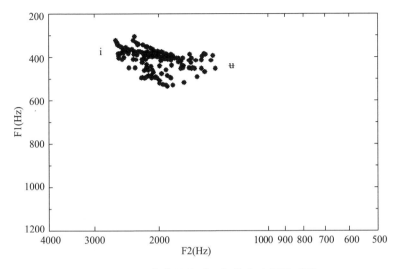

图 1.65 - b　复合元音［ʉi］发音动程图（F）

　　［ʉi］舌位在前后维度上的变化小于［ui］，在高低维度上基本没有变化。图 1.66 中［ʉi］元音 F2 斜率为 16.455，比［ui］的 F2 斜率小。

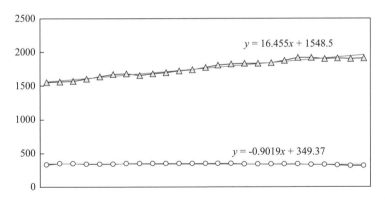

图 1.66　复合元音［ʉi］的 F1 和 F2 斜率图，例词：
sʉitʰkʰəːn"小指"（M）

二　复合元音舌位分布

　　达斡尔语有［ɐi, ɐɛ, æi, æɛ, ʌʊ, əi, ei, əɛ, ɜe, ɤu, oø, ui, ʉi］等 13 个复合元音，男声和女声发音中各出现 12 个和 11 个，如表 1.26 所示。

表 1.26 复合元音出现频率

单位：次

	ɐi	ɐɜ	æi	æɜ	ʌʊ	ie	ei	ɜɛ	ɜe	ɤu	oø	ui	ʉi
M	33	23	7	2	55	6	5	3		32	18	20	7
F	40	18	7	4	51		23		4	37	15	11	11

除了复合元音 ［oø］ 外，达斡尔语复合元音在舌位图上的活动轨迹基本为直线形式。表 1.27 是这 13 个复合元音起始目标时刻和终极目标时刻的 F1、F2 数据。为了便于辨析，分四组绘制了达斡尔语复合元音分布图，第一组为以 ［ɐ］［æ］［ʌ］ 起始的复合元音，第二组为以 ［ə］［e］［ɜ］［ɤ］ 起始的复合元音，第三组为 ［o］ 起始的复合元音，第四组是以 ［u］ 和 ［ʉ］ 起始的复合元音，见图 1.67。

表 1.27 复合元音起始目标时刻和终极目标时刻 F1 和 F2 值

单位：Hz

第一组		ɐi		ɐɜ		æi		æɜ		ʌʊ	
		ɐ	i	ɐ	ɜ	æ	i	æ	ɜ	ʌ	ʊ
M	F1	811	423	756	555	749	463	754	625	713	520
	F2	1460	2062	1335	1894	1658	2124	1689	1957	1040	795
F	F1	878	469	875	641	807	472	873	594	841	546
	F2	1699	2515	1671	2329	1985	2556	1944	2384	1329	960

第二组		ie		ei		ɜɛ		ɜe		ɤu	
		ə	i	e	i	ə	ɛ	ɜ	e	ɤ	u
M	F1	488	363	507	427	488	635			529	395
	F2	1400	2089	1678	2051	1248	1627			980	706
F	F1			546	420			646	565	584	406
	F2			1830	2449			1811	2266	1137	792

第三组		oø	
		o	ø
M	F1	580	401
	F2	1017	1844
F	F1	561	414
	F2	1253	2345

续表

第四组		ui		ʉi	
		u	i	ʉ	i
M	F1	367	356	390	384
	F2	1005	1987	1503	1938
F	F1	431	398	427	390
	F2	1219	2549	1695	2419

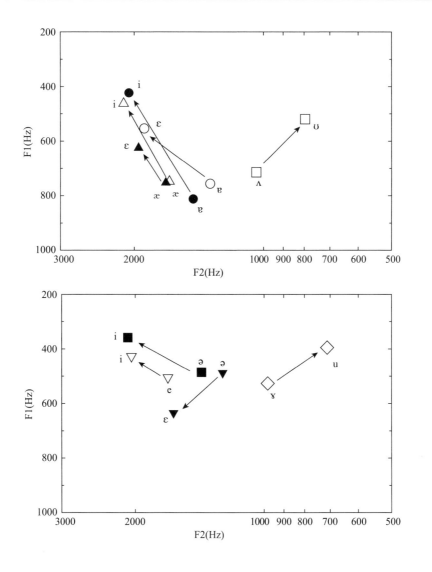

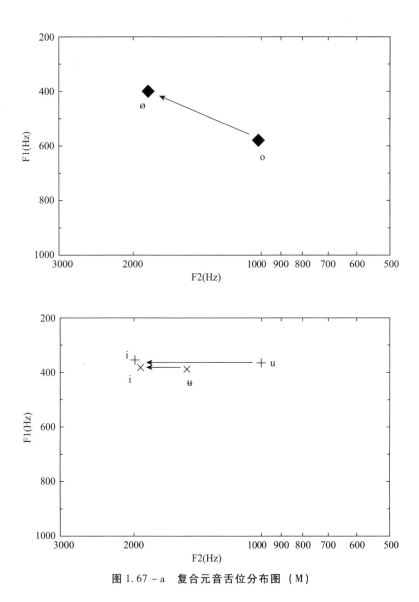

图 1. 67 – a 复合元音舌位分布图 （M）

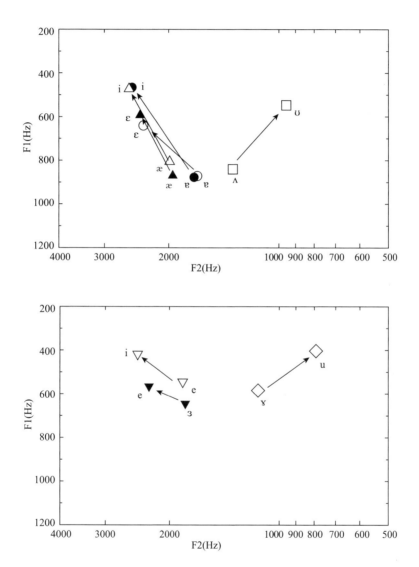

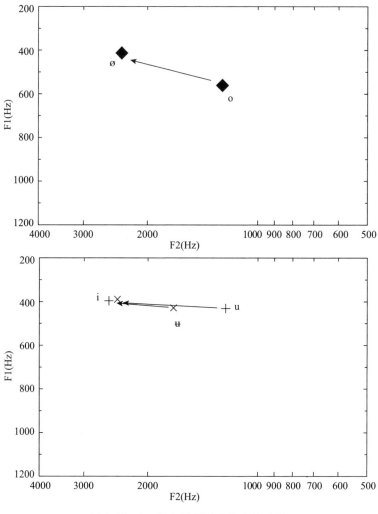

图 1.67 - b　复合元音舌位分布图 （F）

　　从图和数据看，以 ［ə］［e］［ɜ］ 起始的复合元音终极目标舌位变化大，男声和女声发音之间的差异明显。［u］ 和 ［ʉ］ 起始的复合元音起始舌位变化大。达斡尔语这些复合元音虽然归属一个音位，但舌位动程轨迹发生较大的变动，也有的已经变为单元音 （见第三章的音变分析）。

三　复合元音音长

（一）复合元音整长度

复合元音的整长度会受到词中音节个数、音节位置和音节类型的影响。

在单音节词里相对长，在多音节词里相对短，但这种长度差异小。受到词边界的影响，出现在词首音节起始位置和词末尾位置的复合元音比其他复合元音更长。表1.28是单音节词不同音节类型里的复合元音音长数据，VV音节复合元音最长，其次是VVC和CVV等音节处于词边界的复合元音，CVVC中的复合元音比较短，CVVCC中的复合元音最短。

表1.28　单音节词复合元音整长度数据

单位：ms

	M					F				
	VV	VVC	CVV	CVVC	CVVCC	VV	VVC	CVV	CVVC	CVVCC
AVG	292	228	266	201	144	298	240	233	209	172
STD	23	32.9	37.2	33.3	17.1		32	35	37	52
CV	8%	14%	14%	17%	12%		13%	15%	18%	30%

在多音节词里（包括双音节词、三音节和四音节词），词首音节复合元音比词腹音节复合元音长，词尾音节复合元音都出现在词边界上，具有自由延长现象。表1.29为多音节词词首音节复合元音音长数据。可见，处于词边界上的VV和VVC音节元音长于CVV和CVVC音节复合元音。

表1.29　多音节词词首音节复合元音整长度数据

单位：ms

	M				F			
	VV	VVC	CVV	CVVC	VV	VVC	CVV	CVVC
AVG	230	240	189	217	220	213	201	178
STD	27.7	50.3	33.1	31.5	35	26	44	36
CV	12%	21%	17%	15%	16%	12%	22%	20%

在多音节词词首音节，复合元音平均长度为219ms（M）和203ms（F）；在词腹音节，复合元音平均长度为151ms（M）和123ms（F）；在词的末尾，复合元音为160ms左右（M）和228ms左右（F），女声有拉长发音特点。词首音节复合元音整音长相当于词首音节长元音的音长，但非词首音节复合元音比长元音长，在非词首音节里（V3位置），达斡尔语长元音只有90ms左右（见本章第二节）。

（二） 复合元音时长分配

复合元音发音时，舌体从第一个目标舌位滑动到第二个目标舌位，整个过程可分为前稳定段、过渡段和后稳定段。前稳定段为第一个目标舌位延续时段，过渡段为舌体从第一个目标舌位滑动到第二个目标舌位的时段，后稳定段为第二个目标舌位延续时段。如图 1.68 所示，复合元音前稳定段（图上包含 C－V 过渡）、过渡段和后稳定段（图上包含 V－C 过渡）各占一定比例，F1、F2、F3 表现各异。复合元音各段时长占比与其音质有着密切关系。根据这种占比，分析复合元音发音过程，可以揭示不同复合元音的特点。

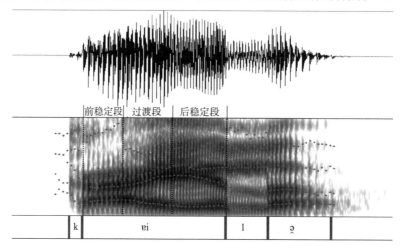

图 1.68　复合元音发音过程三段分析图

1. ［ɐi］［ɜʅ］［æi］［æɛ］

表 1.30、图 1.69－a、图 1.69－b 和表 1.31 为 ［ɐi，ɜʅ，æi，æɛ］ 等复合元音发音过程 F1、F2 前稳定段、过渡段和后稳定段时长比例数据。复合元音出现在词边界时，整体长度延长，各段时长占比基本不变，因而数据统计中没有分开考察词边界复合元音音长。

表 1.30　单音节词 ［ɐi，ɜʅ，æi，æɛ］ 等复合元音发音过程各段比例数据

M	ɐi		ɜʅ		æi		æɛ	
	F1	F2	F1	F2	F1	F2	F1	F2
前稳定段	20%	10%	31%	16%	15%	5%	48%	29%
过渡段	49%	49%	31%	47%	63%	73%	48%	52%
后稳定段	30%	41%	37%	36%	22%	22%	5%	19%

F	ɐi		ɐɛ		æi		æɛ	
	F1	F2	F1	F2	F1	F2	F1	F2
前稳定段	21%	7%	30%	6%	3%	3%		
过渡段	59%	73%	46%	71%	72%	72%		
后稳定段	20%	20%	24%	24%	24%	24%		

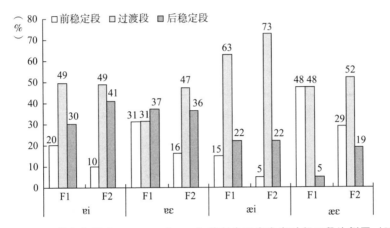

图 1.69 - a　单音节词［ɐi，ɐɛ，æi，æɛ］等复合元音发音过程三段比例图（M）

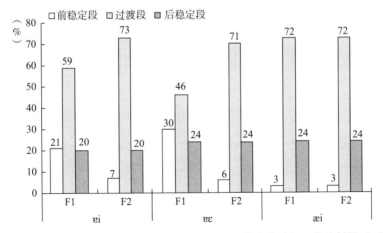

图 1.69 - b　单音节词［ɐi，ɐɛ，æi］等复合元音发音过程三段比例图（F）

根据以上数据，单音节词［ɐi，ɐɛ，æi，æɛ］等元音的时长分配有以下特点。（1）过渡段最长，前稳定段最短，后稳定段居中。（2）F1、F2 过渡时长分配不同，F1 的前稳定段比 F2 的前稳定段长，过渡段一般短于 F2 的过渡段，F1 和 F2 的后稳定段比例相近。表明舌体在前后维度上的过渡活动起始时刻早于高低维度上的活动，即舌体先前伸，后上抬。其因可有以下两种：一是，发 [ɐi, ɜɤ, æi, æɜ] 等元音时前后维度上的活动距离更大，因而需要更长时间，更早开始；二是，前置元音 [ɐ, æ] 需要一定时长的低舌位（大的开口度）才能保证其音质，因而 F1 需要更长时间的前稳定段。（3）前后目标舌位之间的距离与发音过程时长分配关系不显著，并不是前后目标舌位距离越远，其过渡时间越长。目标舌位距离最远的 [ɐi] 元音过渡时长所占比例比舌位距离相对短的 [ɜɤ] 元音长，但比 [æi] [æɜ] 等元音短。需要更多的数据和例词进一步探索前后目标舌位距离与其时长分配之间的关系。

在多音节词词首音节（表 1.31），这些复合元音的时长分配特征与单音节词相同。不同于单音节词的是过渡段所占比例更长，前稳定段和后稳定段相对缩短。

表 1.31　多音节词（词首音节）[ɐi, ɜɤ, æi, æɜ]
等复合元音发音过程各段比例数据

M	ɐi		ɜɤ		æi		æɜ	
	F1	F2	F1	F2	F1	F2	F1	F2
前稳定段	22%	10%	21%	10%	13%	3%	38%	3%
过渡段	59%	71%	49%	57%	72%	79%	59%	62%
后稳定段	19%	19%	30%	33%	15%	17%	3%	34%

F	ɐi		ɜɤ		æi		æɜ	
	F1	F2	F1	F2	F1	F2	F1	F2
前稳定段	26%	6%	33%	4%	11%	4%	4%	4%
过渡段	58%	74%	50%	72%	77%	69%	66%	76%
后稳定段	16%	6%	18%	24%	13%	27%	30%	20%

2. [əi] [ei] [ɜe] [ɜe]

[əi, ei, ɜe, ɜe] 等复合元音前稳定段非常短（见表 1.32）。男声 [ɜe] 元音过渡占比非常大，前稳定段和后稳定段占比小。[əi] [ei] 元音 F1 后稳定段最长，前稳定段最短，过渡段居中，F2 过渡段最长，前稳定段最短，后稳定段居中。[əi] [ei] 元音主要过渡在 F2 上，过渡斜率和发音动程图也证明了这一点。女声元音 [ei] 过渡段和后稳定段比例相近，不同于男声。[ɜe] 的 F1 没有过渡表现，F2 后稳定段占 2/3 左右的时长，过渡段占 1/3 左右的时长。

表 1.32 复合元音 [əi, ei, ɜɛ, ɜe] 发音过程各段比例数据

	M						F			
	əi		ei		ɜɛ		ei		ɜe	
	F1	F2	F1	F2	F1	F2	F1	F2	F1	F2
前稳定段	14%	4%	8%	8%	5%	5%	14%	3%		4%
过渡段	36%	60%	34%	63%	89%	89%	41%	44%		35%
后稳定段	50%	36%	58%	29%	6%	6%	45%	53%		61%

3. [ʌʊ] [ɤu]

男声复合元音 [ʌʊ] 过渡段比例最长，占 40% 左右。F1 前稳定段和过渡段比例相近，后稳定段相对短，F2 前稳定段相对短，过渡段和后稳定段比例相近。女声 [ʌʊ] 元音 F1 和 F2 各段比例相近，过渡段长（50% ~ 60%），前、后稳定段各占 20% 左右（见表 1.33）。

表 1.33 复合元音 [ʌʊ] 发音过程各段比例数据

ʌʊ	单音节词				多音节词词首音节			
	M		F		M		F	
	F1	F2	F1	F2	F1	F2	F1	F2
前稳定段	35%	23%	26%	21%	32%	20%	22%	21%
过渡段	39%	39%	52%	59%	40%	44%	64%	47%
后稳定段	26%	37%	22%	20%	28%	36%	14%	29%

复合元音 [ɤu]（见表 1.34）F2 的过渡段比 F1 过渡段长。男声后稳定段最长（50% 左右），F1 前稳定段和过渡段占比相近，F2 过渡段比前稳定段长。女声过渡段最长（50% 左右），其次是后稳定段，前稳定段最短。

表 1.34 复合元音 [ɤu] 发音过程各段比例数据

ɤu	单音节词				多音节词词首音节			
	M		F		M		F	
	F1	F2	F1	F2	F1	F2	F1	F2
前稳定段	28%	15%	14%	9%	23%	19%	20%	13%
过渡段	22%	36%	49%	58%	34%	34%	41%	52%
后稳定段	50%	50%	36%	33%	44%	47%	38%	35%

4. ［oø］［ui］［ʉi］

［oø，ui，ʉi］等三个复合元音的男女数据比较一致（见表 1.35）。［oø］的 F1 前稳定段、过渡段和后稳定段的占比相近，F2 前稳定段很短，过渡段占将近 2/3 的时长，后稳定段占 1/3 的时长。

复合元音［ui］和［ʉi］，不管出现在词末还是非词末，时长分配特征基本一致。F1 没有过渡特征，F2 前稳定段非常短，过渡段占比为 50% ~ 55% 左右，后稳定段占 40% 左右。

表 1.35　复合元音［oø］［ui］［ʉi］发音过程各段比例数据

	M						F					
	oø		ui		ʉi		oø		ui		ʉi	
	F1	F2	F1	F2	F1	F2	F1	F2	F1	F2		
前稳定段	35%	7%		5%		4%	30%	5%		4%		4%
过渡段	27%	58%		54%		53%	33%	64%		52%		56%
后稳定段	38%	35%		40%		43%	37%	31%		44%		40%

四　复合元音音强

以过渡段中间线为界限，我们计算了复合元音音强峰值分布，数据如表 1.36 所示。以复合元音［ɐi］为例，男声 33 个［ɐi］中 25 个的音强峰值在前半部，只有 8 个的音强峰值在后半部。从数据来看，复合元音［ɐi，ɐɜ，æi，æɜ，ɜɛ，ʌʊ，ɣʊ，oø，ʉi］的前置元音更强一些，元音［əi，ɜe］音强分布比较均衡，元音［ui］后置元音更强一些，元音［ei］在男声和女声发音中表现为不同的特征。男声［ei］的后置元音更强一些，女生前置元音更强一些。总之，大部分复合元音中，前置元音音强相对强。

表 1.36　复合元音音强峰值分布数据

单位：个

	ɐi		ɐɜ		æi		æɜ		ʌʊ		ɣʊ	
	前	后	前	后	前	后	前	后	前	后	前	后
M	25	8	14	8	6	1	1	1	43	12	26	7
F	35	5	15	3	5	2	3	1	44	7	34	3

	əi		ei		ɜɛ		ɜe		oø		ui		ʉi	
	前	后	前	后	前	后	前	后	前	后	前	后	前	后
M	3	3	1	4	2	1			9	8	4	15	4	3
F			17	6			2	2	13	2	3	8	7	4

五 复合元音性质

在本节，根据复合元音舌位移动、音长分配和音强分配等特征，分析复合元音的响度特征。

1. 舌位移动

发复合元音时，在复合元音的内部趋同作用下，前后两个目标舌位发生变动，偏离固有舌位，移向彼此。我们在复合元音两个目标舌位与相应单元音（以词首音节短元音为参照）的舌位之间进行了对比，测算复合元音两个目标舌位的变动程度，考察其舌位变化，并以此作为复合元音定性研究的一个指标。

表 1.37 为复合元音和词首音节 V1 位置相应短元音 F1 和 F2（均值）差值数据，从复合元音两个目标元音的 F1 和 F2 值减去相应短元音 F1 和 F2 值而获得此数据。其中，[ɐi, ɜɛ, æi, æɛ] 等复合元音的共振峰与短元音 [ʌ, i] 比，[ʌʊ] 元音与 [ʌ, u] 比，[əi, ei, əɛ, ɜe] 与 [ə, i] 比，[ɤu] 与 [ə, u] 比，[oø] 与 [o, i] 比，[ui, ʉi] 与 [u, i] 比。

以男声为例，[ɐi] 里，前置元音 [ɐ] 比相应短元音 [ʌ]，F1 小 61 Hz，F2 大 88 Hz，即舌位高，靠前；后置元音 [i] 比相应短元音 [i]，F1 大 156 Hz，F2 小 180 Hz，即舌位低，靠后。显然，[ɐi] 里的后置元音 [i] 的舌位移动程度比前置元音 [ɐ] 稍微大些。[ɜɛ] 里，前置元音 [ɐ] 比相应短元音 [ʌ]，舌位往上（F1 减少 116 Hz）、往后（F2 减少 37 Hz）移动；后置元音 [ɛ] 舌位往下、往后（F1 增加 288 Hz，F2 减少 348 Hz）移动，后置 [ɛ] 元音的舌位变化远大于前置元音 [ɐ]。[æi] 里，前置元音 [æ] 的舌位往上、往前（F1 减少 123 Hz，F2 增加 286 Hz）移动，后置元音 [i] 往下、往后（F1 增加 196 Hz，F2 减少 118 Hz）移动，前置元音 [æ] 的舌位变化大。[æɛ] 里，[æ] 和 [ɛ] 在舌位高低和前后都有较大的移动。

/ʌi/音位的 4 个变体 [ʁi, ʁɛ, æi, æɛ] 中，占多数（86%）的 [ʁi] [ʁɛ] 里后置元音的舌位移动程度更大，占少数的 [æi] 前置元音舌位移动更大，[æɛ] 的前置和后置元音都出现较大的移动。以上 4 个复合元音的发音过程中第一目标舌位一般比较到位，不易发生变化，第二目标舌位变动程度大，达不到目标位置。

表 1.37　复合元音和词首音节短元音 F1 和 F2（均值）差值数据

单位：Hz

		ʁi		ʁɛ		æi		æɛ		ʌʊ		ɣu		oø	
		ɐ	i	ɐ	ɛ	æ	i	æ	ɛ	ʌ	ʊ	ɣ	u	o	ø
M	F1	-61	156	-116	288	-123	196	-118	358	-159	162	6	37	-15	134
	F2	88	-180	-37	-348	286	-118	317	-285	-332	64	-74	-25	159	-398
F	F1	-124	172	-127	344	-195	175	-129	297	-161	160	-71	20	-38	117
	F2	70	-90	42	-276	356	-49	315	-221	-300	134	-255	-34	222	-260

		ie		ei		ɔɛ		ɜe		ui		ɥi	
		ə	i	e	i	ə	ɛ	ɜ	e	u	i	ɥ	i
M	F1	-35	96	-16	160	-35	368			9	89	32	117
	F2	346	-153	624	-191	194	-615			274	-255	772	-304
F	F1			-109	123			-9	268	45	101	41	93
	F2			438	-156			419	-339	393	-56	869	-186

　　用相同的方法考察其他元音，发现 [ʌʊ] 和 [ɣu] 里，前置元音舌位移动程度更大。[oø] 里，后置元音的变化大。在 [iə] [ei] [ɔɛ] [ɜe] 等元音里，[iə] [ei] 的前置元音变化大，[ɔɛ] [ɜe] 的后置元音变化大；[ui] [ɥi] 里，[ui] 的前置元音变化稍微大些，[ɥi] 的前置元音变化明显大于后置元音。

　　2. 音长

　　正如以上所述，[ʁi, ʁɛ, æi, æɛ] 等复合元音的过渡段时长所占比例最长，其次是后稳定段，前稳定段最短。可以说，在这几个复合元音里，前置元音所占时长比例短于后置元音。[iə, ei, ɔɛ, ɜe]，同样后稳定段长于前稳定段，后置元音时长占比更大。元音 [ʌʊ] 一般 F1 的前稳定段长，而 F2 的后稳定段长。元音 [ɣu] 的 F1 和 F2 均后稳定段相对长。元音 [oø] 的 F1 的前稳定段稍短于后稳定段，相差不大；F2 后稳定段明显长于前稳定段,其前稳定段非常短。可以认为 [oø] 的后置元音时长占比更长。[ui][ɥi] 的 F1 无过渡,F2 后稳定段占比明显大于前稳定段,后置元音时长占比更大。

总之,仅从前后两个元音时长占比来看,[ɐi][ɜɐ][æi][æɜ][əi][ei][əɛ][ɜe][oø][ui][ɥi][ɣu] 的后置元音更长,[ʌʊ] 的前置和后置元音时长接近。

3. 音强

正如以上所述,绝大多数复合元音的音强峰值出现在过渡段里。若以过渡段的中间线为界限,测算音强峰值出现时刻,我们发现大部分 [ui] 的音强峰值出现在后置元音段里,[əi] 和 [ɜe] 的前置元音和后置元音段里音强峰值出现比例相近,其他复合元音里,多数时候音强峰值出现在前置元音段里。

从舌位、音长、音强看,达斡尔语复合元音有以下特征:[ɐi, ɜɐ, æi, æɜ, oø] 的前置元音舌位更稳定,音强峰值在前置元音段,但后置元音更长。[əi, ei, əɛ, ɜe] 的后置元音舌位更稳定,更长,但音强峰值多数时候出现在前置元音段。[ui, ɥi] 的后置元音舌位更稳定,时长更长,音强峰值都在后置元音段。[ʌʊ, ɣu] 的后置元音舌位更稳定,音长占比相近或后置元音长,但音强峰值出现在前置元音段。(见表 1.38)

表 1.38 复合元音舌位、音长和音强特征

单位:次

	ɐi	ɜɐ	æi	æɜ	əi	ei	əɛ	ɜe	oø	ui	ɥi	ʌʊ	ɣu
出现次数	73	41	14	6	6	28	3	4	33	31	18	106	69
舌位移动小	前	前	后	同	后	后	前	前	前	后	后	后	后
音长占比大	后	后	后	后	后	后	后	后	后	后	同	后	后
音强峰值	前	前	前	前	同	前	前	同	前	后	前	前	前

根据表 1.38 的分析,从舌位变化和音强情况看,达斡尔语 [ɐi, ɜɐ, æi, æɜ, oø, ei, əɛ, ʌʊ, ɣu, ɜe, əi] 是前响复合元音,[ui, ɥi] 是后响复合元音。从音长占比情况看,大部分复合元音里后置元音更长。

第二章

辅音声学特征

本研究以词内出现位置为依据，将辅音分为词首、词腹音节首、词腹音节末、词末等四种辅音。词首辅音是出现在单词起始位置的辅音，词末辅音是出现在单词末尾位置的辅音，词腹音节首辅音是出现在非词首音节节首的辅音（简称节首辅音），词腹音节末辅音是出现在非词末音节节尾位置的辅音（简称节末辅音）。可用"#C"".C""C.""C#"表达这四种辅音，C为辅音，井号#为词界，点号为音节界。例如［kʰorkʰortɑːp］"打呼噜"一词结构为［kʰ(词首)or(节末)kʰ(节首)or(节末)t(节首)ɑːp(词末)］。

kʰ	o	r	kʰ	o	r	t	ɑː	p
#C	C.		.C	C.		.C		C#
词首	节末		节首	节末		节首		词末

第一节　基本辅音

一　塞音和塞擦音

（一）［p］［pʰ］

［p］在男声发音中出现了 106 个，在女声发音中出现了 237 个。女声非词首位置绝大多数［p］辅音在男声发音中发为［β］音，例如，pɑpək ~ pɑβək "拳头"、jɑptəl ~ jɑβtəl "步伐"、xɑrəp ~ xɑrəβ "十"等。［pʰ］

辅音出现频率相对低，男女发音一致，各出现 49 次和 54 次，例如：pʰApəl "限制"、əlpʰur "宽裕的"、tʰopʰoːr "斧头"、sArpʰ "筷子"。

　　[p] 和 [pʰ] 是清塞音，发音过程中声带不振动。这两个辅音的主要区别为送气特征，[p] 不送气，[pʰ] 送气。出现在词首时，[pʰ] 的 VOT 为 70ms 左右，[p] 的 VOT 只有 10ms~15ms。在非词首位置，VOT 长短的差异缩小，GAP 差异增大，[pʰ] 的 GAP 比 [p] 长 50ms~60ms。

　　如表 2.1 所示，在词首，[p] 辅音 VOT 为 15ms、13ms（男女，下同），[pʰ] 辅音 VOT 为 71ms、75ms。① 在词腹节首，[p] 的 VOT 为 10ms、13ms，GAP 为 65ms、72ms；[pʰ] 辅音 VOT 为 16ms、31ms，GAP 为 123ms、122ms。在节末，[p] 辅音 VOT 为 14ms（F），GAP 为 60ms（F）；[pʰ] 辅音 VOT 为 17ms、22ms，GAP 为 116ms、74ms。在词末，[p] 辅音 VOT 为 15ms（F），GAP 为 74ms（F）；[pʰ] 辅音 VOT 为 11ms、36ms，GAP 为 136ms、97ms。

表 2.1　[p] [pʰ] 辅音 VOT、GAP 时长和音强（A）数据

单位：ms、dB

		p				pʰ			
		词首	节首	节末	词末	词首	节首	节末	词末
M	VOT	15	10			71	16	17	11
	GAP		65				123	116	136
	A	60.36	69			47.74	59.33	58	65
F	VOT	13	13	14	15	75	31	22	36
	GAP		72	60	74		122	74	97
	A	56.69	54.78	60.19	53	50.72	52.25	48	53.5

　　从音轨特征来看，[p] 辅音后邻 [A，ə，u，o] 等元音的 F2 指向 800Hz~900Hz 频率点。可见 [p] 是双唇或软腭辅音，结合 VOT 数据，可判定 [p] 是双唇辅音。与之对应的 [pʰ] 也是双唇辅音。

（二）[t] [tʰ]

　　在男声发音中出现了 234 个 [t] 音和 278 个 [tʰ] 音，在女声发音中

---

　　① 语料以孤立形式发音，没有测量词首塞音和塞擦音的 GAP 时长。

出现 224 个 [t] 音和 272 个 [tʰ] 音，例如 tʌʊt "叫"、tərt "飞"、əlirtəːn "戴胜（鸟）"、tʰʌtʰ "拉"、seːntʰi "刚才"、wʌntʰ "睡觉" 等。

[t] [tʰ] 是清塞音，发音时声带不振动，以送气与否互相区别。[t] 是不送气辅音，[tʰ] 是送气辅音，[tʰ] 的 VOT 较长（在词首 70ms 左右，在非词首位置 30ms 左右），[t] 辅音 VOT 短（在词首 15ms 左右，在非词首 12ms 左右）。在非词首位置，[tʰ] 的 VOT 缩短，但其 GAP 比 [t] 长。（见表 2.2）

表 2.2　[t] [tʰ] 辅音 VOT、GAP 时长和音强（A）数据

单位：ms、dB

		t				tʰ			
		词首	节首	节末	词末	词首	节首	节末	词末
M	VOT	16	11	12	13	64	20	28	21
	GAP		55	69	58		106	86	120
	A	62.1	67.02	69.73	64.46	56.23	59.53	58.23	57.81
F	VOT	14	11	12	12	70	34	30	21
	GAP		85	81	87		125	93	125
	A	55.84	59.4	60	59.42	49.07	53.56	52.4	54.95

[t] 的 GAP 时长受邻音影响，在元音和鼻音之后为 50ms ~ 60ms，在其他辅音之后为 80ms 左右。[t] 辅音后邻元音第二共振峰音轨指向 1800Hz（男）位置，[t, tʰ] 是舌尖 - 齿和齿龈塞音。

（三）[k]、[kʰ]

在男声发音中，[k] 出现了 92（个），女声发音中出现了 247 个。女发音人大多数非词首 [k] 对应于男声 [ɣ]。例如，kʌk ~ kʌɣ "猪"、wʌːkreː ~ wʌːɣreː "（熊）叫"、eikən ~ əiɣen "驴" 等。[kʰ] 出现了 275 个（男）和 271 个（女），可以出现在词内任何位置，例如 kʰʌllik "穷"、pʌrkʰən "佛"、xəkʰleː "跳跃、蹦跳"、kʰəŋkʰ "瓜"、tʰʌrkʰ "打" 等。

[k]、[kʰ] 的语图表现与 [p, pʰ] 和 [t, tʰ] 相同，也是清塞音，[k] 不送气，[kʰ] 送气（见表 2.3）。

表 2.3 [k] [kʰ] 辅音 VOT、GAP 时长和音强（A）数据

单位：ms、dB

		k				kʰ			
		词首	节首	节末	词末	词首	节首	节末	词末
M	VOT	29				84	37	36	35
	GAP						74	53	70
	A	50.98				48.43	52.93	47.64	52.75
F	VOT	26	25	25	26	84	56	35	52
	GAP		56	63	59		104	88	100
	A	49.3	50.29	49.4	51.15	48.79	51.29	52.14	53.63

在词首，[kʰ] 的 VOT 明显比 [k] 的 VOT 长（长 55ms 左右）。在非词首位置，[kʰ] 的 VOT 和 GAP 均长于 [k]，GAP 的差异更明显（差 30ms ~ 40ms）。与其他送气塞音相同，非词首 [kʰ] 的 VOT 缩短，约缩短为 30ms ~ 40ms。[k] 后邻元音第二共振峰音轨指向 1000Hz ~ 1100Hz，[k] 是软腭 ~ 舌面后辅音，[kʰ] 的发音部位与 [k] 相同。[k] 是软腭不送气清塞音，[kʰ] 是软腭送气清塞音。

（四）[b]

[b] 只出现在男声非词首音节的节首位置，共出现了 24 次，女声发为清塞音 [p]。[b] 主要出现在两个元音中间或 [r] [l] 与元音之间，例如 pəːlbəːtʰ "蝴蝶"、kʰAbil "乌龟"、tʰArbəɣ "旱獭"、toːbuː "上供" 等。

[b] 是浊塞音，GAP 约为 70ms，全程携带声带振动的嗓音横杠，冲直条之后出现 15ms 左右的正向 VOT。图 2.1 为辅音 [b] 语图。

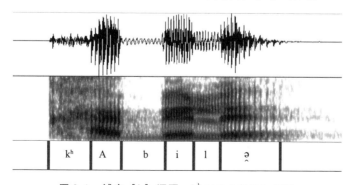

图 2.1 辅音 [b] 语图，kʰAbil "乌龟"（M）

（五）[ʧ]［ʧʰ］

[ʧ]［ʧʰ］两个辅音主要出现在词首、节首或词末位置，例如，ʧus "颜色"、kʌʧir "地方，地面"、səuʧ "胯骨"、ʧʰoŋkʰu "窗户"、ərʧʰuː "胸腔"、kuʧʰ "力量"等。[ʧ] 辅音在数据库中出现了 139 个（男声）和 164 个（女），［ʧʰ］出现了 197 个（男）和 192 个（女）。

[ʧ] 和［ʧʰ］是清塞擦音，主要区别在送气与否上。如表 2.4 所示，词首［ʧʰ］的 VOT 比 [ʧ] 音 VOT 长 50ms。非词首位置［ʧʰ］的 VOT 比词首［ʧʰ］短，但依然比 [ʧ] 长，［ʧʰ］的 GAP 也长于 [ʧ]。[ʧ]［ʧʰ］是舌叶 - 硬腭前清塞擦音，[ʧ] 不送气，［ʧʰ］送气。

表 2.4 [ʧ]［ʧʰ］辅音 VOT、GAP 时长和音强（A）数据

单位：ms、dB

		ʧ				ʧʰ			
		词首	节首	节末	词末	词首	节首	节末	词末
M	VOT	41	32	26	27	90	52	52	60
	GAP		52	41	35		73	56	59
	A	52.72	60.29	58	58.73	57.67	57.86	55.5	58.2
F	VOT	47	45	56	49	97	88	88	105
	GAP		59	74	55		88	60	80
	A	52.86	54.95	54.04	53.88	57.3	60.20	60.5	61.20

（六）小结

塞音和塞擦音主要区别特征是无声间隙（GAP）、冲直条、噪音起始时间（VOT）等物理参数，可以用 VOT 和 GAP 的时长区分这些辅音。

表 2.5 为达斡尔语词首塞音和塞擦音 VOT 数据。首先，送气辅音和不送气辅音区别表现在 VOT 长短上，送气辅音 VOT 长，不送气辅音 VOT 短。其次，塞音和塞擦音的区别表现在 VOT 长短上，塞音短而塞擦音长；另一方面，塞擦音爆破后携带擦音特征，塞音则没有。最后，腭前区塞音（双唇音和齿 - 龈音）和腭后区塞音的区别也表现在 VOT 长短上，腭后区音 [k, kʰ] 的 VOT 长于腭前区音 [p, pʰ] 和 [t, tʰ]。

表 2.5　词首塞音和塞擦音 VOT 数据

单位：ms

	p	t	k	ʧ	pʰ	tʰ	kʰ	ʧʰ
M	15	16	29	41	71	64	84	90
F	13	14	26	47	75	70	84	97

　　表 2.6 为非词首塞音和塞擦音的 VOT、GAP 和 CD（辅音整时长）数据。在非词首位置，达斡尔语送气辅音 VOT 缩短，不送气音和送气音之间的区别不仅表现在 VOT 上，还表现在 GAP 的长短上。根据数据，绘制了图2.2 - a 和图 2.2 - b，示图以塞音和塞擦音的爆破点为零点，GAP 位于其左侧，VOT 位于其右侧，条形的长度代表 GAP 或 VOT 的长短。

表 2.6　非词首音节首塞音和塞擦音 VOT、GAP、CD 数据

单位：ms

		p	t	k	ʧ	pʰ	tʰ	kʰ	ʧʰ
	VOT	10	11	26	32	16	20	37	52
M	GAP	65	55	44	52	123	106	74	73
	CD	75	66	70	84	139	126	111	125
	VOT	13	11	25	45	31	34	56	88
F	GAP	72	85	56	59	122	125	104	88
	CD	85	96	81	104	153	159	160	176

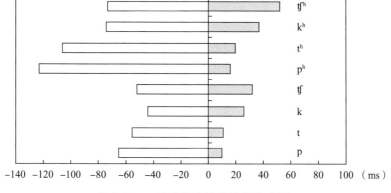

图 2.2 - a　塞音和塞擦音长度图（M）

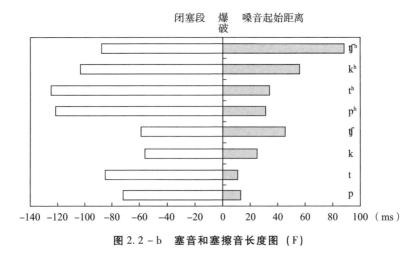

图 2.2 - b　塞音和塞擦音长度图（F）

从数据和图看，第一，非词首送气辅音和不送气辅音的整时长不同，送气辅音明显长于不送气辅音。第二，送气塞音的 VOT 在非词首位置显著缩短，但依然比非词首位置的不送气辅音 VOT 长。第三，送气塞音的 GAP 明显长于不送气塞音。第四，相比送气塞音和送气塞擦音，送气塞音的 VOT 比送气塞擦音短，但 GAP 长于送气塞擦音。

二　擦音

（一）［β］［Φ］

辅音［β，Φ］出现在非词首位置，例如，oiβ "变糊涂"、oβoː "敖包"、xəisβəi "被风吹走"、əkʰu "叠、卷"、xəΦʃeːβiə "商量" 等。［β］主要出现在男声发音中，共 107 个，在女生发音中只有 10 个，男声大部分［β］辅音对应于女声［p］音。［Φ］的出现频率低，在男声发音中出现了4 次，在女声发音中出现了 2 次，均出现在音节末，在［tʰ，kʰ，ʃ，s］等送气辅音或清擦音前，例如 kʰAΦsəlAː "用铲子铲锅"、təΦtʰəːmul "布帮皮底靴" 等。

［β］时长短，有浊音共振峰，是双唇浊擦音。该辅音与元音之间的差异主要表现在能量上，［β］能量低于元音，尤其高频区的能量较弱，如图 2.3 所示。除此之外，［β］主要特征为 VF2 和 VF3 较低。男声［β］的 VF1 为 337 Hz ~ 407 Hz，VF2 为 964 Hz ~ 1102 Hz，VF3 为 2191 Hz ~ 2234 Hz；女声 VF1 为 400 Hz 左右，VF2 为 1300 Hz 左右，VF3 为 2600 Hz 左右。［β］

前 3 个共振峰中 VF1 和 VF3 较为稳定，VF2 受到邻接音素的影响，出现在后元音、双唇辅音或软腭辅音语境中，辅音［β］的 VF2 值较低，在其他语境中 VF2 值较高。

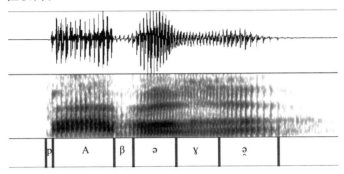

图 2.3　辅音［β］语图，pAβəɣ "拳头"（M）

节首［β］音长约为 59ms（M）或 47ms（F）。词末［β］音长约为 59ms（M），不携带增音①时会延长到 100ms。节末［β］为 64ms（M）或 68ms（F）左右。［β］的能量为 65dB（M）或 59dB（F）。

［Φ］在语图上表现为摩擦乱纹，声带不震动，频谱宽，时长短，没有明显的强频集中区域，是双唇清擦音，频谱特点见图 2.4。［Φ］平均音长为 78ms（M）、87ms（F）。［Φ］能量低于［β］，男声均值为 53.5dB，女声为 49.5dB。

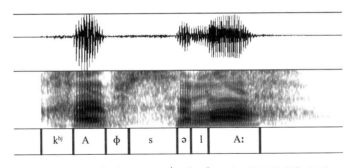

图 2.4　辅音［Φ］语图，kʰAΦsəlA: "用铲子铲锅"（M）

（二）［f］

［f］出现频率低，在男声发音中出现了 6 次，在女声发音中出现了 4

---

① 有关增音的内容见第四章第二节词末元音弱化部分。

次，均出现在汉语借词词首位置，例如 fAːl "罚"、fuː "伏"、fən "分"、fəŋənnə "封住"、fəŋxʷAŋ "凤凰"。

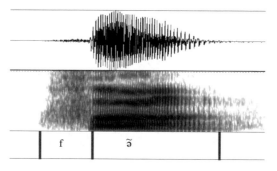

图 2.5　辅音［f］语图，fən "分"（M）

［f］是唇齿清擦音，其语图为宽频谱低能量清擦音乱纹，如图 2.5。在男声发音中，辅音［f］能量均值为 39dB，女声为 36.7dB。［f］音长均值为 140ms（男）或 126ms（女）。

（三）［z］［s］

［z］在男声发音中出现了 25 次，在女声发音中只出现 1 次，男声大多数辅音［z］对应于女声［s］辅音，少数对应于［ʧ］，例如 sArteːlAːzən ~ sArteːlAːsən "老了"、uzukʷəːʧʰin ~ usukʷəːʧʰin "话多的，爱说话的"、jAnz ~ jAns "样子"、izizɣun ~ iʧiskun "平易近人的"等。男声中［z］主要出现在节首（16 个）、词末（6 个）或节末位置（3 个）。

［z］在语图上表现为携带摩擦乱纹的浊音，低频区出现声带振动的浊音，高频区有摩擦，能量低，时长较短，如图 2.6。［z］音长均值为 49ms，音强为 64dB，VF1 均值为 334Hz，在元音［i］前，其 VF2 为 1997Hz，VF3

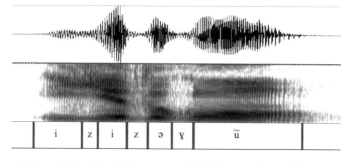

图 2.6　辅音［z］语图，izizɣun "温顺的；平易近人的"（M）

为 2916Hz，在其他情况下，VF2 为 1307Hz，VF3 为 2533Hz。[z] 是舌尖 - 龈浊擦音。

[s] 是达斡尔语常见清擦音之一，在男声发音中出现了 230 次，在女声发音中出现了 287 次。[s] 可以出现在词中任何位置，例如，məis "冰"、sAː "挤奶"、tʃismAːl "小缸"、tʃusuːn "酸的"。

[s] 在语图上表现为摩擦乱纹，时长较长，无浊声横杠，是清擦音。(1) 词首 [s] 音长为 170ms 左右，音强为 47dB，高频区出现强频集中区，低频区能量很弱，或没有能量分布。男声 [s] 辅音 3000Hz 和 3900Hz 区域出现两个强频集中区，每个区域宽度约 400Hz ~ 500Hz。女声强频集中区在 3300Hz 和 4300Hz 区域，每个区域宽度也是 400Hz ~ 500Hz。(2) 在非词首位置，节首 [s] 音长为 84ms（M）或 133ms（F），音强为 55dB（M）或 53dB（F），频谱相对宽，高频区出现强频集中区，低频区能量较弱。男声 2800Hz 和 3800Hz 区域出现两个强频集中区，女声强频集中区在 3200Hz 和 4200Hz 区域。(3) 词末男声 [s] 音长为 92ms 左右，不携带增音时自由延长，达到 196ms，女声词末 [s] 辅音音长为 135ms 左右。男声音强为 56.3dB，女声为 54.4dB。词末 [s] 辅音 2900Hz（M）和 3150Hz（F）左右出现强频集中区，频谱最宽，低频区能量弱于高频区。

从频谱特点来看，[s] 是舌尖 - 龈清擦音。词首和词末 [s] 相对长，词中 [s] 短。词首 [s] 能量弱，强频集中区频率高，非词首 [s] 能量强，频谱相对宽，强频集中区降低。

（四）[ʃ]

[ʃ] 在男声发音中出现了 132 次，在女声发音中出现了 107 次。大部分 [ʃ] 出现在词首位置，词末出现频率较少，例如 ʃilAːs "线"、xorʃeːl "天鹅"、wəːʃkun "尊贵的"、utiʃ "昨天"。

在语图上，[ʃ] 表现为清音摩擦乱纹，在词首位置频谱相对窄，强频集中区频率范围高，在非词首位置频谱宽。(1) 词首辅音 [ʃ] 音长为 186ms（M）或 177ms（F），音强为 52.5dB（M）或 52.8dB（F），在男声 2700Hz ~ 3600Hz 区域、女声 3400Hz ~ 4300Hz 区域出现强频集中区。(2) 在非词首位置，节首 [ʃ] 音长为 106ms（M）或 132ms（F），音强为 60dB（M）或 57.7dB（F），频谱较宽，在男声 2800Hz 左右、女声 3200Hz 左右频率域出现强频集中区。节末 [ʃ] 音长为 117ms（M）或 111ms（F），音强为 59.6dB（M）或 60dB（F），在男声和女声 3200Hz 左右区域出现强频集中区。（3）词末 [ʃ] 音长为 84ms（M）或 138ms（F），其后不出现增音时自由延长；音强为 59.4dB（M）或 60.3dB（F），在男声 3000Hz 左右、女声 3200Hz 处出现强频集中区。

辅音 [ʃ] 在词首位置长、弱；在非词首位置短、强。而，强频集中区频率范围基本不变，男声在 2800Hz ~ 3200Hz，女声在 3200Hz 左右。该辅音是舌叶 – 龈后清擦音。

（五）[ʒ] [ɻ]

[ʒ] 出现在非词首位置，在男声发音中出现了 7 次，例如 tʃiʒkoː "六"、əliʒtəːn "蝙蝠"、mənəʒsən "呆住" 等；在女声发音中出现了 121 次，其中 34 次出现在节首，58 次出现在节末，29 次出现在词末。辅音 [ʒ] 的出现具有明显的个人特点，女声大部分 [ʒ] 对应于男声 [r]，例如 nʌʊʒ ~ nʌʊr "湖泊"、nuʒʃisən ~ nurʃisən "去世"、ʌʊʒuk ~ ʌʊruk "烟苗池子"、oluʒ ~ olur "众人" 等。[ɻ] 在男声发音中出现了 35 次，主要在送气辅音之前（25 次）或词末；在女声发音中出现了 42 次，在送气辅音或清擦音之前，例如 pʌːtʰuɻ "英雄"、po ɻtʃʰoː "豆子"、wʌɻkʰəl "衣服"、kʰʌ ɻtʃʰeː "夹住"。

发 [ʒ] [ɻ] 两个辅音时舌尖翘起，在齿龈后部位形成阻碍，发出擦音。[ʒ] 是浊擦音，[ɻ] 是清擦音。[ʒ] 在语图上表现为共振峰横杠，能量弱，时长较短，有时高频区出现摩擦乱纹，如图 2.7。[ɻ] 在语图上表现为清声摩擦乱纹，频谱宽，时长较短，如图 2.8。

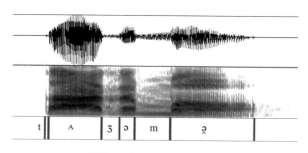

图 2.7　辅音 [ʒ] 语图，tʌʒəm "腰"（F）

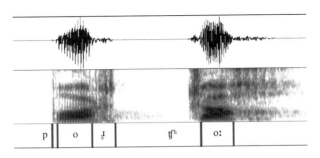

图 2.8 辅音 [ɹ] 语图，po ɹʧʰo:"豆子"（M）

男声 [ʒ] 音长为 58ms，音强为 69dB 左右，VF1 为 350Hz，VF2 为 1566Hz，VF3 为 2509Hz。女声 [ʒ] 音长为 50ms 左右，音强为 63.6dB 左右，VF1 为 455Hz，VF2 为 1683Hz，VF3 为 2697Hz。男声 [ɹ] 音长均值为 53ms，音强均值为 62dB。女声 [ɹ] 音长均值为 47ms，音强均值为 58.9dB。

（六）[ɣ] [x] [χ]

[ɣ] 出现在非词首位置，男声发音中出现了 158 次，女声发音中出现了 41 次。例如，tʌɣur"达斡尔"、ʧʰwʌɣ"兵、军队"、xurɣiʧ"送"、ʧʰiɣʌːn"白色的"等。男声大部分 [ɣ] 音对应于女声 [k]。[x] 基本出现在词首，只在 irmuːxən"阴间"一词里出现在非词首位置。在男声发音中出现了 145 次 [x]，在女声发音中出现了 135 次。[χ] 只出现在男声发音中，在词中音节末或词末位置，共出现了 18 次。男声 [χ] 对应女声 [k] 音，例如 kʰəltʰəχ ~ kʰəltʰək"大鲫鱼"、mʲʌχtʰiː ~ mʲʌktʰiː"有肉的、胖的"、tʰʌrpəχ ~ tʰʌrpək"旱獭"等。

[ɣ] 是软腭浊擦音，在语图上表现为浊音横杠，音长较短，能量弱，有时在高频区出现摩擦特征。男声 [ɣ] 音长为 50ms~60ms 左右，音强为 66dB~69dB，VF1 为 400Hz~450Hz，VF2 为 1100Hz 左右，VF3 为 2350Hz 左右；女声音长为 48ms，音强为 59dB，VF1 为 466Hz，VF2 为 1307Hz，VF3 为 2787Hz。[ɣ] 的 VF2 受后邻元音影响，在前元音之前较高，后元音之前较低。比如，男声 [ɣ] 的 VF2 在 [ɛ, i] 前为 1600Hz；在 [ʌ, ə] 前为 1200Hz~1300Hz；在 [o, u] 前为 700Hz~800Hz。

辅音 [x] 是软腭清擦音，在语图上表现为摩擦乱纹，声带不震动，音长较长，能量弱，频谱宽。男声 [x] 音长为 123ms，音强为 44dB。女声 [x] 的音长为 124ms，音强为 41.9dB。在 [o] [u] 等后元音之前，男声 [x] 音 600Hz ~ 800Hz 和女声 700Hz ~ 900Hz 出现强频集中区，在 [ʌ] [ə] 等元音之前，在男声 1100Hz ~ 1500Hz 和女声 1400Hz ~ 1900Hz 出现强频集中区。

[χ] 在语图上表现为清音摩擦乱纹，频谱宽，在 1300Hz ~ 1500Hz 出现强频集中区，见图 2.9。

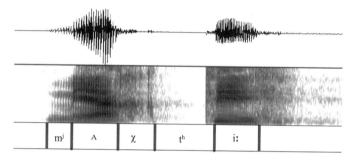

图 2.9 辅音 [χ] 语图，mʲʌχtʰiː "有肉的"（M）

在词中音节末，[χ] 平均音长为 80ms，音强为 53.7dB。在词末，其后不出现增音，音长均值为 155ms，音强为 60.1dB。[x] [χ] 均为清擦音，发音时舌面后和软腭间形成阻碍，阻碍点相近，[χ] 辅音收紧点稍后，缝隙狭窄，摩擦更明显，在语图上表现为强能量竖条。

（七）小结

达斡尔语常见擦音有 [s, ʃ, x] 三个，其他擦音 [β, Φ, f, z, ʒ, ɹ, ɣ, χ] 的出现频率低，其中 [β, z, ʒ, ɣ] 为浊擦音，[Φ, f, ɹ, χ] 为清擦音。在这些擦音里，[s, ʃ] 可以出现在词内任何位置，[f, x] 只出现在词首，[f] 的出现频率非常低。[β, Φ, z, ʒ, ɹ, ɣ, χ] 只出现在非词首位置。

表 2.7 为达斡尔语清擦音参数。这些清擦音在音强、音长、频谱宽度和强频集中区等物理参数上表现不同。在词首，[ʃ] 最强，其次是 [s]，[x] 为第三，[f] 最弱。[s, ʃ] 相对长，[f, x] 相对短。在非词首位置，[ɹ] 为最强的清擦音，[ʃ] 依然强于 [s]，[Φ] 最弱。非词首 [ʃ, s] 相对长，[ɹ] 最短，[Φ, χ] 居中。[s, ʃ] 的强频集中区出现在高频区，频谱窄，低频区不出现能量。[ɹ, x, Φ, f, χ] 等辅音频谱很宽，低频区也出

现清擦乱纹，[x，χ] 辅音强频集中区频率较低。

表 2.7　清擦音参数

单位：ms、dB、Hz

		M							F					
		s	∫	x	χ	Φ	f	ɹ	s	∫	x	Φ	f	ɹ
音长	词首	169	186	123			140		164	177	124		126	
	节首	84	106						133	132				59
	节末		117		80	78		53		111		87		47
	词末	92	84		155			44	135	138				52
音强	词首	47	52.5	44			39		46.6	52.8	41.9		36.7	
	节首	55	60						53					51
	节末		59.6		53.7	53.5		62		60		49.5		58.9
	词末	56.3	59.4		60.1			66.7	54.4	60.3				54
强频区	词首	3000	2700	1300					3300	3400	1500			
	节首	2800	2800						3200	3200				
	节末		3200		1500					3200				
	词末	2900	3000		1420				3150	3200				

表 2.8 为达斡尔语浊擦音参数。达斡尔语浊擦音只出现在非词首位置。浊擦音音强比元音低，比清擦音高，音长相对短，一般为 40ms ~ 60ms。[β，ɣ] 两个辅音 VF2 在很大程度上受到后邻元音舌位的影响，在前元音之前相对高，而在后元音之前相对低。

表 2.8　浊擦音参数

单位：ms、dB、Hz

		M				F		
		β	z	ʒ	ɣ	β	ʒ	ɣ
音长	节首	59	49	58	55	47	41	48
	节末	64			64	68	55	65
	词末	59			68		54	57
音强	节首	65	64	69	69.2	59	63	59
	节末	65			66.4	59	63.3	61
	词末	65			67.2		64.5	60

续表

			M				F	
		β	z	ʒ	ɣ	β	ʒ	ɣ
VF1	节首	337	334	350	451	404	455	466
	节末	382			426	391	447	453
	词末	407			403		462	400
VF2	节首	1038	1307	1566	1156	1347	1663	1307
	节末	1102			1181	1325	1694	1400
	词末	964			1304		1694	1036
VF3	节首	2234	2533	2509	2374	2630	2697	2787
	节末	2101			2374	2587	2720	2663
	词末	2191			2418		2697	2914

三　鼻音

（一）［m］

　　［m］可以出现在词内任何位置，数据库男声发音中出现 214 次，女声发音中出现 187 次。例如：moːt "树"、Aimən "部落、族"、tʰum "万"。

　　（1）在词首位置，男声［m］音长均值为 92ms，音强为 58.4dB，VF1 为 265Hz，VF2 为 925Hz，VF3 为 2509Hz。女声音长均值为 64ms，音强为 62.5dB，VF1 为 272Hz，VF2 为 1272Hz，VF3 为 2761Hz。（2）在词中音节首位置，男声［m］音长均值为 74ms，音强为 69.4dB，VF1 为 304Hz，VF2 为 1077Hz，VF3 为 2433Hz。女声音长均值为 83ms，音强为 65dB，VF1 为 285Hz，VF2 为 1352Hz，VF3 为 2630Hz。（3）在词中音节末位置，男声［m］音长均值为 80ms，音强为 68.7dB，VF1 为 294Hz，VF2 为 1060Hz，VF3 为 2454Hz。女声音长均值为 103ms，音强为 65.5dB，VF1 为 306Hz，VF2 为 1421Hz，VF3 为 2717Hz。（4）在词末，［m］之后有时携带增音，有时不携带。携带增音时，男声［m］音长均值为 85ms，音强为 69.3dB，VF1 为 318Hz，VF2 为 972Hz，VF3 为 2550Hz；女声音长均值为 94ms，音强为 67.6dB，VF1 为 294Hz，VF2 为 1364Hz，VF3 为 2615Hz。

（二）［n］

　　［n］可以出现在词内任何位置，数据库男声发音中出现 290 次，在女

声发音中出现 284 次。例如：nə："开"、sons "听"、ən "这"。

（1）在词首位置，男声［n］音长均值为 86ms，音强为 59dB，VF1 为 277Hz，VF2 为 1406Hz，VF3 为 2571Hz；女声音长均值为 53ms，音强为 61dB，VF1 为 330Hz，VF2 为 1749Hz，VF3 为 3231Hz。（2）在词中音节首位置，男声［n］音长均值为 66ms，音强为 69.8dB，VF1 为 301Hz，VF2 为 1453Hz，VF3 为 2542Hz；女声音长均值为 81ms，音强为 64.9dB，VF1 为 333Hz，VF2 为 1808Hz，VF3 为 2995Hz。（3）在词中音节末位置，男声［n］音长均值为 88ms，音强为 68.1dB，VF1 为 314Hz，VF2 为 1482Hz，VF3 为 2516Hz；女声音长均值为 95ms，音强为 64.3dB，VF1 为 352Hz，VF2 为 1766Hz，VF3 为 2986Hz。（4）在词末位置，男声［n］音长均值为 74ms，音强为 69.8dB，VF1 为 316Hz，VF2 为 1530Hz，VF3 为 2551Hz；女声音长均值为 107ms，音强为 65.6dB，VF1 为 370Hz，VF2 为 1744Hz，VF3 为 2798Hz。

（三）［ŋ］

［ŋ］只出现在非词首位置，在我们数据库男声发音中出现 128 次，其中节首出现 46 次，节末出现了 63 次，词末出现了 19 次。［ŋ］在女声发音中出现了 114 次，其中节首位置出现了 33 次，节末出现了 54 次，词末出现了 27 次。例如：muŋŋu "银"、kəŋkʰ "瓜" 等。

（1）节首［ŋ］，男声音长均值为 78ms，音强为 70dB，VF1 为 342Hz，VF2 为 1009Hz，VF3 为 2560Hz；女声音长为 83ms，音强为 65.6dB，VF1 为 395Hz，VF2 为 1575Hz，VF3 为 2910Hz。（2）节末［ŋ］，男声音长均值为 86ms，音强为 68.3dB，VF1 为 368Hz，VF2 为 975Hz，VF3 为 2556Hz；女声音长为 104ms，音强为 65.5dB，VF1 为 408Hz，VF2 为 1434Hz，VF3 为 2854Hz。（3）词末［ŋ］，男声音长均值为 85ms，音强为 67.3dB，VF1 为 303Hz，VF2 为 1024Hz，VF3 为 2472Hz；女声音长为 95ms，音强为 62.6dB，VF1 为 384Hz，VF2 为 1265Hz，VF3 为 2770Hz。

（四）小结

［m，n，ŋ］等 3 个辅音在语图上表现为浊音横杠，能量比元音弱，尤其高频区能量较弱。元音和这 3 个辅音在语图上界限明确，出现能量的断层过渡，表明共鸣腔突然改变。［m，n，ŋ］是鼻音，发音时小舌下降，关闭

口腔的同时打开鼻腔，造成语图上的能量断层过渡。这些鼻音之间的主要区别在 VF2 上，数据见表 2.9。[m，ŋ] 的 VF2 较低，1000Hz 左右（M），[n] 的 VF2 较高，1400Hz～1500Hz（M）。[n] 是舌尖－齿龈鼻音，[m] 是双唇鼻音，[ŋ] 是软腭鼻音。这 3 个鼻音的 VF1 和 VF3 基本相同，不受语境影响。音强受语境影响，词首鼻音的音强弱于非词首鼻音。

表 2.9　鼻音参数

单位：ms、dB、Hz

		M			F		
		m	n	ŋ	m	n	ŋ
音长	词首	92	86		64	53	
	节首	74	66	78	83	81	83
	节末	80	88	86	103	95	104
	词末	85	74	85	94	107	95
音强	词首	58.4	59		62.5	61	
	节首	69.4	69.8	70	65	64.9	65.6
	节末	68.7	68.1	68.3	65.5	64.3	65.5
	词末	69.3	69.8	67.3	67.6	65.6	62.6
VF1	词首	265	277		272	330	
	节首	304	301	342	285	333	395
	节末	294	314	368	306	352	408
	词末	318	316	303	294	370	384
VF2	词首	925	1406		1272	1749	
	节首	1077	1453	1009	1352	1808	1575
	节末	1060	1482	975	1421	1766	1434
	词末	972	1530	1024	1364	1744	1265
VF3	词首	2509	2571		2761	3231	
	节首	2433	2542	2560	2630	2995	2910
	节末	2454	2516	2556	2717	2986	2854
	词末	2550	2551	2472	2615	2798	2770

四 边音、颤音、近音

（一）［l］［ɬ］

在达斡尔语辅音里，［l］的出现频率最高，在男声发音中出现了 544 次，在女声发音中出现了 528 次。［l］可以出现在词内任何位置，例如 ku-luw "狗崽"、lɑːlʲ "稠粥"、ʃullu "口水" 等。［ɬ］只出现了 2 次，出现在送气辅音之前，比如 xoriʧʰsən "聚集"、xuɬtʰʷ "穿、透" 等。

［l, ɬ］是边音。［l］在语图上表现为浊辅音，能量弱于元音，第三共振峰较低，邻接元音的第三共振峰出现降低弯头，如图 2.10。较低的 VF3 表明发［l］时出现舌尖翘起动作，伴随儿化特征。

（1）在词首，男声［l］前三个共振峰各为 379Hz、1173Hz、2112Hz；女声为 337Hz、1523Hz、2964Hz。（2）在非词首音节节首位置，男声为 430Hz、1149Hz、2150Hz；女声为 404Hz、1543Hz、2176Hz。（3）在节末位置，男声为 426Hz、1264Hz、2125Hz；女声为 418Hz、1615Hz、2700Hz。（4）在词末，男声为 443Hz、1145Hz、2120Hz；女声为 402Hz、1426Hz、2765Hz。音长和音强：在词首，男声：85ms、62.8dB；女声：62ms、59.9dB。在节首，男声：59ms、73.7dB；女声：72ms、65.6dB。在节末，男声：58ms、73.1dB；女声：77ms、65.8dB。在词末，男声：69ms、72.7dB；女声：71ms、68.2dB。

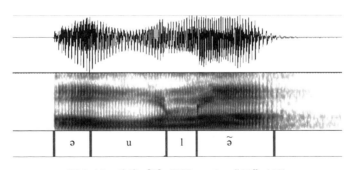

图 2.10　边音［l］语图，əulən "云"（M）

［ɬ］为清擦边音，频谱宽，发音时声带不震动，在语图（如图 2.11）上表现为清擦音乱纹。在男声发音中［ɬ］音长为 45ms，音强为 60.5dB；在女声发音中音长为 82.5ms，音强为 50.5dB。

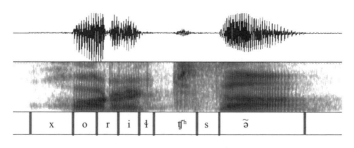

图 2.11　清化边音 [ɬ] 语图，xoriɬʧʰsən "聚集" (M)

(二) [r]

[r] 只出现在非词首位置，在男声发音中 [r] 音出现了 447 次，在女声发音中出现了 331 次，例如 kʰorsəʧ "恨"、xoreː "院、圈"、wʌir "近"、wʌirtʰ "靠近" 等。男声部分 [r] 对应于女声的 [ʒ] 音。[r] 是浊颤音，在语图上表现为短时浊音段 (20ms 左右) 和无声间隙相间出现的颤音模式，多数 [r] 音颤两次，只在少数时候颤 1 次，如图 2.12。

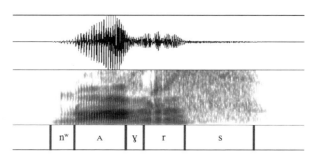

图 2.12　颤音 [r] 语图，nʷʌɣrs "青草" (M)

[r] 音长：在节首，77ms (M) 或 52ms (F)；在节末，86ms (M) 或 52ms (F)；在词末，80ms (M) 或 55ms (F)。音强：在节首，74.4dB (M) 或 67.7dB (F)；在节末，72.4dB (M) 或 67.5dB (F)；在词末，73.7dB (M) 或 66.1dB (F)。[r] 的前三个共振峰：在节首，男声：501Hz、1320Hz、1993Hz；女声：531Hz、1627Hz、2587Hz。在节末，男声：510Hz、1272Hz、1969Hz；女声：551Hz、1540Hz、2522Hz。在词末，男声：531Hz、1253Hz、1961Hz；女声：532Hz、1526Hz、2571Hz。辅音 [r] 频谱显著特征是第三共振峰较低，邻接音素第三共振峰出现向下的弯头。发 r 辅音时伴有舌尖翘起动作。

（三）［j］［w］

［j］在男声发音中出现了 80 次，在女声发音中出现了 68 次。例如，jʌo "走"、ʌjiʃ "益处、好处"、wəjkʰiː "同辈的"、oj "缝纫"等。［w］在男声发音中出现了 110 次，在女声发音中出现了 80 次。例如，wəːt "向上"、əwəː "妈妈"、tʲoluw "小鳟鱼"等。

［j］和［w］在语图上表现为浊音共振峰，发音过程中不出现摩擦，发音器官紧张程度低于其他辅音，而高于元音。［j］是舌面前和硬腭前之间收紧的辅音，其音质相似于元音［i］，［w］是双唇和舌根两处收紧的辅音，音质相似于元音［u］。

辅音［j］音长：男声［j］的音长在词首、节首、节末和词末位置上各为 75ms、50ms、92ms、164ms；女声各为 45ms、48ms、62ms、138ms。［j］出现在词末时其后不出现增音，可以自由延长。音强：男声［j］的音强在上述各位置为 55.8dB、76.3dB、76dB、72.5dB；女声各为 58.3dB、69.1dB、72dB、67.2dB。词首［j］最弱，其音强明显弱于其他位置，词末［j］音强也相对弱，最强的是词中［j］。［j］的共振峰：在上述四个位置上男声［j］的 VF1 各为 259Hz、432Hz、371Hz、349Hz，VF2 各为 2249Hz、1966Hz、2051Hz、2222Hz，VF3 各为 3001Hz、2643Hz、2623Hz、2671Hz；女声 VF1 各为 264Hz、427Hz、442Hz、418Hz，VF2 各为 2585Hz、2539Hz、2620Hz、2544Hz，VF3 各为 3611Hz、3334Hz、3419Hz、3192Hz。词首［j］发音到位，舌高点最高，最靠前，非词首位置的［j］舌位更接近元音［i］。

［w］音长：男声［w］在词首、词中和词末等不同的位置上音长各为 66ms、67ms、98ms；女声为 54ms、63ms、92ms。音强：男声［w］在不同的位置音强各为 57.6dB、72.2dB、70dB；女声各为 60.3dB、68.2dB、71dB。共振峰：在上述三个位置上男声［w］的 VF1 各为 390Hz、435Hz、481Hz，VF2 各为 671Hz、765Hz、680Hz，VF3 各为 2411Hz、2478Hz、2520Hz。女声的 VF1 各为 389Hz、494Hz、475Hz，VF2 各为 741Hz、896Hz、880Hz，VF3 各为 2888Hz、3084Hz、2954Hz。词首［w］在音长、音强和共振峰上都不同于非词首［w］音，其音长较短，音强较弱，第一和第二共振峰值明显低于其他位置的［w］辅音。

从上述分析可见，［j］和［w］是近音，发音过程中无摩擦，音质类似于元音，在词首位置发音最到位，在非词位置，其音质更接近元音。

（四）小结

达斡尔语里出现两个边音 ［l，ɬ］、一个颤音 ［r］ 和两个近音 ［j，w］，这些辅音均为浊辅音。边音有儿化特征，表现在 VF3 以及邻接音素的第三共振峰过渡特征上。近音音质接近元音，而发音器官紧张度相对高。［j］ 相似于元音 ［i］，比 ［i］ 更靠前，更高。［w］ 相似于元音 ［u］，比 ［u］ 更靠后，更高。

第二节　腭化辅音

腭化辅音是达斡尔语独具特色的语音现象之一。根据蒙古语的研究结果，发腭化辅音时舌面抬高，语图上表现为辅音第二共振峰提高（浊音），辅音前后出现滑音，滑音音质类似于元音 ［i］。滑音具有较低的 F1 和较高的 F2，不同于元音 ［i］ 的是，滑音段处于过渡状态，过渡斜率高。[1] 蒙古语动态腭位研究结果认为 "辅音腭化是舌腭接触面积受外来因素影响而有所增加的现象"[2]，即舌面和硬腭之间出现比相应非腭化辅音更大面积的接触。[3]

一　腭化塞音

（一）［pʲ］［pʰʲ］

［pʲ］ 在男声发音中，出现了 1 次，pʲɅllən "秃的"，女声发为 ［pɛlliŋ］。在女声发音中辅音 ［pʲ］ 失去腭化特点，后邻元音 ［Ʌ］ 前化为 ［ɛ］。男声 ［pʲ］ 的 VOT 为 17ms，后邻元音 ［Ʌ］ 起始段 F1 为 324Hz，F2 为 2087Hz，目标位置的 F1 为 745Hz，F2 为 1376Hz，即 F1 和 F2 各有 +421Hz 和 -711Hz 的上升或下降过渡。

---

① 包玉柱：《蒙古语词首元音前化与辅音腭化》，《民族语文》2011 年第 3 期；哈斯其木格：《基于动态腭位图谱的蒙古语辅音研究》，中国社会科学出版社，2013。
② 呼和：《蒙古语辅音腭化问题研究》，《民族语文》2005 年第 2 期。
③ 哈斯其木格：《基于动态腭位图谱的蒙古语辅音研究》，中国社会科学出版社，2013，第 134～136 页。

　　[pʰʲ] 在男声发音中出现了 3 次，在女声发音中出现了 2 次，在 pʰʲAkʰʧʰiʧ "享乐"、pʰʲAːltʰAn "面片儿" 等词里，[pʰʲ] 的 VOT 为 66ms（M）或 64.5ms（F），比 [pʲ] 的 VOT 长 50ms 左右。[pʰʲ] 与元音之间的部分过渡完成在送气段，但音轨仍然指向 2000Hz 位置，如图 2.13。男声上述三个单词中，[A] 元音 F1 过渡变化各为 +245Hz、+237Hz、+194Hz，F2 的过渡变化各为 -364Hz、-369Hz、-365Hz。女声两个单词 [A] 元音 F1 过渡变化为 +323Hz、+325Hz，F2 的过渡变化为 -402Hz、-430Hz。

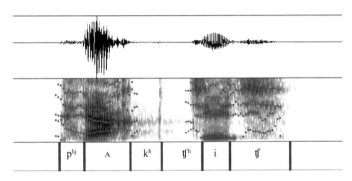

图 2.13　腭化送气辅音 [pʰʲ] 语图，pʰʲAkʰʧʰiʧ "享乐"（M）

　　[pʲ，pʰʲ] 和相应基本辅音 [p，pʰ] 均为双唇清塞音。不同点是，发 [pʲ，pʰʲ] 时舌面抬高，发 [p，pʰ] 时舌面不抬高；辅音 [pʲ，pʰʲ] 和后邻元音之间出现滑音过渡，音轨指向 2000Hz 左右的位置，辅音 [p，pʰ] 和后邻元音之间不出现滑音过渡，音轨在 900Hz 左右的位置。

（二）[tʲ] [tʰʲ]

　　[tʲ] 在男声发音中出现了 7 次，在女声发音中出现了 5 次，除了 Atʲrik "种马" 一词外，[tʲ] 均出现在词首，例如 tʲAlkʰu "帽檐、书皮"，tʲAləβ "腰侧"，tʲoluw "小鳟鱼、鳟鱼崽"，tʲAːs "碟子" 等。[tʲ] 的 VOT 为 22ms（M）或 16ms（F）。以男声为例，[tʲ] 和后邻 [A] 元音之间的 F1 过渡变化约为 +392Hz（上升），F2 过渡变化约为 -665Hz（下降），[tʲ] 和 [o] 元音之间的 F1 过渡变化为 +340Hz，F2 过渡变化约为 -808Hz。显然，后邻元音舌位越靠后，其 F2 过渡变化越大。

　　[tʰʲ] 在男声发音中出现了 5 次，在女声发音中出现了 3 次，都出现在词首，例如 tʰʲAlmiː "敞开的、露天的"，tʰʲApkər "黑桦"，tʰʲAləp "抹、

涂"，t^{hj}Ak^h"紧紧的、满满的"，t^{hj}A:r"凛冽的"等。部分 t^{hj}A 音在女声发音中发为 t^{h}ε。［t^{hj}］的 VOT 为 77ms（M）或 89ms（F）。在［t^{hj}］和后邻元音［A］之间，F1 有 + 261Hz 的上升过渡，F2 出现 – 434Hz 的下降过渡。［t^{hj}］和元音之间的部分过渡完成在送气段里。

该两个腭化辅音和相应基本辅音［t，t^h］之间的区别是（1）发［t^j，t^{hj}］时舌面抬高；（2）在语图上，［t^j，t^{hj}］前后出现滑音过渡（图 2.14）。共同特点是，均为舌尖、舌叶和齿 – 齿龈间形成阻塞的清塞音。

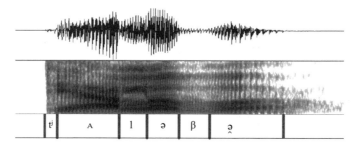

图 2.14　腭化辅音［t^j］语图，t^{j}Aləβ"腰侧"（M）

（三）［k^j］［k^{hj}］

［k^j］出现在词首位置，出现了 9 次，例如 k^{j}At"剑"，k^{j}A:p"家谱"，k^{j}A:"街"，k^{j}A:n"道理、理由"，k^{j}A:lA:n"隔间、分隔"，k^{j}A:k^{h}u"外屋"等。［k^j］的 VOT 为 40ms（M）或 32ms（F）。［k^j］之后出现［A］或［A:］元音，［k^j］与这些元音之间的过渡：男声 F1 上升 446Hz，F2 下降 676Hz；女声 F1 上升 501Hz，F2 下降 743Hz。

［k^{hj}］在男声发音中出现了 18 次，10 次在词首，8 次在非词首位置；女声发音中出现了 15 次，6 次在词首，9 次在非词首。例如，k^{hj}Ar"棱、梁"，k^{hj}u:r"一会儿"，k^{hj}A:nʧ^h"象棋"，k^{hj}A:nə"羊草"，k^{hj}Annə"便宜"，k^{hj}urul"一会儿、瞬间"，k^{hj}A:lpupe:"翻白眼"，k^{hj}Ap^{h}ərsən"碎"，k^{hj}Arməsən"下微雪"，k^{hj}ApsəlA:"用锅铲子铲锅"，xək^{hj}i"头"，ork^{hj}i"扔"，t^{h}ulk^{hj}i"推"等。女声将 k^{hj}Annə、k^{hj}A:lpupe:、k^{hj}Ap^{h}ərsən、k^{hj}Arməsən 等词中的 k^{hj}A 发为 k^{h}ε，即元音前化，辅音无腭化特征。

［k^{hj}］的 VOT 为 87ms（M）或 105ms（F）。［k^{hj}］和后邻元音之间的部分过渡完成在送气段里。在元音段里，男声［k^{hj}A］的 F1 上升 176Hz，

F2 下降 153Hz；女声 F1 上升 196Hz，F2 下降 389Hz。［kʰʲu］的 F1 没有过渡，男声 F2 下降 735Hz；女声 F2 下降 1582Hz。

　　［kʲ，kʰʲ］是清塞音，舌面和硬腭后部之间形成阻塞，［kʰʲ］是不送气塞音，［kʰʲ］是送气塞音。这两个辅音不同于基本辅音［k，kʰ］的特点是舌面抬高，成阻点相对靠前，后邻元音的音轨指向 1800Hz 位置，与后邻元音之间出现类似元音［i］的滑音过渡，如图 2.15。

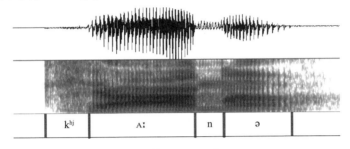

图 2.15　腭化辅音［kʰʲ］语图，kʰʲAːnə "羊草"（M）

二　其他腭化辅音

（一）［ç］

　　［ç］出现了 4 次，均在词首位置，例如 çʌʊtʰ "狭窄的"，çʌːrkʰu "房山墙"，çʌtʰ "破、碎"，çontʰun "健壮的、健全的" 等。发该辅音时，在舌叶和龈后部位形成阻碍的同时，舌面抬高。在语图上，［ç］与后邻元音之间出现明显的过渡特征，如图 2.16。

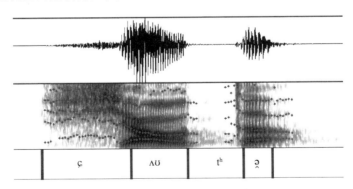

图 2.16　舌叶 - 硬腭擦音［ç］语图，çʌʊtʰ "狭窄的"（M）

　　男声［ç］的音长为 200ms，音强为 54.5dB，强频集中区为 2860Hz 左右。女声［ç］的音长均值为 212ms，音强为 51dB，强频集中区在 3600Hz 左右。［ç］是舌面前－硬腭清擦音，比相应基本辅音［x］，发音部位靠前，其后出现滑音过渡。

（二）［mʲ］［nʲ］

辅音［mʲ］在词首出现了 9 次，例如 mʲʌrt "（兽）头皮"，mʲʌk "肉"，mʲʌŋŋə "千"，mʲʌluːr "伸舌头" 等。在非词首位置出现了 6 次，主要出现在 ʌmʲ "生命" 以及以该词为词干的其他词中，例如 ʌmʲnʌl "生活"、ʌmʲsəlʌː "呼吸"、ʌmʲtʰiː "活的" 等。辅音［mʲ］音长为 91ms（M）或 76ms（F），音强为 59.2dB（M）或 61dB（F）。前三个共振峰为，男声：270Hz、1532Hz、2356Hz，女声：311Hz、2478Hz、3605Hz。

［nʲ］在男声发音中出现了 19 次，10 次在词首，9 次在非词首位置。在女声发音中出现了 17 次，10 次在词首，7 次在非词首。例如 nʲəːrt "脊梁"，nʲos "鼻涕"，nʲʌːr "爱恋"，pʌnʲnʲi "早晨"，monʲoː "猴子"，xʌnʲʌːkʰʌ "纸人（玩具）"，poknʲʌkʰən "矮的"，tənnʲəːn "灯盏"，nʲommus "眼泪"，ʌnʲ "相当、很"，sunʲ "夜晚" 等。

词首［nʲ］的音长为 89ms（M）或 51ms（F），音强为 61.4dB（M）或 60.5dB（F），共振峰依次为 278Hz、1905Hz、3002Hz（M）或 334Hz、2368Hz、3866Hz（F）。非词首［nʲ］音长为 70ms（M）或 81ms（F），音强为 69.6dB（M）或 65dB（F），共振峰依次为 286Hz、1646Hz、2527Hz（M）或 345Hz、1678Hz、2678Hz（F）。

基本辅音［m，n］和腭化辅音［mʲ，nʲ］均为鼻音，主要区别在于 VF2 和滑音过渡上，见图 2.17。

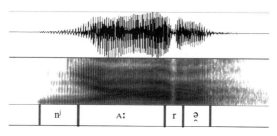

图 2.17 腭化辅音［nʲ］语图，nʲʌːr "爱恋"（M）

首先，［mʲ，nʲ］的 VF2 高（男声各为 1500Hz、1800Hz），［m，n］的

VF2 低（男声各为 900Hz、1400Hz 左右）。其次，[mʲ，nʲ] 辅音前后出现滑音过渡。以男声为例，[mʲ] 和 [A] 之间，即腭化辅音出现在词首时，元音 A 的 F1 有 +408Hz 的上升过渡，F2 有 −568Hz 的下降过渡；[nʲ] 和 [A] 之间，F1 有 +330Hz 的上升过渡，F2 有 −552Hz 的下降过渡。在 [A] 和 [mʲ]（或 [nʲ]）之间，即腭化鼻音出现在元音之后时，前置元音尾部出现后过渡，F1 下降，F2 上升，过渡方向与前过渡相反。比如在男声 [Amʲ]"生命"一词里，元音 [A] 的 F1 有 −311Hz 的下降过渡，F2 有 +298Hz 的上升过渡。

（三）[lʲ]　[rʲ]

辅音 [lʲ] 出现了 15 次，均在非词首位置，其中 11 次在词末，例如 kʰəːlʲ"腹、肚子"，kʰoːlʲ"法律"，kAolʲ"后脑勺"，lAːlʲ"稠粥"，səulʲ"尾巴"，kAllʲoː"疯的"，kullʲAːr"灶"，tʰokʰilʲ"牛犊"，pAkəllʲAːr"手腕"等。

在词末，辅音 [lʲ] 的音长为 50ms（M）或 72ms（F），音强为 73dB（M）或 66.7dB（F），前三个共振峰依次为 389Hz、1415Hz、2338Hz（M）或 385Hz、1692Hz、2634Hz（F）。在非词末位置，[lʲ] 音长为 83ms（M）或 116ms（F），音强为 71.75dB（M）或 63.3dB（F），前三个共振峰依次为 332Hz、1883Hz、2499Hz（M）或 312Hz、2108Hz、3137Hz（F）。

[rʲ] 在男声和女声发音中各出现了 6 次，例如 kArʲ"手"、kərʲ"家、房子"、ərʲ"寻找"、xorʲtAːr"第二十"、pArʲsən"抓住了"等。男声辅音 [rʲ] 音长为 79ms，音强为 75dB，前三个共振峰依次为 466Hz、1642Hz、2207Hz。女声音长为 40ms，音强为 68.8dB，前三个共振峰依次为 467Hz、1941Hz、2656Hz。

[lʲ] 是腭化边音，[rʲ] 是腭化颤音。基本辅音 [l，r] 和腭化辅音 [lʲ，rʲ] 之间的区别在 (1) 发 [lʲ，rʲ] 时舌面抬高，而发 [l，r] 时舌面放低；(2) [lʲ，rʲ] 第二共振峰高于 [l，r]，见小结部分。

（四）[βʲ]　[ɣʲ]

[βʲ] 在男声发音中出现了 3 次，在女声发音中出现了 2 次，例如 xAβʲrəɣ"肋骨"、soβʲ"使马掉膘"、sAβʲ"鞋子"等。[βʲ] 是浊擦音，男声 [βʲ] 的 VF1 为 336Hz，VF2 为 1378Hz，VF3 为 2200Hz；女声 VF1 为

444Hz，VF2 为 1540Hz，VF3 为 2716Hz。男声 $[β^j]$ 音长为 60ms，音强为 61.6dB，女声音长为 80ms，音强为 58.5dB。

$[ɣ^j]$ 出现在 xAɣ^j "急的" 一词里，男女一致。男声音长为 148ms，音强为 65dB，女声音长为 75ms，音强为 55.5dB。男声 $[ɣ^j]$ 的 VF1 为 332Hz，VF2 为 1651Hz，VF3 为 2364Hz；女声 VF1 为 327Hz，VF2 为 2118Hz，VF3 为 3099Hz。

辅音 $[β^j, ɣ^j]$ 和相应基本辅音之间的区别主要表现在第二共振峰上。以男声为例，$[β^j]$ 的 VF2 为 1400Hz 左右，$[β]$ 的 VF2 为 1000Hz 左右；$[ɣ^j]$ 的 VF2 为 1600Hz 左右，$[ɣ]$ 的 VF2 为 1100Hz 左右。

三　小结

达斡尔语有 $[p^j, p^{hj}, t^j, t^{hj}, k^j, k^{hj}, ç, m^j, n^j, l^j, r^j, β^j, ɣ^j]$ 等 13 个腭化辅音，$[p^j, p^{hj}, t^j, t^{hj}, k^j, k^{hj}]$ 为塞音，$[ç]$ 为清擦音，$[m^j, n^j]$ 为鼻音，$[l^j]$ 为边音，$[r^j]$ 为颤音，$[β^j, ɣ^j]$ 为浊擦音。$[n^j, m^j, l^j, k^j, k^{hj}]$ 等辅音出现频率较高。$[p^j, p^{hj}, t^j, t^{hj}, k^j, k^{hj}, ç]$ 只出现在词首，$[l^j, r^j, β^j, ɣ^j]$ 只出现在非词首位置，$[m^j, n^j]$ 能够出现在词首或非词首位置，见表 2.10。

表 2.10　腭化辅音出现次数

	词首									非词首					
	p^j	p^{hj}	t^j	t^{hj}	k^j	k^{hj}	ç	m^j	n^j	m^j	n^j	l^j	r^j	$β^j$	$ɣ^j$
M	1	3	7	5	9	11	4	9	10	6	9	15	4	3	1
F		2	5	3	9	6	4	9	10	1	7	15	4	2	1

腭化塞音和相应基本辅音之间的区别主要表现在后邻元音的前过渡上，如表 2.11。

表 2.11　腭化塞音后邻元音 [A][A:] 前过渡数据

单位：Hz

		p^j	t^j	k^j	p^{hj}	t^{hj}	k^{hj}
F1	M	+421	+392	+446	+225	+261	+176
	F	+432	+501	+324	+358	+196

续表

		pʲ	tʲ	kʲ	pʰʲ	tʰʲ	kʰʲ
F2	M	−711	−665	−676	−366	−434	−153
	F	−647	−743	−416	−489	−389	

  ［pʲ，pʰʲ，tʲ，tʰʲ，kʲ，kʰʲ］和后邻［ʌ］和［ʌː］元音之间的 F1、F2
过渡数据显示，腭化辅音和后邻元音之间出现明显的滑音段，F1 有较大幅
度的上升，F2 有较大幅度的下降。与之相比，基本辅音［p，k］的后邻元
音 F2 出现小幅度的上升过渡，［t］后邻元音 F2 有下降过渡，但变化幅度
小，时长较短，一般听辨不出滑音，［pʰ，tʰ，kʰ］和元音之间的过渡完成
在辅音送气段内，元音共振峰无过渡弯头。

  ［mʲ，nʲ，lʲ，rʲ，βʲ，ɣʲ］等腭化辅音的 VF2 高于相应基本辅音（见表
2.12），其前后也携带明显的滑音段。

表 2.12　腭化浊音和相应基本辅音 VF2 数据

单位：Hz

	m	mʲ	n	nʲ	l	lʲ	r	rʲ	β	βʲ	ɣ	ɣʲ
M	925	1532	1406	1905	1173	1883	1320	1642	1038	1378	1156	1561
F	1272	2478	1749	2368	1523	2108	1627	1941	1347	1540	1307	2118

第三节　唇化辅音

  辅音唇化是达斡尔语另一个重要的语音现象。唇化辅音的发音常常伴
有双唇合拢凸出的伴随特征，在语图上表现为第二共振峰降低（浊音）以
及拉低后邻元音的 F2 等现象。唇化辅音和元音之间出现滑音过渡，滑音音
质类似于元音［u］，具有较低的 F1 和 F2。

一　唇化塞音和塞擦音

（一）［tʷ］［tʰʷ］

  ［tʷ］均出现在词首，在［ʌ］之前，在我们数据库中出现了 13 次，男
声和女声相同。例如，tʷʌr "下面"、tʷʌtʰ "缺少"、tʷʌriːtʌː "往下"、

tʷAlləpəI"喜爱"等。

［tʷ］的 VOT 为 19ms（M）或 15ms（F）。［tʷ］与后邻元音［ʌ］之间出现滑音过渡，F1 和 F2 均上升。男声［tʷʌ］的 F1 上升 158Hz，F2 上升 50Hz；女声［tʷʌ］的 F1 上升 177Hz，F2 上升 48Hz。［tʷ］之后的［ʌ］元音比较靠后，接近［ʌ］的音色。

［tʰʷ］在男声发音中出现了 4 次，在女声发音中出现了 5 次，例如，tʰʷʌːllə"尘土"、tʰʷʌltʃʰik"膝盖"、tʰʷʌːlək"柱子"等。［tʰʷ］的 VOT 为 62ms（M）或 69ms（F）。［tʰʷ］辅音送气段里保留圆唇特征的同时，后邻元音前段出现 F1 和 F2 的上升过渡，如，F1 有 142Hz（M）或 236Hz（F）的上升过渡，F2 有 134Hz（M）或 314Hz（F）的上升过渡，见图 2.18。

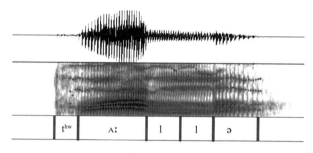

图 2.18　唇化辅音 ［tʰʷ］语图，tʰʷʌːllə"尘土"（M）

（二）［kʷ］［kʰʷ］

［kʷ］在男声发音中出现了 13 次，均出现在词首；在女声发音中出现了 14 次，12 次在词首，2 次在非词首位置。词首［kʷ］后绝大多数时候出现元音［ʌ］，例如 kʷʌj"大腿"、kʷʌnən"三岁的"、kʷʌkəs"野葱"、kʷʌrəp"三"等，只有在 kʷəːn"深"一词里出现了元音［əː］。在非词首位置，［kʷ］出现在元音［əː］前，例如 əlkʷəː"挂"、tilkʷəː"苍蝇"等，男声发为 əlwəː 和 tilwəː。

词首［kʷ］的 VOT 为 29ms（M）或 31ms（F），与后邻［ʌ］之间，男声和女声元音 F1 各有 320Hz 和 326Hz 的上升过渡，F2 各有 315Hz 和 403Hz 的上升过渡。

［kʰʷ］出现了 7 次，其中 5 次出现在词首，2 次出现在节首位置，例如 kʰʷʌː"宅、院"、kʰʷʌkʰ"倒、掉"、kʰʷʌːm"脖子"、kʰʷʌːrtʰ"猎刀"、

kʰʷəːl "套车"、əkʰʷəː "抬"、Amuːkʰʷəː "吓唬小孩的鬼怪" 等。

　　词首 [kʰʷ] 的 VOT 为 95ms（M）和 98ms（F），与后邻 [A] [Aː] 之间，F1 有 207Hz（M）和 243Hz（F）的上升过渡，F2 有 234Hz（M）和 165Hz（F）的上升过渡。在辅音 [kʰʷ] 冲直条和送气段 500Hz~800Hz（M）或 600Hz~900Hz（F）处出现比较强的能量，如图 2.19（图上用横光标标出 [kʰʷ] 辅音低频区强能量集中区的中心频率，699Hz）。非词首 [kʰʷ]（F）VOT 为 62ms，GAP 为 86ms。

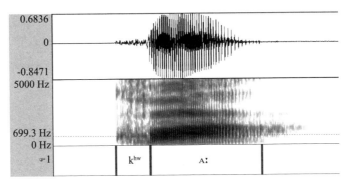

图 2.19　唇化辅音 [kʰʷ] 低频区能量集中区例图，kʰʷAː "宅、院"（M）

（三）[ʧʷ] [ʧʰʷ]

　　[ʧʷ] 在男声发音中出现了 6 次，在女声发音中出现了 7 次，均出现在词首，例如，ʧʷAtʰ "掉膘"、ʧʷAmpeː "五月"、ʧʷAːrpəi "搅合"、ʧʷəːpeː "二月" 等，主要出现在元音 [A] 或 [Aː] 前。[ʧʷ] 的 VOT 为 34ms（M）或 39ms（F）。[ʧʷ] 和后邻 [A] [Aː] 之间的过渡：F1 有 259Hz（M）或 331Hz（F）的上升过渡，F2 有 -134Hz（M）或 -48Hz（F）的下降过渡。

　　[ʧʰʷ] 在男声发音中出现了 4 次，在女声发音中出现了 3 次，均在词首，例如，ʧʰʷAk "军队、兵"，ʧʰʷAːkʰ "青草"，ʧʰʷəːm "小狗鱼、狗鱼崽"，ʧʰʷAːkʰərpəi "发芽、变绿" 等。[ʧʰʷ] 的 VOT 为 91ms（M）或 106ms（F）。在 [ʧʰʷ] 和后邻 [A] [Aː] 之间出现上升过渡：在 F1 上，男、女各上升 184Hz 和 238Hz；F2 分别上升 209Hz、240Hz。

二 其他唇化辅音

（一）［sʷ］［ʃʷ］［xʷ］

［sʷ］在男声和女声发音中各出现了 6 次，均在词首位置，后邻元音为
［A］，例如 sʷArs "撂荒地"、sʷAl "木排，筏子"、sʷAtəl "脉络"、sʷAikAl-
lin "蚂蚁" 等。男声［sʷ］的音长为 167ms，女声为 171ms；音强为
45.8dB（M）或 42.8dB（F）。［sʷ］从起始起携带圆唇特征，在语图上表
现为较宽的频谱，如图 2.20。［sʷ］起始处男声 3500Hz 和女声 3800Hz 左右
出现强频集中区。辅音［sʷ］后邻元音［A］也有一定的前过渡特征。

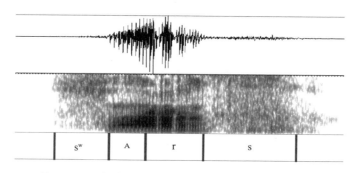

图 2.20　唇化辅音［sʷ］例图，sʷArs "撂荒地"（M）

［ʃʷ］在男声发音中出现了 5 次，在女声发音中出现了 3 次，均在词首，
例如，ʃʷAːr "唰唰"、ʃʷəː "直的"、ʃʷəːtəː "一直"、ʃʷAːkitʃ "大风呼啸"
等。男声［ʃʷ］的音长为 181ms，女声为 193ms；男声音强为 50.8dB，女声
为 56.7dB。与［sʷ］相同，［ʃʷ］音从起始阶段起携带唇化特征，频谱比较
宽，男声 1200Hz 和女声 1700Hz 以上出现能量集中区，如图 2.21（图上用

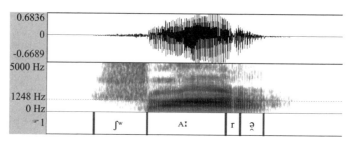

图 2.21　唇化辅音［ʃʷ］例图，ʃʷAːr "唰唰"（M）

横光标标出了［ʃʷ］辅音频谱下限为 1248Hz）。

［xʷ］在男声发音中出现了 19 次，在女声发音中出现了 20 次，均出现在词首，例如 xʷAir "嫉妒"、xʷAr "雨水"、xʷAtəl "谎话"、xʷArək "河" 等。

男声［xʷ］的音长为 109ms，女声为 112ms；男声音强为 39.9dB，女声为 35.7dB。发［xʷ］音时在男声 500Hz～800Hz 和女声 500Hz～900Hz 处出现强频能量集中区（见图 2.22，图中 640Hz 左右出现强频区）。［xʷ］大多数后邻元音为［ʌ］，舌位比较靠后，接近［ʌ］音，其前过渡 F1 有 233Hz（M）或 223Hz（F）的上升过渡，F2 有 346Hz（M）或 307Hz（F）的上升过渡。

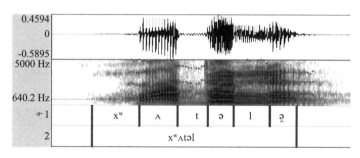

图 2.22　唇化辅音［xʷ］例图，xʷAtəl "谎话"（M）

（二）［mʷ］［nʷ］

发唇化鼻音［mʷ］［nʷ］时，气流通过鼻腔辐射到外，同时伴有圆唇动作。

［mʷ］在男声发音中出现了 2 次，女声发音中出现了 1 次，在 mʷəːr "车辋"、mʷəːrəl "上车辋" 等词中。男声［mʷ］音长为 94ms，音强为 63dB，前三个共振峰为 240Hz、761Hz、2610Hz。女声［mʷ］音长为 69ms，音强为 62dB，前三个共振峰为 221Hz、1286Hz、3174Hz。

［nʷ］在男声发音中出现了 2 次，例如 nʷAkrs "青草"、nʷAkəs "鸭子" 等。在女声发音中没有出现［nʷ］，女声把 nʷAkərs 发为 nuwArs。男声［nʷ］的音长均值为 61ms，音强为 56dB，VF1 为 275Hz，VF2 为 1168Hz，VF3 为 2492Hz。

（三）［lʷ］

［lʷ］在男声发音中出现了 1 次，lʷAːlʲ "杂草"，女声发音中没有出现

[lʷ]。男声 [lʷ] 的音长为 55ms，音强为 56dB，前三个共振峰各为 306Hz、1054Hz、1616Hz。

三 小结

达斡尔语里出现 [tʷ, tʰʷ, kʷ, kʰʷ, ʧʷ, ʧʰʷ, sʷ, ʃʷ, xʷ, lʷ, mʷ, nʷ] 等 12 个唇化辅音，出现频率如表 2.13，其中 [tʷ, tʰʷ, kʷ, kʰʷ] 为清塞音，[ʧʷ, ʧʰʷ] 为清塞擦音，[sʷ, ʃʷ, xʷ] 为清擦音，[lʷ] 为边音，[mʷ, nʷ] 为鼻音。[tʷ, kʷ, kʰʷ, xʷ] 等辅音出现频率较高，除了 [kʷ, kʰʷ] 以外，绝大多数唇化辅音只出现在词首。唇化辅音后一般出现 [ʌ, ʌː, əː] 等元音。

表 2.13　唇化辅音出现频率

单位：次

		词首											非词首	
	tʷ	tʰʷ	kʷ	kʰʷ	ʧʷ	ʧʰʷ	sʷ	ʃʷ	xʷ	lʷ	mʷ	nʷ	kʷ	kʰʷ
M	13	4	13	5	6	4	6	5	19	1	2	2		2
F	13	5	12	5	7	3	6	3	20		1		2	2

唇化塞（擦）音和相应基本辅音之间的差异主要表现在后续滑音过渡上。唇化塞（擦）音之后出现 [u] 音类的滑音过渡，过渡变化数据如表 2.14 所示。数据表明，除了 [ʧʷʌ] 音 F2 有下降过渡外，唇化辅音和后邻元音之间都出现 F1 和 F2 的上升过渡。相应基本辅音 [t, tʰ, k, kʰ, ʧ, ʧʰ] 和元音之间，[t, tʰ, ʧ, ʧʰ] 之后的 F2 出现下降过渡，[k, kʰ] 和元音之间过渡平稳，不出现明显的共振峰过渡弯头。

表 2.14　唇化塞（擦）音之后元音 [ʌ][ʌː] 前过渡数据

单位：Hz

		tʷ	kʷ	ʧʷ	tʰʷ	kʰʷ	ʧʰʷ
F1	M	+158	+320	+259	+142	+207	+184
	F	+177	+326	+331	+236	+243	+238
F2	M	+50	+315	−134	+134	+234	+209
	F	+48	+403	−48	+314	+165	+240

唇化清擦音 [sʷ, ʃʷ] 的特点是频谱宽, 低频区出现能量。相应基本辅音 [s, ʃ] 的频谱窄, 低频区能量低。[xʷ] 的强频集中区在 500Hz～800Hz, [x] 的强频区在 1100Hz～1500Hz 间。[lʷ, mʷ, nʷ] 等唇化浊音的 VF2 降低, 如表 2.15 所示。

表 2.15 唇化浊音和相应基本辅音 VF2 数据

单位: Hz

	m	mʷ	n	nʷ	l	lʷ
M	925	761	1406	1168	1173	963
F	1272	1286	1749		1523	1568

第四节 辅音丛

达斡尔语的辅音丛出现在音节内或音节间。音节内的辅音丛有节末复辅音和独立复辅音音节。节末复辅音出现在音节核元音之后, 同属一个音节。独立复辅音音节由两个或三个辅音组合而成, 其中一个辅音承担音节核任务, 音节内没有元音。音节间辅音组合出现在音节界上, 前置辅音属于前一个音节, 后置辅音属于后一个音节。图 2.23 是达斡尔语辅音丛的解释图。

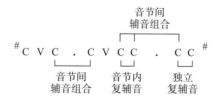

图 2.23 词内辅音丛解释图

一 节末复辅音

在我们数据库男声发音中, 25 种复辅音出现了 83 次 (表 2.16 - a), 出现在前置辅音位置的有 8 个辅音: [Φ, kʰ, n, ŋ, l, ɬ, r, ɹ]; 出现在后置辅音位置的有 8 个辅音: [kʰ, t, tʰ, ʧ, ʧʰ, s, ʃ, z]。出现次数多于 10 次的有 [rt] [rtʰ] 等 2 种复辅音, 少于 10 次多于 5 次的有 [lʧʰ] [ntʰ] [rʧ] 等 3 种复辅音, 只出现了 1 次的复辅音有 7 种 (见表 2.16 - a)。

表 2.16 – a　音节内复辅音出现频率（M）

单位：次

前＼后	kʰ	t	tʰ	ʧ	ʧʰ	s	ʃ	z	共	种类
Φ			1						1	1
kʰ					1				1	1
n			7		3	3	1	3	17	5
ŋ	3								3	1
l	1		4		8	3			16	4
ɬ					1				1	1
r	1	12	14	7	2	3		1	40	7
ɻ		2			2				4	2
共	5	12	28	7	17	9	1	4	83	9
种类	3	1	5	1	7	3	1	2	8	25

在女声发音中，24 种音节内复辅音出现了 72 次（表 2.16 – b）。前置辅音为 [β，m，n，ŋ，l，ɬ，r，ɻ，ʒ] 等 9 个，后置辅音为 [k，kʰ，t，tʰ，ʧ，ʧʰ，s，ʃ] 等 8 个。出现次数多于 5 次的复辅音有 [ntʰ][ns][rtʰ][ʒs] 等 5 种，只出现了 1 次的复辅音有 6 种。

表 2.16 – b　音节内复辅音出现频率（F）

单位：次

前＼后	k	kʰ	t	tʰ	ʧ	ʧʰ	s	ʃ	共	种类
β							1		1	1
m				1			2		3	2
n			1	6		4	7	2	20	5
ŋ	1	4							5	2
l				3		2			5	2
ɬ					2				2	1
r		2	4	7	1	1			15	5
ɻ			2	4		2			8	3
ʒ			4	1			7		12	3
共	1	6	11	23	3	9	17	2	72	9
种类	1	2	4	6	2	4	4	1	8	24

〔β，Φ〕+〔tʰ，s〕，出现2种，〔Φtʰ〕〔βs〕，每种出现1次，例如 joΦtʰ "不停地前进"、Aβs "棺材"。

〔kʰ〕+〔ʧʰ〕，出现1次，pʰʲAkʰʧʰpeː "享乐"，发这个辅音时前置辅音〔kʰ〕的 VOT 缩短（12ms），其前的元音〔A〕尾部清化。

〔m〕+〔tʰ，s〕，出现2种，〔mtʰ〕、〔ms〕，共3次（F），例如 ʃimtʰ "有营养的"、əms "穿"、Ams "呼吸"。这个复辅音只出现在女声发音中，这三个词在男声发音中发为 ʃimuːl、əməs、Amis 等。

〔n〕+〔t，tʰ，ʧʰ，s，ʃ，z〕，出现6种，男声17次，女声20次，例如 Ant "伙伴"、sAintʰ "刚才"、onʧʰ "小刀"、xuns "干粮"、ʃinʃ "倾听"、jAnz "样子" 等。其中〔ntʰ〕〔nʧʰ〕〔ns（z）〕等复辅音出现次数比较多。

〔ŋ〕+〔k，kʰ〕，2种，男声3次，女声5次，例如 muŋk "银"、kʰəŋkʰ "瓜"。

〔l，ɬ〕+〔kʰ，tʰ，ʧʰ，s〕，8种，男声17次，女声7次，例如 nəlkʰ "褴褛"、Altʰ "金"、sAruːlʧʰ "眼镜"、ols "线麻"、xoriɬʧʰsən "聚集"。其中〔ltʰ〕〔lʧʰ〕的出现次数比较多，男声发音中〔lʧʰ〕出现了8次，但女声发音中只有2次，男声大部分〔lʧʰ〕在女声发音中被分到两个音节，例如 ʧʰoːlʧʰ ~ ʧʰoːl.ʧi① "争吵"、Arəlʧʰ ~ Arəl.ʧʰi "打仗"、sAruːlʧʰ ~ sAruːl.ʧʰi "眼镜" 等。

〔r，ɹ，ʒ〕+〔kʰ，t，tʰ，ʧ，ʧʰ，s，z〕，14种，男声44次，女声35次。例如 tʰArkʰ "打"、kərt "叉鱼时点火、明火叉鱼"、pAsərtʰ "肾脏"、orʧ "奶嘴儿"、kʰurʧʰ "弓弦"、nʷAkərs "青草"、imArz "山羊皮"、mAɹtʰsən "忘记"、lAɹʧʰ "叶子"、təʒt "飞"、oʒʧ "奶嘴儿"、Aʒs "皮子"。其中〔rt〕〔rtʰ〕〔r（ʒ）s〕等复辅音的出现次数较多。

总之，达斡尔语音节内复辅音前置辅音为（1）鼻音〔m，n，ŋ〕：〔m〕后出现〔tʰ，s〕，但这种组合不稳定，在男声发音里中间出现元音，重组音节。〔n〕后出现〔t，tʰ，ʧʰ，s，ʃ，z〕等同部位或相近部位的辅音。〔ŋ〕后出现同部位的〔k，kʰ〕辅音。（2）边音〔l，ɬ〕：这两个辅音

---

① 点号 "." 表示音节界。

之后出现 [kʰ, tʰ, ʧʰ, s] 等送气或清擦音。（3）r 类音 [r, ɹ, ʒ]，其后可以出现除了 [k, ʧ] 以外的所有辅音。（4）在少数词里，辅音 [β, Φ, kʰ] 可以出现在前置辅音位置。显然，达斡尔语复辅音前置辅音位置上主要出现 [n, l, r] 等响音，其中 [r] 的组合能力最强，[l] 主要与送气和清擦音组合为复辅音，鼻音主要与同部位或相近部位的辅音组合成复辅音。

在后置辅音位置，主要出现 [k, kʰ, t, tʰ, ʧ, ʧʰ, s, ʃ] 等阻音。其中，送气辅音和清擦音的组合能力比不送气塞（擦）音强。不送气塞音和塞擦音在 [n, l] 等辅音之后往往发生顺同化，被同化为 [nn, ll] 组合①，相关分析见音节间辅音组合部分。

从词中位置看，男声 69 个和女声 56 个复辅音出现在词末位置，男声 14 个和女声 16 个复辅音出现在非词末位置，即非词尾音节的节末位置。词末携带复辅音的单词之后接词缀时，经常发生音节重组，例如 Altʰ "金" 后加名词领格词缀-iː 和凭借格词缀-Aːr 时，发 为 Al. tʰiː "金子的"、Al. tʰAːr "（用）金子"，[l] 和 [tʰ] 辅音被分到两个音节。

达斡尔语节末复辅音的特点是：（1）响音与阻音可以组合成复辅音；（2）发音部位相同或相近的辅音容易组合成复辅音；（3）复辅音里的两个辅音具有独立的音位地位，其后接词缀时可分开，重组音节。

二　音节间辅音组合

达斡尔语词内跨音节辅音组合可分为 2 种：（1）-Cv. C-组合，即两个辅音之间夹带连音的组合；（2）-C. C-组合，即两个辅音之间无连音的组合。

连音是达斡尔语增音现象的一个类型，出现在词内音节界两个辅音之间。蒙古语研究中将类似增音现象称为弱短元音②、非成音节（Non-syllab-ic）元音③、词（或音节）末短元音④等，附加非成音节符号（例如 [ə̯]）表示，或称为衍生音节弱元音。⑤ 该语音现象是 "蒙古语口语中的普遍现象

---

① 其布尔哈斯：《论达斡尔语布特哈方言辅音同化》，《中国蒙古学》（蒙古文）2013 年第 6 期。
② 呼和、曹道巴特尔：《蒙古语察哈尔土语词末弱短元音的声学分析》，《内蒙古大学学报》（蒙文版）1996 年第 3 期。
③ 呼和：《蒙古语语音实验研究》，辽宁民族出版社，2009，第 21～22 页。
④ 呼和：《蒙古语语音实验研究》，第 56～57 页。
⑤ 宝玉柱、孟和宝音：《现代蒙古语正蓝旗土语弱元音研究》，《大连民族学院学报》2008 年第 6 期。

(65% 左右的词携带此类现象）。它们不区别词义，也不构成音节，由于发音器官的动作要求而出现，可以认为是协同发音的一种形式。词末或音节末的塞音、塞擦音借助这些元音来完成其破裂（除阻）过程。从功能上，这些元音在语流中所起的作用是调节和影响言语自然度"。① 蒙古语朗读句子韵律研究发现，"词末弱短元音后都出现了比较大的停顿"，"它的产生可能与语句的韵律结构有直接的关系，是语句层面上的韵律需要而产生的一种增音现象"。②

　　达斡尔语连音音质类似于上述蒙古语弱短元音或非成音节元音，功能是连接音节界上的前后两个辅音。在语音层面上，此类语音现象具有元音性质，语图上表现为共振峰横杠（图 2.24，以小写字母 v 表示连音）。在音位层面上，它没有区别词义功能。在音节层面上，它不参与词内重音结构，不能承担音节核任务，不能组成音节。③

　　达斡尔语里出现音质类似于 [i, u, ə] 元音的三种连音，分别记为 [i̯] [u̯] [ə̯]。[i̯] 出现在腭化辅音及 [ʧ, ʧʰ, ʃ] 等辅音之后，在男女发音中各出现 10 次。[u̯] 出现在词首音节有圆唇元音的词中，邻接辅音主要有 [ɣ, β, m] 等，在男女发音中各出现了 7 次和 13 次。[ə̯] 出现在其他语境中，在男声发音中出现了 134 次，在女声发音中出现了 150 次。[ə̯] 是连音的典型形式。

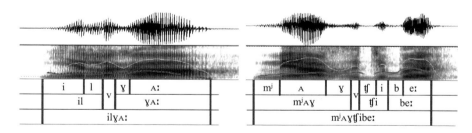

图 2.24　词内连音图例，ilɣA："花"、mʲAɣʧibe："长胖"（M）

1. 音节间的-Cv. C-组合

　　如表 2.17 – a 和表 2.17 – b 所示，在连续的两个浊音中间容易出现连

---

① 呼和：《蒙古语语音实验研究》，第 21～22 页。

② 敖敏：《基于韵律的蒙古语语音合成研究》，博士学位论文，内蒙古大学蒙古学学院，2012 年。

③ 这里的音节划分主要依据了母语人的听感，有关音节结构和划分原则的分析见第四章。

音，形成-Cv. C-形式的音节间辅音丛。男声连音在［l］与［ɣ］中间、［r］与［ɣ］中间、［l］与［β］中间出现次数多于10。除此之外，在［ɣ］与［t］中间、［r］与［β］中间各出现了6次和5次，在其他语境中出现次数小于4，一般只出现1次。从前邻辅音角度来看，男声连音出现次数最多的是［l］辅音之后，出现了43次；其次是［r］辅音之后，出现了34次。从后置辅音角度来看，男声连音出现次数最多的是［ɣ］辅音之前，出现了55次；其次是［β］辅音之前，出现了23次。

表 2.17 - a　音节间连音出现语境统计（M）

单位：次

前\后	ɣ	l	m	s	t	tʃ	b	kʰʷ	w	β	ʃ	z	k	r
b	1													
ʃ	1	1	1											
ɣ		3	1	1	6	1								
l	21		3				4	1	2	12				
m	1	1									1			
n							1		3	1				
r	19		1				1	1	1	5	4	2		
s	7	1								1			1	
t	1									3				
tʃ									1					
tʰ												1		1
tʃʰ		3							1	1				
w		1												
z	2		1											
ʒ	1			1										
β		3		1	2									
βʲ	1													

女声连音（表2.17-b）在［l］与［k］中间、［l］与［p］中间、［r］与［k］中间出现次数多于10，在［r］与［ɣ］中间、［r］与［p］中间、［r］与［m］中间、［t］与［p］中间、［ʒ］与［p］中间各出现了5～7次，

在其他语境中出现次数小于 4 次，一般只出现 1 次。从前邻辅音角度来看，连音出现次数最多的是 [r] 辅音之后，有 40 次；其次是 [l] 辅音之后，有 35 次。从后置辅音角度来看，连音出现次数最多的是 [k] 辅音之前，有 36 次；其次是 [p] 辅音之前，有 35 次；[l] 和 [m] 辅音之前各出现了 16 次。

表 2.17 - b　音节间连音出现语境统计（F）

前＼后	∫	ɣ	ɣʲ	k	kʰ	kʷ	l	m	p	pʰ	r	s	t	ʧ	ʧʰ	w	3	β
∫				1			2											
ɣ									1			1	1	1				
k							2						1					
kʰ	1						1											
l		4		11		2		4	14									
m											1	3						
n					1	1										2		
ŋ							1											
p	1			1			3					2			1			
pʰ																1		
pʷ							1											
r		6	1	16	1			7	6		1				1			1
s				2			1	2										
t				1					5			1						1
ʧ				1				1										
tʰ				1			2		2		1	2						
ʧʰ					1		2		2									
3		2		3	1		2		6									
β	1						1						1					

可见，达斡尔语辅音 [l，r] 跟辅音 [ɣ，k，β，p] 连续出现在音节界的时候，中间夹带连音，达斡尔语音节间的连音与浊擦音和浊颤音关系密切。(1) [l.ɣ] 组合的两个辅音之间全部夹带连音（21 次）。(2) [l.β] [s.ɣ] [ɣ.t] 组合两个辅音之间大多数时候夹带连音，各出现了 12 次、5

次、5 次。（3）［r.ɣ］［r.β］组合之间也经常会夹带连音。

2. 音节间的-C. C-组合

达斡尔语音节间不夹带连音的 – C. C – 组合有以下两种。

（1）［r. t］［r. kʰ］［ʃ. kʰ］［l. tʰ］［l. kʰ］［l. ʧʰ］［n. tʰ］［n. ʧʰ］［ŋ. kʰ］等组合从不夹带连音。例如 An. tA:"生意伙伴"、kʰor. səʧ"恨"、ə:l. kʰəlʧ"撒娇"、Ar. ti:"雷"、ər. ʧʰuː"胸"、kʰAn. tʰAːs"上衣"、tʰʷAl. ʧʰiχ"膝盖"等。显然，除了［ʃ. kʰ］外，这些组合均能够组合成音节内复辅音的辅音组合。

（2）重叠辅音不夹带连音。重叠辅音指相同或相近的两个辅音连续出现的现象，其连接紧密，中间不可出现其他音素。重叠辅音在蒙古语、鄂温克语[1]以及达斡尔语中较为常见。重叠辅音是达斡尔语布特哈方言重要语音特征，出现在音节界，分属于前后两个音节。在我们数据库中出现了［l. l（lʲ. lʲ）］［m. m］［n. n（nʲ. nʲ）］［ŋ. ŋ］［s. s］［t. tʰ］［k. kʰ］等 7 种重叠辅音，见表 2.18。

表 2.18　音节间重叠辅音出现次数

	l. l	n. n	ŋ. ŋ	m. m	t. tʰ	k. kʰ	s. s
M	81	47	46	28	7		2
F	88	46	34	16	8	3	2

重叠辅音与相应单辅音之间的声学区别主要在音长上。

［l. l］：该重叠辅音的出现次数最多，大多数出现在双音节词里，例如 çil. lə:"屋内的地"、xol. lə"嘴唇"、xʷAl. lən"雨多的"等。还有一部分出现在三音节词里，例如 us. kul. liʧ"说着话"、u. tʰul. lən"老了"、pA. ʧʰil. lən"沸腾了"等。［l. l］的总音长均值为 154ms（M）或 149ms（F）（见表 2.19），比单个辅音［l］（59ms 或 75ms），音长明显拉长。前置［l］音的音强（M：72.8dB，F：66.1dB）强于后置［l］（M：72.4dB，F：64.2dB）。

---

① 朝克：《鄂温克语研究》，民族出版社，1995，第 12 页。

表 2.19　音节间重叠辅音音长数据

单位：ms

	l. l		m. m		n. n		ŋ. ŋ	
	M	F	M	F	M	F	M	F
AVG	154	149	149	152	147	154	151	149
STD	16.5	25.9	14.6	22.4	15.3	30.1	13.4	20.5
CV	11%	17%	10%	15%	10%	20%	9%	14%
MAX	196	215	176	186	181	230	178	194
MIN	114	103	119	116	117	108	123	111

　　［n. n］：出现在 ən. nə "这里"、xun. nu "重"、on. no. lo: "骗人"、nin. nur "单的"、xA. lu:n. nA: "捂热"、sun. nA:. pe: "五月" 等词里，男女一致。［n. n］的总音长在 150ms 左右，明显长于单个［n］辅音（66ms ~ 95ms）。前置［n］音（男：69.4dB，女：64.6dB）弱于后置［n］（M：69.9dB，F：64.9dB）。

　　［ŋ. ŋ］：出现在 əŋ. ŋəl "宽敞的"、niŋ. ŋəkʰən "薄的"、pAŋ. ŋəl "滚圆的" 等词里。在男声发音中比女声多出现 12 次，主要对应于女声［ŋ. k］组合，例如 xuŋ. ŋə:r ~ xuŋ. kə:r "沙葱"、mAŋ. ŋe: ~ mAŋ. ke: "莽古斯"、tʃe:ŋ. ŋe: ~ tʃe:ŋ. ke: "结儿" 等。［ŋ. ŋ］的总音长（150ms 左右）长于单个辅音［ŋ］（M：78ms，F：83ms）。音强：男声前置［ŋ］弱（69.2dB）于后置［ŋ］（70.1dB），女声前置［ŋ］强（65.77dB）于后置［ŋ］（65.67dB）。

　　［m. m］：在男生发音中比女声多，出现了 12 次，一般对应于女声的单辅音［m］或［m. p］组合，例如 lem. me:l ~ lə. mə:r "袅娜的、软绵绵的"，əm. mər. sən ~ ə. mər. sən "塌下去的"，u. jim. me: ~ u. jim. pe: "九月"，niŋ. ŋum. me: ~ niŋ. ŋum. pe: "六月" 等。除此之外，nʲom. mus "眼泪"、kʰum. mil "柳蒿芽" 等 10 多个词里，男女发音一致。［m. m］的总音长均值在 150ms 左右，比单个出现的［m］音（70ms ~ 100ms），长 50ms ~ 80ms。［m. m］组合男声前置［m］弱（69.2dB）于后置［m］（69.9dB）。女声则相反，前置［m］（67.1dB）强于后置［m］（66.5dB）。

　　［t. tʰ］：出现在 ə:t. tʰən "变稠了"、nə:rt. tʰən "开了"、xʷA:rt. tʰən "干枯了"、tʃʰAt. tʰən "饱了" 等词里。该组合的声学表现为前置辅音和后置辅音共享 GAP，前置辅音不爆破，后置辅音爆破，VOT 时长与非词首单

个 [tʰ] 相近。该重叠辅音的主要特点是两个辅音所共享的长 GAP，例如，男声 [t. tʰ] 的 GAP 为 180ms 左右，女声 [t. tʰ] 的 GAP 为 220ms 左右。

[k. kʰ]：辅音丛 [k. kʰ] 只出现在女声发音中，例如 ʃuk. kʰul "鬼"、tʰik. kʰəl. lə "仅仅是"、ʧʰʌk. kʰu. luŋ "饱的" 等，这些词在男声发音中发为 ʃur. kʰul、tʰiːl. lə、ʧʰʌr. kʰu. luŋ 等。[k. kʰ] 的发音特点与 [t. tʰ] 相同，前置辅音不爆破，后置辅音的爆破特点与相应单辅音相同，两个辅音共享一个时长较长的 GAP。[k. kʰ] 的 GAP 为 285ms 左右。

[s. s]：出现在 xuns. sən "饿了"、tʌos. sən "完了" 等词里，男声 [s. s] 的总音长为 201ms 和 189ms，女声为 229ms 和 215ms，长于单个 [s] 辅音（84ms 或 133ms）。

三　独立复辅音音节

达斡尔语里没有真正意义上的独立复辅音音节。有时，尤其在一些三或四音节词里，音节核元音脱落，形成独立复辅音音节。达斡尔语的元音脱落是出现在多音节词里的不稳定现象，有 [r] 辅音的语境中较容易产生。在男声发音中，元音脱落而出现的辅音音节有：[rpʰ，rl，kʰr，lr，jm，rŋ，rn，ɣrs] 等几种，例如 sʌ. rpʰ "筷子"、ʃʌ. rl. pin "淡黄色的"、ʧʰʷʌː. kʰr. pəi "长草了、绿了"、tʷʌl. lr. tuk "喜爱的"、o. jm. moː. sən "完成"、tʌ. rl. lʌ. jʌː "用鱼罩罩鱼"、xʌ. rŋ. kui. ʧʰi. rəː "趁着黑"、xʌ. ʧir. woː. rn "（趁他们）回来的时候" nʷʌ. ɣrs "青草" 等。在女声发音中出现了 4 个元音脱落的音节，[tʰʷkʰ] [pr] [wn] [jr] 等，例如，tʰʷkʰ. reː. kʰən "圆的"、tʰʌi. pr. tʰiː "能小走的（马）"、tʰʌː. wn. ʧʰeːn "五家子屯"、tʷʌ. riː. tʌ. jr "从底下" 等。这些元音脱落形成复辅音音节的词，男女发音不一致。男声例词中所脱落的元音在女声发音里不脱落，女声例词里脱落的元音在男声发音中不脱落。

四　小结

达斡尔语音节内复辅音由响音（鼻音、边音、颤音）和阻音（塞音、塞擦音、清擦音）组合而成。在音节间，也是在此类辅音组合之间一般不出现连音，直接组合成音节间的辅音丛。双唇或软腭位置辅音前后经常出现连音。达斡尔语里还没有形成真正意义上的独立复辅音音节。

　　重叠辅音是达斡尔语重要语音现象。从这些重叠辅音例词在男女发音人之间的对应规律来看，多数重叠辅音是由于同部位或相近部位浊音和清塞音发生顺同化而形成。

第三章

音段音系

第一节　元音系统

一　音位归纳

1. 短元音

达斡尔语有 ［A, ə, i, o, u, ɛ, e, ʏ, θ, y, ʉ］等 11 个短元音音素，可归纳为 5 个音位：/A, ə, i, o, u/。这些元音互相对立，区别词义，如下。

Al "杀"、əl "葱"、il "热闹"、ol "得到；油炸"、ul "不"

At "划破"、ət "他们"、it "吃"

ər "男"、ir "来"、or "位置"、ur "债"

/A/ 有 ［A］［ɛ］两个变体：［A］是典型变体，在我们数据库男女发音中共出现了 798 次；［ɛ］是特定条件下的非强制性变体，出现了 68 次。在传统研究中，大部分人将达斡尔语元音 ［A］记为 ［ɑ］，认为低、后、展唇元音。根据男声声学数据，该元音在典型位置上的 F1 为 872Hz，F2 为 1372Hz，是一个央、低展唇元音。

［ɛ］是（偏低）、前、展唇元音。男声发音相对低，开口度大，女声发音偏高。该元音出现在词首音节里，主要有以下两种情况。（1）邻接腭化辅音的高舌面特征附着到 ［A］上，使其发为舌位靠前，相对高的元音 ［ɛ］，随之邻接辅音本身的腭化特征消失。例如 tʰAnʲ ~ tʰɛn "认识"、tʰAlʲ ~ tʰɛl

"放"、sʌkʲ ~ sɛk "守护"、tʰʌrʲ ~ tʰɛr "种植" 等。（2）在非词首音节里出现前元音［i, iː, eː］时，词首音节元音［ʌ］前化为［ɛ］，例如 sʌrmirtʰ ~ sɛrmirtʰ "眉毛"、nʌreːm ~ nɛreːm "谷子、小米"、sʌrteː ~ sɛrteː "老"。

［ɛ］是上述条件下的非强制性变体，并非该条件下的所有［ʌ］都前化为［ɛ］。例如在男声 tʰʲʌpkər "黑桦" 一词里，［ʌ］的 F1 和 F2 为 742Hz、1455Hz，不前化；而女声将该词发为前化的 tʰɛpkər，［ɛ］的 F1 和 F2 为 654Hz、2177Hz。男声 ʌmʲ "生命" 一词里［ʌ］也不前化，F1 和 F2 各为 854Hz、1450Hz。pʌreː "手镯" 一词里男声［ʌ］不前化，F1 和 F2 为 701Hz、1412Hz。通过实验发现：（1）不同发音人有不同的发音。在全部元音［ɛ］中，男女发音一致的只有 11 个词，在其余（男声 17 个、女声 29 个）单词里［ɛ］和［ʌ］自由交替，男女发音不一致。（2）同一个词根发音不同，例如 pɛrsən "抓住了"、pʌreːʧʰin "接生婆"，词根为 pɛr- ~ pʌrʲ- "抓"，两种发音同时存在，不管发哪一种，不影响语义，不产生新的语法意义，不影响交流。这种同一个词根发音不同的情况也会发生在同一个人身上，例如在男声发音中：tʰɛr "种植"、tʰʌreːʧʰin "农民"，女声却发音为 tʰʌrʲ 和 tʰɛreːʧʰin。

元音［ɛ］的出现是一种元音舌位逆同化现象，偶尔出现顺同化而来的［ɛ］，比如 pʲʌllən ~ pɛlliŋ "秃的"。在前人研究中也记录了达斡尔语 "元音［ɑ］受其后面的［i、j］或腭化辅音的影响，其发音部位稍靠前，变为［a］"[1] 的现象，认为 "达斡尔语布特哈方言元音的这种前化现象很不稳定，而且没有区别词义的作用，还没有发展成为独立的音位"。[2] 根据我们 2010 年搜集到的第一手语料，该元音已经发生进一步的变化，不仅舌位前化，也已经高化，出现频率也增多。上述分析表明，无法根据语境条件预测元音［ɛ］的出现与否，它不是严格意义上的条件变体，也不是语用等社会因素所导致的自由变体。达斡尔语元音［ɛ］是特定条件下的非强制性变体，布特哈方言元音语流音变几乎都属于这一类现象。我们认为，这是达

---

① 孙竹：《论达斡尔族语言》（上），《青海民族学院学报》（社会科学版）1983 年第 4 期；拿木四来等：《达斡尔语与蒙古语比较研究》（蒙古文），内蒙古人民出版社，1983，第 17 页；恩和巴图：《达斡尔语和蒙古语》，内蒙古人民出版社，1988，第 27 页；欧南·乌珠尔：《达斡尔语概论》，哈尔滨出版社，2003，第 29 页。

② 恩和巴图：《达斡尔语和蒙古语》，第 28 页。

斡尔语历时语音演变的共时表现，反映该语言语音发展趋势。在达斡尔语齐齐哈尔方言里，前化元音［æ、æː、œ、œː］已有独立音位功能。①

元音/i/有［i, e］两个变体，［i］是典型变体，属于高、前、展唇元音，可以出现在词内任何位置，在男女发音中共出现了 642 次。［e］是中、前、展唇元音，基本都出现在词首音节里，出现频率很低。元音［e］在女声发音中较多（8 次），男声发音中出现在 lemmeːl "婀娜的，娇弱的"、lemmiːpeː "萎缩" 等两个词里。也有人将其记为［ε］。②

在 20 世纪 60 年代和 80 年代的达斡尔语研究中，认为 e 是独立音位，出现在 dʒebʃeː "机会"③、dʒeldʒig "猪崽"、bʌtgʌnʃen "巴特罕达斡尔人"④ 等词中。有人提出 "［e］在词首或在辅音［s, w］后不出现，一般只用于非词首的第一音节，例如 nelʧun '腥的'。达斡尔语的［e］，不但发音不同于［ə］，而且可以在完全相同的条件下互相对立，例如：peʧ "粉粹" ～ pəʧ- "喷出去"；meldʒ "塌下去" ～ məldʒ "比赛，执拗"……［e］元音，无论从其发音，还是从其意义上看，完全是一个独立的音位了。但是，它是一个后来形成的元音，表现在它的使用频率和词中出现的局限性上"⑤。还有人提出 "［e］和［ə］各有固定的不同读音，不能替换。环境完全相同，只是由于［e］和［ə］的不同而出现不同词义的情况尚未见到，但是应该把［e］和［ə］视为不同的音"⑥。显而易见，这些论著只关注元音［e］和［ə］的对立，没有分析［e］和［i］的关系。

与之不同，在近期研究中发现，"从《达斡尔语词汇》一书选用的 20 个带有词首音节短元音［ε］的词里，布特哈方言发音人把 17 个词中的词首音节短元音［ε］都发成短元音［i］"⑦。在我们这次实验中也发现，女声所发音的大部分［e］在其他人的发音中发为［i］，［e］和［i］可以自由

---

① 欧南·乌珠尔：《达斡尔语概论》，哈尔滨出版社，2003，第 28 页。
② 其布尔哈斯、呼和：《达斡尔语词首音节短元音声学分析》，第九届中国语音学学术会议论文，南开大学，2010。
③ 仲素纯：《达斡尔语概况》，《中国语文》1965 年第 4 期。
④ 拿木四来、哈斯额尔顿：《达斡尔语与蒙古语比较》，内蒙古人民出版社，1983，第 20 页。
⑤ 恩和巴图等：《达斡尔语和蒙古语》，内蒙古人民出版社，1988，第 42～43 页。
⑥ 孙竹：《论达斡尔族语言》（上），《青海民族学院学报》（社会科学版）1983 年第 4 期。
⑦ 其布尔哈斯、呼和：《达斡尔语词首音节短元音声学分析》，第九届中国语音学学术会议论文，南开大学，2010 年。

交替，例如 penʃ ~ pinʃ "饺子"、ʧʰerpʰil ~ ʧʰirpʰil "二岁马"、ʧellik ~ ʧillik "猪崽"、ʧerin ~ ʧirin "（装载）不满的"、ʧenʧilАː ~ ʧinʧilАː "挑担"等。显然，［e］没有音位地位，而是元音/i/的特定条件下非强制性变体。

元音/o/有［o，ʏ，ɵ］三个变体，［o］是典型变体，可以出现在除了词末以外的任何位置，在男女发音中共出现了 418 次。［ʏ］和［ɵ］是前化变体，非常少见，只出现在词首音节 V2 位置，在我们数据库中这两个元音共出现了 15 次。［o］是中、后、圆唇元音，［ʏ］是中、前、圆唇元音，［ɵ］是中、央、圆唇元音。在男声发音中［o］［ʏ］［ɵ］的 F1 各为 595Hz、564Hz、572Hz，基本没有区别；F2 依次为 927Hz、1446Hz、1212Hz。这三个元音的主要区别在元音舌位前后上，［o］最靠后，［ʏ］最靠前，［ɵ］居中。除此之外，这三个元音的唇形也不同，需要专门仪器设备进行测量。

［ʏ］和［ɵ］出现在腭化辅音或［ʧ，ʧʰ，ʃ，j］等辅音前后，例如 ʧʰʏʧʰ "受惊"、ʧʏrin "目的、祷词（里的目的）"、sʏnni "选"、ʃʏntʰun "健全的"、ʧʰokʰi ~ ʧʰɵkʰ "啄"、morkʰi ~ mɵrkh "拧"、mori ~ mɵr "马"、sopi ~ sɵp "使马掉膘"、lopilАːʧ ~ lɵplАːʧ "抖搂"、nʲorkɵn ~ nʏrkɵn "画"等。但，并非在上述条件下的所有 o 元音都会前化，不同发音人的发音也不同，［ʏ］和［ɵ］在少数几个词里可以跟［o］自由交替。这两个元音是音位/o/特定条件下的非强制性变体。前人研究也记录过此类音变，"当 o 处于前元音 i 和腭化辅音之前时，受其影响，发音部位稍微靠前，但不至成为［œ］"[①]，但"在齐齐哈尔方言中已演化成为独立的前元音 œ"[②]。

元音/u/有［u，ʉ，y］三个变体，［u］是典型变体，可以出现在词内任何位置，在我们数据库男女发音中共出现了 754 次。［ʉ，y］是前化变体，主要出现在词首音节或第二音节里，在我们数据库男女发音中［ʉ］出现了 75 次，［y］出现了 6 次。［u］是后、高、圆唇元音，［ʉ］是央、高、圆唇元音，［y］是前、高、圆唇元音。这三个元音的主要差异在舌位前后上，［u］是后元音，［ʉ］是央元音，［y］是前元音。在舌位高低上没有差异。

---

① 恩和巴图等：《达斡尔语和蒙古语》，内蒙古人民出版社，1988，第 33 页。
② 欧南·乌珠尔：《达斡尔语概论》，哈尔滨出版社，2003，第 33 页。

　　[ʉ] 元音出现在以下两种语境里：（1）在 [ʧ，ʧʰ，ʃ] 辅音前后，例如 ʧʉs "颜色"、ʧʰʉrʧʰuː "鸡仔"。（2）出现在后接音节里有 [i，iː，eː] 等前元音的词汇里，例如 tʰʉleː "柴火"、kʰʉʧʰir "困难"。[y] 也出现在相同的语境中，但其发音更靠前。[ʉ][y] 是出现在上述两个条件下的非强制性变体，并非所有在这两种条件下的/u/音都发为前化 [ʉ] 或 [y]，[ʉ][y] 可以跟 [u] 自由交替。在前人研究中也记为"元音 u 当处于辅音 ʤ、ʧ、ʃ 的后面时，发音接近 [y]"[①]。我们数据库中的数据表明，元音 u 的前化只发生在部分词里，而且发音接近 y 的音变非常少见，前化后舌位一般都只到央元音位置。

　　达斡尔语元音/ə/是中、央（靠后）、展唇元音，没有变体。

2. 长元音

　　达斡尔语的 [Aː，əː，iː，eː，oː，uː] 等 6 个长元音为 6 个不同的音位。这些音位互相对立，区别词义。

　　pAː "拉屎"、pəː "鱼饵"、piː "我"、poː "下（来）"、puː "不"

　　sAː "挤奶"、soː "坐"、suː "奶"

　　tʰAː "你们"、tʰəː "装载"、tʰiː "那样"、tʰoː "数字"

　　xAː "关住"、xəː "停止"、xoː "全、都"、xuː "人"

　　Aneː "春节、新年"、Aniː "谁"

　　oreː "迟、晚"、oriː "位子的（or－领格）"

　　uriː "债务的（ur-领格）"、ureː "三至五岁公马"、urəː "铁丝"

　　元音 [eː] 的情况有些特殊，有以下几种情况。（1）在词末位置/əi/和/eː/中和，出现在单词末尾位置的部分 [eː] 元音是复合元音/əi/的自由变体。不过这种中和现象只发生在部分词里，男声发音中的大部分词末 [pəi] 发为单化的 [βeː]，女声则相对少。（2）在少数词里，[eː] 也是复合元音/Ai/的变体。这种交替只出现在女声 seːn "好"、seːntʰ "刚才"两个词里，在男声发音中发为 sɐin、sæɐnt。（3）在少数词里，[eː] 与 [iː]、[i] 交替，例如 sArteː ~ sArtiː "老的"、tʰAleː ~ tʰAliː "闪电"、ʧʰirpʰeːl ~ ʧʰirpʰil "二岁马"、Aʃkʰeː ~ Aʃkʰiː "翅膀"、Arteː ~ Artiː "雷"、ʧeːplA ~ ʧiːplA "盘腿坐"、wAːkreː ~ wAːkriː "大声叫喊"、xArəŋŋeː ~ xArəŋŋiː "黑暗" 等。

---

　　① 恩和巴图等：《达斡尔语和蒙古语》，内蒙古人民出版社，1988，第 50 页。

这种例词占全部［eː］元音6%左右，4名发音人的发音中均有这种交替现象。（4）在少数词里，［eː］与［əː］交替，例如 wəːreː ~ wəːrəː"自己"、lurkeːl ~ lurkəːl"舞蹈"、lemmeːl ~ ləmməːr"婀娜的，较弱的"。这种例词占全部［eː］元音4%左右。将［eː］元音发为［əː］的情况只发生在发音人 F2（女声）发音中，我们认为这是一种个人特点。

在其他大多数词里4位发音人的发音一致，［eː］音无交替现象，例如，ʧeːʧʰ"第二个儿子，次子"、Atʰeː"驮"、xoreː"院子"、Aneː"春节"、ʌʊʃeː"姐夫"、oreː"傍晚"。

虽然有少数交替或中和现象，但在大多数例子里4位发音人的发音一致，元音/eː/和元音/iː/、/əː/之间对立区别词义，达斡尔语元音/eː/是独立音位。[①]

3. 长短元音之间的对立

达斡尔语长短元音之间互相对立，例词如下。

xʌlək"手掌心"——xʌːlək"大门"

nər"名字"——nəːr"灶门上方"

ʃir"拧干"——ʃiːr"在乎，操心"

tʰos"油"——tʰoːs"权利"

tur"卖"——tuːr"满"

达斡尔语大部分长短元音最小对立对儿出现在词首音节里。在非词首音节，长元音和短元音的对立例词非常少。从《达斡尔语词汇》7700多个词中发现84对长短元音对立例词，其中只有5对词的长短对立发生在第二音节。这些词是：xəsuːr"筢帚"和 xəsur-"跳跃"、turuːl-"领头"和 turul"一生"、əməːl"马鞍"和 əməl"之前、前面"、ʧikəːr-"转动辘轳"和 ʧikər"斜眼"、bədəːr"雀斑"和 bədər-"散"等。在这5个对立词里，除 əməːl 和 əməl 以外，其他4个对立对儿均为名词和动词之间的对立，在连续语流中可依靠语法变化以及句法功能互相区分。而且，turuːl-、ʧikəːr-、əməːl 等词使用率较低，多数人对这些词较为陌生。

正如第一章所述，非词首音节长元音音长明显短于词首音节长元音，

---

① 本著在笔者博士学位论文基础上修改而成，在博士学位论文中笔者认为［eː］是元音/iː/的变体，特在此纠正说明。

出现短化趋向。在达斡尔语词汇田野调查中也获知，非词首闭音节长元音不可拉长发音。我们认为，达斡尔语以非词首音节元音的长短性质相互对立而区别词义的词很少，为非词首音节长元音的短化提供了条件。

4. 复合元音

我们实验中出现了［ɐi, ɜɣ, æi, æɛ, ʌʊ, əi, ei, əɛ, ɜe, ɣu, oø, ui, ʉi］等13个复合元音，可归纳为/ʌi, əi, oi, ui, ʌo, əu/等6个复合元音音位。当然，/ʌi/、/oi/、/ʌo/、/əu/等复合元音的具体发音里并无［ʌi］［oi］［ʌo］［əu］等音，但考虑到元音系统的一致性，在音位层面上可记为/ʌi/、/oi/、/ʌo/、/əu/。

上述6个复合元音互相对立，区别词义。

wʌil "哭"、wəil "劳动"

pʌil "恩情、恩惠"、puil "齿龈"

ʌil "屯落"、ʌol "山"

kəi "天发亮"、kui "跑"、kəu "骒马"

ʌor "气"、əur "疾病"

/ʌi/是出现次数最多的复合元音，有［ɐi, ɜɣ, æi, æɛ］四个变体，［ɐi, ɜɣ］的出现频率高，［æi, æɛ］较少。这四个变体为自由变体，没有特定条件。

/əi/的出现次数也较多，不同于其他多数复合元音的是，多数/əi/出现在非词首音节里。在男声发音里该元音有［əi, ei, əɛ］等3个变体，在女声发音中有［ei, ɜe］等两个变体。这个复合元音也是男声和女声之间的发音差异最大的元音。这些变体中［əi, ei］的出现次数较多，［əɛ, ɜe］相对少。

/oi/的实际发音为［oø］，前置和后置元音均为圆唇元音，主要出现在词首音节。

/ui/也能够出现在词首或词末位置，有［ui, ʉi］两个变体，［ui］的出现次数多，是典型变体，［ʉi］较少出现，是自由变体。

/ʌo/的实际发音为［ʌʊ］，主要出现在词首音节。

/əu/的实际发音为［ɣu］，主要出现在词首音节。

复合元音由不同的发音动作组合而发，确定其为独立音位还是音位组合并不是易事，特鲁别茨柯依（Trubetzkoy）在他的音位学奠基之作《音位学原理》中提出三条判断标准。① (1) 语音组合分布在一个音节里，即不是跨音节的组合，就可以认为是一个独立音位。(2) 如果语音组合源于统一发音或者是在发音综合体的逐渐退化或者减少过程中形成的，那么可以将该语音组合视为一个音位的实现。二合元音常常被解释为统一音位。(3) 如果语音组合的长度不超过该语言其他音位的长度，那么应当视其为一个音位的实现。可根据上述三条规则，灵活处理语言中的独立音位和音位组合问题。当然，这三条规则的重要程度并不相等，特鲁别茨柯依也提出"就重要程度上而言，第三条规则比前两个略逊一等"。那么，主要的规则是第一条和第二条，即是否在一个音节里，是否源于统一发音或者在发音综合体的逐渐退化（减少）过程中形成等。特鲁别茨柯依提出上述三条规则后，对将潜在的单音位语音综合体视为实际的单音位语音综合体方面也提出了一些建议：(4) 应当将潜在的单音位语音组合（也就是满足上述三条规则的音）视为是一个音位的实现，而且根据语言规则，这个音位所在处不允许其他类音位组合出现。例如词头复辅音，应当看作是一个音位。(5) 如果以语言整个系统为出发点，那么就应当将符合上述三条规则的语音组合视为简单音位。(6) 如果潜在的单音位语音群组成部分不能解释为该语言中某一个音位的组合变体②，那么应当将整个语音群视为一个音位的实现。

基于特鲁别茨柯依提出的划分原则以及达斡尔语语音事实，我们认为达斡尔语里的复合元音不是音位组合，而是一个音位，即复合元音音位。(1) 复合元音中的两个音段共同划分到一个音节里当音节核，该语言没有跨越音节界限的元音音段组合；(2) 从声学语音学角度来看，复合元音中前后两个音段的界限较为模糊，过渡段占比较大，也有部分复合元音已单化，成为一个单元音；(3) 复合元音总长度相当于相同位置的长元音长度；(4) 组成复合元音的大部分音素一般不会单独出现在其他语境中，比如 [ɐ，æ，ʌ，ʊ，ɜ，ɣ，ø] 等音段只出现在复合元音里。这些复合元音能与长元音和短元音对立，区别词义，比如：

Aiʃ "益处、帮助"	Aːʃ "脾气"	
pAis "高兴"	pAːs "粪便"	pAs "又"

---

① H. C. 特鲁别茨柯依：《音位学原理》，杨衍春译，广西师范大学出版社，2015，第 41~50 页。
② 这里所述的组合变体指的是条件变体。

kəi "天亮"　　　　kə："丢失"

sui "罪过"　　　　su："奶"

nəu "搬迁"　　　　nə："开"　　　　no："角"

xəur "角、窝"　　　xə:r "野外"　　　xər "怎么"

sʌo "坐下"　　　　sʌ："挤奶"　　　so："腋窝"

二　词内元音分布

表 3.1 是达斡尔语 11 个短元音的词中分布数据。从词内位置特征看，（1）所有短元音都可以出现在词首音节里，且词首音节是短元音的变体出现位置，但在词首音节起始位置只出现 [ʌ，ə，i，o，u] 等 5 个主要元音；（2）在非词首音节里出现 [ʌ，ə，i，o，u] 等 5 个主要元音，在单词末尾位置只出现 [ə，i，u]。

表 3.1　短元音词内出现频率数据

单位：次

发音人	位置		ʌ	ə	i	o	u	ɛ	e	ɤ	ɵ	ʉ	y	合计
M	词首	V1	74	59	24	45	44							246
		V2	315	132	102	146	125	28	2	5	6	29	3	893
	非词首	V3	22	209	135	16	172							554
		V4		25	54		57							136
F	词首	V1	65	69	24	33	41							232
		V2	285	114	97	143	121	40	8	4		30	3	845
	非词首	V3	37	237	141	35	134					16		600
		V4		40	65		60							165
合计			798	885	642	418	754	68	10	9	6	75	6	3671

从元音角度看，（1）5 个主要元音 [ʌ，ə，i，o，u] 均可以出现在 V1、V2、V3 位置，条件变体 [ɛ，e，ɤ，ɵ，y，ʉ] 基本上只出现在 V2 位置。（2）[ə，i，u] 是最活跃的元音，可以出现在词内任何位置，[ʌ，o] 也较为活跃，但不出现在词末。

表 3.2 为达斡尔语长元音的词内分布。从词内位置看，长元音主要出现在除了 V1 以外的其他位置。在 V1 位置，不仅长元音出现次数少，长元音

类型也不全，不出现［iː］和［eː］。随着词内位置的后移，长元音的出现次数增多，非词首位置的长元音显著多于词首音节长元音，单词末尾出现的长元音最多，［iː］和［eː］尤其明显。

表 3.2　长元音词内出现频率数据

单位：次

			ʌː	əː	iː	eː	oː	uː	合计
M	词首音节	起始	5	2			2	1	10
		非起始	90	39	21	9	35	19	213
	非词首音节	非末尾	111	72	16	39	28	32	298
		末尾	116	96	76	116	42	15	461
F	词首音节	起始	5	2			3		10
		非起始	83	36	15	8	38	18	198
	非词首音节	非末尾	82	67	10	50	21	25	255
		末尾	96	57	65	107	34	7	366
总计			588	371	203	329	203	117	1811

比较达斡尔语长元音和短元音的词内分布模式，呈现出互补特性，在词首音节短元音多，在非词首音节长元音多，如图 3.1 所示。

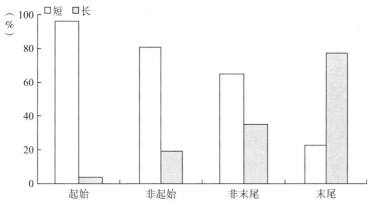

图 3.1　长短元音词内分布比例图

表 3.3 是达斡尔语复合元音的词内出现频率数据表。达斡尔语复合元音主要出现在词首音节里，在非词首音节，只出现/ɐi/、/ui/等元音。在单词起始位置，出现/ʌi/、/əi/、/oi/、/ʌo/、/ʾəu/等元音，/ui/基本不出现在

单词起始位置。

表 3.3　复合元音词中出现频率数据

单位：次

		ei	ɜ	æi	æɜ	ʌʊ	əi	ei	ɜɛ	ɜe	ɤʊ	oø	ui	ʉi	合计
M	起始	14	1			12	2				11	7			47
	非起始	19	22	7	2	43	4	5			21	11	14	3	151
	非末尾												1	2	3
	末尾								3				5	2	10
F	起始	13	2			12					13	4			44
	非起始	27	16	7	4	39		13			24	11	9	9	159
	非末尾													1	1
	末尾							14		4			2	1	21
总计		73	41	14	6	106	6	32	3	4	69	33	31	18	436

第二节　辅音系统

一　音位归纳

1. 基本辅音

达斡尔语有 [p, pʰ, t, tʰ, k, kʰ, b, ʧ, ʧʰ, β, Φ, f, s, z, ʃ, ɣ, x, χ, m, n, ŋ, l, ɬ, r, ɹ, ʒ, j, w] 等基本辅音音素，可归纳为 /p, pʰ, t, tʰ, k, kʰ, ʧ, ʧʰ, f, s, ʃ, x, m, n, l, r, j, w/ 等 18 个音位。/f/ 为借入音位，只出现在词首，出现次数很少，其他 17 个均为固有音位。

以上 18 个基本辅音音位中，/pʰ, t, tʰ, kʰ, ʧ, ʧʰ, f, ʃ, x, m, j, w/ 等 12 个辅音在语流中的实际发音只有一种，没有条件变体。/p, k, s, n, l, r/ 等 5 个辅音有条件变体。

/p/ 有 [p, b, β, Φ] 四个变体。[p] 是典型变体，可以出现在词内任何位置，[b, β, Φ] 出现在非词首位置。[b] 只出现在男声发音中，在音节首位置，两个元音中间或辅音 [r, l] 和元音之间，与之对应的女声发音均为 [p]。[β] 出现在非词首位置，在男声发音中较多见（107 次），在女声发音中较少（10 次），男声大部分 [β] 对应于女声的 [p]。[Φ] 出现频率很低（6 次），出现在 [tʰ, kʰʷ, ʃ, s] 等送气辅音或清擦音前。

［b，β，Φ］是特定条件下的非强制性变体，并非相应条件下只出现这些辅音，特别在女声发音中这三个变体非常少见。达斡尔语/p/辅音的音变具有明显的个人特点。

/k/有［k，ɣ，χ］三个变体。［k］是典型变体，可以出现在词内任何位置。［ɣ，χ］是特定条件下的非强制性变体，出现在非词首位置。在男声发音中，［k］出现在词首，［ɣ］出现在非词首位置，［χ］是非词首位置的自由变体，出现在音节末。在女声发音中，［k］出现在词内任何位置，［ɣ］较少见，不出现［χ］。男声大部分［ɣ］音对应于女声的［k］。与辅音/p/的语流音变相同，/k/的音变也有个人特点，所出现的变体均为特定条件（非词首）下的非强制性变体。

/s/有［s，z］两个变体。［s］是典型变体，可以出现在词内任何位置，［z］是非词首位置的非强制性变体，出现次数较少，主要出现在两个元音中间。

/n/有［n，ŋ］两个变体。［n］是典型变体，可以出现在词内任何位置，［ŋ］出现在软腭辅音之前，例如 oŋŋɔːr"萨满神灵"、joŋkʰeːn"完整的、完好的"、pʌːŋkʰʲ"水壶"等。从历史音变角度看，重叠辅音［ŋŋ］的后置辅音［ŋ］由软腭不送气清塞音 k 音变而来。在现代达斡尔语里也有部分互相交替的例词：ojuŋku ~ ojuŋŋu"重要的"、tʌŋŋə ~ tʌŋkə"烟叶"、əŋŋəl ~ əŋkəl"宽敞"等。但是这种交替现象非常少见，绝大多数发音为［ŋ·ŋ］。在非词首位置上，当/n/出现在软腭塞音之前时，先发生发音部位上的逆同化，［n］变读为软腭鼻音［ŋ］。然后使得后邻软腭音发生顺同化，也变读为［ŋ］音。可能，重叠辅音［ŋ·ŋ］的音变过程是［nk］→［ŋk］→［ŋŋ］。我们认为［ŋ］是/n/的变体，主要是因为它的出现条件非常有限。至于其历史音变轨迹，需要进行更多研究。

/l/有［l，ɫ］两个变体。［l］是典型变体，可以出现在词内任何位置。［ɫ］是非词首位置的非强制性变体，出现在送气辅音或清擦音之前，出现次数少。达斡尔语边音/l/的发音有一定的儿化趋势，但还未形成大量儿化边音。

/r/有［r，ɹ，ʒ］三个变体，但不能出现在词首位置，其中［r］是典型变体，出现次数最多，［ɹ］主要出现在送气辅音或清擦音之前，［ʒ］主要出现在女声发音中，是自由变体。

2. 腭化辅音

达斡尔语里出现 13 个腭化辅音：[pʲ，pʰʲ，tʲ，tʰʲ，kʲ，kʰʲ，ɕ，mʲ，nʲ，lʲ，rʲ，βʲ，ɣʲ]，可归纳为 11 个音位：/pʲ，pʰʲ，tʲ，tʰʲ，kʲ，kʰʲ，lʲ，mʲ，nʲ，rʲ，ɕ/。/pʲ/有 [pʲ，βʲ] 两个变体，/kʲ/有 [kʲ，ɣʲ] 两个变体。[βʲ，ɣʲ] 非常少见，只出现在非词首位置。基本辅音和腭化辅音之间互相对立，区别词义，如下。

kʲAːl "（将房子）分成间，隔开"　　kAːl "天晴，雨停"

kʰʲAːl "网兜"　　kʰAːl "缘由，原因"

nʲAːr "留恋"　　nAːr "顺斜度，顺弯度"

Alʲ "接受"　　Al "杀"

Amʲ "生命"　　Am "嘴"

bArʲ "抓住"　　bAr "结束，完"

达斡尔语腭化辅音不仅出现条件有限，有些腭化辅音和相应基本辅音之间也很难找到最小对立对儿，例如辅音/pʲ，pʰʲ，tʲ，tʰʲ，ɕ/等出现次数少，与相应的基本辅音之间也找不到最小对立对儿的例词。

3. 唇化辅音

达斡尔语里出现 12 个唇化辅音：[tʷ，tʰʷ，kʷ，kʰʷ，ʧʷ，ʧʰʷ，sʷ，ʃʷ，xʷ，lʷ，mʷ，nʷ]，归纳为 12 个音位：/tʷ，tʰʷ，kʷ，kʰʷ，ʧʷ，ʧʰʷ，sʷ，ʃʷ，xʷ，lʷ，mʷ，nʷ/。唇化辅音和基本辅音之间也互相对立，区别词义，如下。

tʷAr "下边；爱好"　　tAr "压"

tʰʷAːl "数"　　tʰAːl "喜爱"

kʷAːl "掉色"　　kAːl "天晴"

kʷAs "旗"　　kAs "柞树子"

kʰʷAl "单黑鬃黄色（马）"　　kʰAl "擦，碰"

ʧʰʷAːkʰ "鲜嫩的，新鲜的"　　ʧʰAːkʰ "腘"

ʧʷAːr "拌，搅合"　　ʧAːr "香料；麝香"

sʷAl "木排"　　sAl "离开"

ʃʷAːk "大风呼啸"　　ʃAːk "疖子"

xʷAt "亲家"　　xAt "岩石，峰"

xʷAr "雨"　　xAr "黑色"

出现次数比较少的/lʷ，mʷ，nʷ/和相应基本辅音之间难以找到最小对立对儿。

二　词内辅音分布

1. 基本辅音的分布

达斡尔语基本辅音在词中的分布情况如表3.4。从词内位置看，在音节首位置出现最多的是塞音和塞擦音（51%），其次是清擦音（15%）和边音、颤音（15%），再次是鼻音（12%），近音最少（6%）。在音节末位置，占比最多的是边音和颤音（46%），其次是塞音、塞擦音（23%）和鼻音（21%），再次是清擦音（9%），近音最少（1%）。从辅音角度看，/r/不能出现在词首；/x，f/只出现在词首；/pʰ，j，w/主要出现在音节首。辅音/p，pʰ，t，tʰ，k，kʰ，ʧ，ʧʰ，f，s，ʃ，x，j，w，m/在多数（67%以上）情况下出现在节首；/n，l/辅音在节首和节末出现的比例相当，各50%左右。大多数（72.7%）/r/辅音出现在节末，见图3.2（第172页）。

根据辅音在音节首和音节末的分布，可分为两类，第一类是主要出现在音节首的辅音，包括/p，pʰ，t，tʰ，k，kʰ，ʧ，ʧʰ，f，s，ʃ，x，j，w，m/。在这类辅音里，除/j，w，m/外，均为清辅音。第二类是主要出现在节末的辅音，即/n，l，r/等3个辅音，这三个辅音组成复辅音的能力也最高。可见，达斡尔语多数音节是以音强最弱的清音起头，以音强最强的元音为核，以音强中等的/n，l，r/等辅音结束。这种结构使得节末/n，l，r/与后邻音节节首清音之间具有显著的音强落差，凸显音节界限。

表3.4　基本辅音词内分布统计（男女数据综合）

单位：次

音位及变体		词首	节首	节末			词末			小计	合计
				单	复辅音		单	复辅音			
					前置	后置		前置	后置		
p	p	196	110	17			18			341	488
	β		84	10			21	2		117	
	Φ			6						6	
	b		24							24	
pʰ	pʰ	74	24	2			2			102	102

续表

音位及变体		词首	节首	节末			词末			小计	合计
				单	复辅音		单	复辅音			
					前置	后置		前置	后置		
t	t	160	225	14		12	33		14	458	458
tʰ	tʰ	199	241	27		8	33		42	550	550
k	k	173	104	13			49			339	569
	ɣ		141	22	1		35		13	212	
	χ			6			12			18	
kʰ	kʰ	195	292	21			25		13	546	546
ʧ	ʧ	124	110	1		4	55		9	303	303
ʧʰ	ʧʰ	99	200	24		4	40		22	389	389
s	s	148	199	40		2	102		26	517	543
	z		16	4			6			26	
ʃ	ʃ	133	50	39			16			238	238
x	x	278	2							280	280
f	f	10								10	10
m	m	102	175	66			57	1		401	401
n	n	107	193	195	6		41	32		574	816
	ŋ		79	114	3		1	45		242	
l	l	52	503	303	2		187	25		1072	1076
	ɬ			2					2	4	
r	r		228	211	13		280	46		778	983
	ɻ		2	61			10	4		77	
	ʒ		38	61			29			128	
148	j	74	65	2			7				148
189	w	93	80				16				189
总计		2217	3185	1261	25	30	1075	157	139		**8089**

2. 腭化辅音和唇化辅音的分布

大多数腭化辅音只出现在词首位置，如表 3.5 所示，腭化辅音也很少参与复辅音。

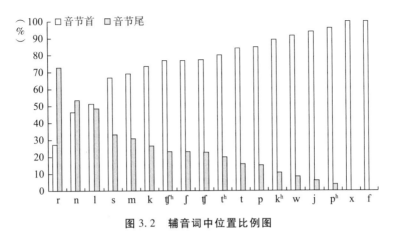

图 3.2　辅音词中位置比例图

表 3.5　腭化辅音词内分布统计（男女数据综合）

单位：次

音位及变体		词首	节首	节末			词末			合计
				单	复辅音 前置	复辅音 后置	单	复辅音 前置	复辅音 后置	
pʲ	pʲ	1								6
	βʲ			3			2			
pʰʲ	pʰʲ	5								5
tʲ	tʲ	11		1						12
tʰʲ	tʰʲ	8								8
kʲ	kʲ	18								23
	ɣʲ			2			3			
kʰʲ	kʰʲ	16					5		12	33
ç	ç	8								8
mʲ	mʲ	18		6			2			26
nʲ	nʲ	20	3	6			7			36
lʲ	lʲ		31	2			6			39
rʲ	rʲ			8			4			12
总计		105	34	28			29		12	208
占比		50%	16%	13%			14%		6%	

与腭化辅音相同，绝大多数唇化辅音也只出现在词首，很少参与复辅音，见表 3.6。

表 3.6　唇化辅音词内分布统计（男女数据综合）

单位：次

音位	词首	词中音节首	词中音节尾			词尾			合计
			单	复辅音		单	复辅音		
				前置	后置		前置	后置	
tʷ	13								13
tʰʷ	9								9
kʷ	25	2							27
kʰʷ	10	4							14
ʧʷ	13								13
ʧʰʷ	7								7
sʷ	12								12
ʃʷ	8								8
xʷ	39								39
mʷ	3								3
nʷ	2								2
lʷ	1								1
总计		142	6						148

　　达斡尔语词首辅音类型丰富，发音稳定。非词首辅音易发生音变，比如塞音擦化、清音浊化，颤音擦化等多个"辅音弱化"音变均发生在非词首位置。一般情况下，由清音承担音节首，由鼻音、边音和颤音承担音节末。承担音节末的这些辅音能够参与词内音高变化，有时可以承担音高峰。

三　达斡尔语辅音表

　　表 3.7 为达斡尔语辅音表。

表 3.7　达斡尔语辅音表

发音方法 ＼ 发音部位		双唇	下唇	舌尖 – 舌叶		舌尖	舌叶 – 舌面前	舌面后
			下齿	齿 – 龈	龈	龈后	龈 – 硬腭前	软腭
塞	不送气	p		t				k
	送气	Pʰ		tʰ				kʰ
塞擦	不送气						ʧ	
	送气						ʧʰ	

续表

发音方法 ＼ 发音部位		双唇	下唇	舌尖-舌叶		舌尖	舌叶-舌面前	舌面后
			下齿	齿-龈	龈	龈后	龈-硬腭前	软腭
擦	清		f		s		∫	x
	浊							
	鼻	m			n			
	边				l			
	颤					r		
	近	w					j	

达斡尔语的发音腔体包括口腔和鼻腔。口腔内的发音部位覆盖双唇、唇齿、齿-龈、龈、龈后、硬腭前、软腭等部位。发音部位之间的对立主要体现在塞音、清擦音、鼻音和近音里。达斡尔语辅音的发声态相对简单，塞音、塞擦音和擦音均为清音（在特定条件下有浊化变体），鼻音、边音、颤音和近音均为浊音（也有清化变体）。发音方法主要有塞、塞擦、擦、舌边出声、颤、近音等几种，其中塞音类和塞擦音类需要进一步分为送气辅音和不送气辅音。塞音和擦音内部分类最多，塞音类包含三个不同部位的 6 个辅音，擦音类包含四个不同部位的 4 个辅音。

第三节 区别特征

一 区别特征概述

音位是具有辨义作用的最小语言单位。不同的音位互相对立，区分不同的词。以上探讨了达斡尔语音位对立，比如在 pʌis "高兴"、~pʌːs "粪便"、~pʌs "又" 等词之间，辅音及其音序完全相同，仅靠元音区分。在 pʌis~pʌːs 之间，元音长度相近，而一个是复合元音，另一个则是单元音。在 pʌːs~pʌs 之间，两个均为单元音，舌位相同，但长度不同，因而能够区分其词义。在 pʌis~pʌs 之间，起到辨义作用的却不仅仅是单音和复合音的区别，音长也不同，即元音的组合性和长度共同形成了这两个词的区别。同样，在 ［Alʲ］ "接受" 和 ［Am］ "口、嘴" 两个词之间，辅音 ［lʲ］ 对立于辅音 ［m］，在音位层面形成最小对立对儿。但在这两个辅音之间，

"腭化/非腭化"、"舌尖/双唇"、"舌边/非舌边"、"口腔共鸣/鼻共鸣"等多个特征或对立或不同，并不像 pАːs ~ pАs 里的 Аː ~ А，只依靠"长/短"一个对立特征来区别词义。

可见，一个音位包含多个语音特征，音位之间的对立也可以进一步细化为特征之间的对立。在一些音位之间，只需一种特征的对立，即可完成辨义任务，比如达斡尔语同部位塞音之间送气与否的对立 [p/pʰ, t/tʰ, k/kʰ]，或者元音 [А] 与 [ə] 在舌位高/低上的对立等。而在有些音位之间，具有两个或两个以上不同特点共同形成对立，比如上述辅音 [lʲ] 与 [m] 之间，或元音 [i] 与 [uː] 之间（前/后、圆唇/展唇、短/长）。针对这一特性，人们提出了"区别特征"。20 世纪 30 年代，由特鲁别茨柯依提出区别特征的概念，琼斯为其命名，Jakobson、Chomsky、Ladefoged 等学者先后提出 12 对、27 对或 20 对等不同的区别特征方案①，用于分析音位和描写音位规则。区别特征学说已经成为现代语音学和音系学重要理论。因为任何语言代码都有一套有限的区别特征，有一套有限的规则来组织它们成为音位，组织音位为序列。这一套复合的东西，叫作音位模式。②

蒙古语和达斡尔语的音系特征比较相近。在国内蒙古语语音研究中，最早应用区别特征理论的是《蒙古语的元音和谐与元音音位对立的中和》③一文。该文针对现代蒙古语标准音元音提出 7 对区别特征（长/短、紧/松、圆/展、前/不前、后/不后、高/不高、低/不低），区分了蒙古语 21 个元音。

其后，在《标准音——察哈尔土语》里针对蒙古语察哈尔土语元音和辅音分别提出了 6 对和 8 对区别特征。6 对元音区别特征分别为：单/双、短/长、阳/阴、圆唇/非圆唇、前/后、低/高；8 对辅音区别特征分别为：单一阻塞（碍）/多重阻塞（碍）、发音器官肌肉紧张/发音器官肌肉放松、声带振动/声带不振动、口音/鼻音、塞/擦、唇/舌、送气/不送气、腭化/非腭化。④

---

① 赵忠德：《音系学》，上海外语教育出版社，2006，第 128 ~ 141 页。
② Roman Jakobson, G. Gunnar, Fant, Morris Halle：《语音分析初探——区别性特征及其相互关系》，王力译，《国外语言学》1981 年第 3 期。
③ 道布：《蒙古语的元音和谐与元音音位对立的中和》，《民族语文》1984 年第 2 期。
④ 诺尔金：《标准音——察哈尔土语》（蒙古文），内蒙古人民出版社，1998，第 174 ~ 178、271 ~ 281 页。

除此之外，有人用 16 对区别特征区分蒙古语元音和辅音，分别是音节性、辅音性、响音性、高位性、后位性、前位性、低位性、圆唇性、前部性、紧性、舌脊性、浊音性、延续性、鼻音性、边音性、送气性等。[①] 但忽略了区分长短元音。

《现代蒙古语正蓝旗土语音系研究》提出 11 对区别特征，分别为元音性/非元音性、辅音性/非辅音性、暂音性/延音性、糙音性/润音性、降音性/平音性、浊音性/清音性、鼻音性/口音性、聚音性/散音性、钝音性/锐音性、送气/不送气、高音/低音等。[②]

还有人利用蒙古语阴阳元音格局，提出"4 个器官、8 个特征、16 个元音"的区别特征。[③] 4 个器官分别为声带、口、咽、唇。声带不同的振动状态可产生"阴/阳"两种特征；口腔开合程度产生"高/低"两种特征；咽腔的大小可产生"前/后"两种特征；双唇的圆展状态产生"圆唇/展唇"两种特征。该 8 种特征互相组合，形成区别特征矩阵，可区分 16 个元音，详见原著第 29 页表 10。

区别特征理论来自西方语言学，蒙古语语音研究者们提出的特征集却各有特点。有的人直接引用 Jakobson 或 Chomsky 等人的区别特征系统，套用于蒙古语语音。而有些学者基于蒙古语特点，提出自成体系的区别特征集。不管是哪一种，都做出了不凡的努力。区别特征理论在西方语言学里的应用中不难看出，特征矩阵的功能不仅仅是区分不同的音位，更重要的是辨认自然类，进而编写音系规则。

正如以上所述，区别特征的提出源于音系研究，但基于语音的物理和生理特征。"区别特征的定义依赖于发音机制，因此区别特征是连接音韵表达和语音表达的纽带，音韵现象可以在语音层次上得到解释。也就是说音系现象千变万化，都离不开发音机制的制约。……给区别特征进行定义，需要考察两个方面的内容。首先是数量，区别特征必须足以描写世界上所有语言的语音。其次是选择，语音的特征很多，作为区别特征的语音特征，

---

① 孟和宝音:《区别特征学说与现代蒙古语音位模式》,《内蒙古师大学报》（哲学社会科学版）2000 年第 1 期。
② 宝玉柱、孟和宝音:《现代蒙古语正蓝旗土语音系研究》,民族出版社,2011,第 161～166 页。
③ 金刚:《蒙古语言文化研究》（蒙古文）,民族出版社,2013,第 7～36 页。

必须能够概括语音在音系中的行为"。① 区别特征的选用基本上有两种：一种是以物理特性为主，如 Jakobson 的 12 对区别特征；另一种是以语音的发音机制为主，如 Chomsky 和 Halle 在《英语音系》（SPE, *Sound Pattern of English*）中提出的区别特征。Chomsky 和 Halle 的区别特征系统也是生成音系学的基石之一，Hayes 在他的 *Introductory Phonology* 中主要根据 SPE，提出 30 个区别特征，用于划分自然类和解释音系规则。② 下面简要介绍 Hayes 的区别特征集。

语音响度级（sonority）是人类语言共有特征，响度从大到小，可排序为元音（vowels）、滑音（glides）、流音（liquids）、鼻音（nasals）、阻音（obstruents）等几个等级。Hayes 的区别特征从宏观到微观，首先根据响度级提出四个特征，区分所有的音。这四个特征是 sonorant、syllabic、consonantal、approximant，即响音性、音节性、辅音性、近音性③。原著 76 页表 4.1 展示了如何用这四个特征区分元音、滑音、流音、鼻音和阻音。其中，syllabic（音节性）主要用来区分可以充当音节核（主要为元音）的音素和不可充当音节核的音素，上述五种音中，只有元音具有 + syllabic④ 特征，而其他的都是 − syllabic。阻音和其他音的主要区别是有无 sonorant 特征，阻音是 − sonorant，而其他所有音则 + sonorant。但在阻音里包括塞音、塞擦音和擦音等多种音，需要进一步区分。Hayes 用 continuant（延续性或连续性）和 delayed release（延迟除阻性）两个特征区分了这些阻音。即：塞音和塞擦音是 − continuant，而擦音是 + continuant；塞音是 − delayed release，而塞擦音和擦音是 + delayed release。详见原著 79 页表 4.2。还有两个常见辅音，颤音和闪音，为其 Hayes 设立了 trill 和 tap 两个特征。他也用 nasal 来区分鼻音和口音。

从辅音发音部位角度，Hayes 首先根据主动发音器官，提出 labial、coronal、dorsal 等三个特征。+ labial 表示唇音，− labial 则表示其他音；+ co-

---

① 包智明、侍建国、许德宝：《生成音系学理论及其应用》（第二版），中国社会科学出版社，1997，第 31 ~ 32 页。

② Bruce Hayes: *Introductory Phonology*, UK: John Wiley & Sons Ltd., Blackwell Publishing, 2009, p70 − 99.

③ 区别特征的汉译名和缩写主要参考了赵忠德的《音系学》和包智明等人的《生成音系学理论及其应用》等著作。

④ + 号表示某个音具有此类特征，− 号表示该音无此类特征。

ronal 表示舌冠音，－coronal 则非舌冠音；＋dorsal 为舌面音（tongue body），
－dorsal 则非舌面音。对于喉音（glottal）来说，其特征则是－labial，－co-
ronal，－dorsal。

　　舌冠是一个非常活跃的发音器官，包含舌尖和舌叶，用舌冠所发的音
类丰富又复杂。对于具有＋coronal 特征的舌冠音，Hayes 进一步提出 anteri-
or、distributed、strident 和 lateral 等四个特征，用于区分不同的舌冠音。an-
terior 为前部性或齿前性，具有＋anterior 特征的音的发音部位在齿背以及齿
龈上，具有－anterior 特征的音则在龈脊之后。distributed 为散布性或宽阻
性，用舌叶发的音具有＋distributed 特征，而用舌尖发的音则有－distributed
特征。strident 为刺耳性或咝音性，Hayes 定义只有［s，z，ts，dz，ʃ，ʒ，
ʧ，ʤ］等舌冠咝音（sibilants）才有＋strident 特征，其他音的特征为－stri-
dent。lateral 为边音性，舌体中部成阻，气流从舌的两边（或一边）通过的
音均有＋lateral 特征，其他音则无此特征。

　　Hayes 又提出 round 和 labiodental 两个特征区分不同的唇音（labial）。
round 为圆唇性，labiodental 为唇齿性。

　　舌面（dorsal）是舌面辅音和元音共享的发音器官，因此可以用元音
back、front、high、low 等特征区分不同的舌面辅音，详见原著 88 页的
表 4.5。

　　针对硬腭化、唇化、喉化、软腭化等次要发音特征，Hayes 建议将
＋dorsal、＋labial 和 high、low、front、back 等特征组合使用，区别此类音，
比如硬腭化可以表示为＋dorsal，＋high，－low，＋front，－back，软腭化
可以表示为＋dorsal，＋high，－low，－front，＋back，唇化可以表达为
＋labial，＋round。

　　从发声态角度，Hayes 提出 voice、spread glottis、constricted glottis、im-
plosive 等四个区别特征。voice 用来区分清浊音，浊音有＋voice 特征，清音
有－voice 特征。spread glottis 主要用于表达 h、ɦ 等辅音以及送气辅音，这
些音均有＋spread glottis 特征。＋constricted glottis 则是喉塞音、挤喉音以及
具有此类特征的音（比如英语的前喉塞［t］以及朝鲜语的紧喉塞音等）的
特征，其他音无此类特征。＋implosive 是缩气音的特征。

　　对于元音来讲，最主要的三个特点是舌位高低、舌位前后和唇形圆展。
一般语言都有前、央、后和高、中、低等不同的元音，不管是舌位高低维

度还是前后维度，都需要三分。而区别特征理论的基本原则是偶分法。Hayes 用 back、front 两种特征区分了前、央、后三种元音，前元音具有 − back，＋ front 特征，央元音具有 − back，− front 特征，后元音有 ＋ back，− front 特征。可用同样思路解决高、中、低三种元音的区分，但英语元音在舌位高低维度上需要更加细致的分层，一般分为七个等次。为此，Hayes 在 high、low 两个特征上加一个 tense 特征区分了英语所有元音。Hayes 的元音区别特征是 back、front、high、low、tense、round 等 6 种，详见原著 82 页表 4.4。除此之外，Hayes 还建议必要时增加 Advanced Tongue Root（ATR）、long、nasal、stress 等特征，用于区分不同语言里的元音。

总结 Hayes 提出的区别特征如下：

辅音发音方法特征：sonorant、syllabic、consonantal、approximant、continuant、delayed release、trill、tap、nasal。

辅音发音部位特征：labial、coronal、dorsal、anterior、distributed、strident、lateral、round、labiodental、high、low、front、back。

发声态特征：voice、spread glottis、constricted glottis、implosive。

元音特征：back、front、high、low、tense、round、ATR、long、nasal、stress。

二　达斡尔语的语音区别特征

正如 Hayes 所述，人们一般不用 stop（塞）、fricative（擦）、affricate（塞擦）等当作区别特征，而另谋他路，主要是因为人们使用区别特征，不仅仅是为了区分不同的音位，更重要的是划分音的自然类和编写音系规则。塞音、擦音、塞擦音等术语虽然是人人皆知的通用概念，但往往不足以划分自然类。① 本文主要参考 Hays 的区别特征矩阵，结合达斡尔语实际，提出以下区别特征。

元音区别特征如下，详见表 3.8 − a。

音节性（syllabic），缩写为 syl，可以担任音节核的所有元音都有 ＋ syl 特征，而辅音一般不能当音节核，因此辅音的特征是 − syl。syl 是区分元音

---

① Bruce Hayes：*Introductory Phonology*，UK：John Wiley & Sons Ltd.，Blackwell Publishing，2009，p74 − 75.

和辅音的主要特征。

前位性（front）和后位性（back），用 front 和 back 可区分达斡尔语舌位前后维度上的不同元音，前元音具有 + front， - back 特征，央元音具有 - front， - back 特征，后元音具有 - front， + back 特征。

高位性（high）和低位性（low），高元音具有 + high， - low 特征，中元音具有 - high， - low 特征，低元音具有 - high， + low 特征。

圆唇性（round），圆唇元音有 + round 特征，展唇元音有 - round 特征。

长音性（long），长元音有 + long 特征，短元音有 - long 特征。

表 3.8 - a　元音区别特征矩阵

	syl	front	back	high	low	round	long
ʌ	+	-	-	-	+	-	-
ə	+	-	-	-	-	-	-
i	+	+	-	+	-	-	-
o	+	-	+	-	-	+	-
u	+	-	+	+	-	+	-
ʌː	+	-	-	-	+	-	+
əː	+	-	-	-	-	-	+
iː	+	+	-	+	-	-	+
oː	+	-	+	-	-	+	+
uː	+	-	+	+	-	+	+
eː	+	+	-	-	-	-	+

辅音区别特征如下，详见表 3.8 - b。

音节性（syllabic），达斡尔语所有辅音都具有 [- syl] 特征。

响音性（sonorant），缩写为 son。所有阻音（包括塞音、塞擦音、擦音）都具有 - son 特征，其他音具有 + son 特征。达斡尔语 [p, pʰ, t, tʰ, k, kʰ, ʧ, ʧʰ, s, ʃ, f, x] 等音有 - son 特征，[n, m, l, r, j, w] 等音有 + son 特征。

延续性（continuant），缩写为 cont。cont 主要用来区分辅音发音过程中的阻塞和阻碍情况，[p, pʰ, t, tʰ, k, kʰ, ʧ, ʧʰ, n, m] 等阻塞音具有 - cont 特征，[s, ʃ, f, x, l, r, j, w] 等阻碍音具有 + cont 特征。

延迟除阻性（delayed release），缩写为 del rel。del rel 用于表达辅音除

阻后的发音方法，[ʧ，ʧʰ，s，ʃ，f，x] 等除阻后仍然保持阻碍状态的塞擦音和擦音具有 + del rel 特征，口腔塞音具有 − del rel 特征。达斡尔语边音 [l] 具有一定的擦音特性，因此我们认为边音 [l] 也有 + del rel 特征，颤音 [r] 虽然形成短暂的阻塞，但瞬间除阻，不维持阻碍状态，因此具有 − del rel 特征。这一点不同于 Hayes 的特征应用（见 Hayes 原著 95 页表 4.7）。

湍流性（turbulent），缩写为 turb。该特征为本文专设的区别特征，用于区分在发音过程中出现长湍流的音和无湍流（或湍流较少）的音。"turbulence" 为物理学术语，指湍流。该术语引用到语音学里，描述发 [s] 等音时出现的气流不规则流动。湍流也是清擦音最显著特征，通常可听到咝咝声。[①] 本文专设 turbulent（turbulence 的形容词）特征，主要目的是将清擦音和送气辅音归为一个自然类。达斡尔语等蒙古语族语言中，具有强气流特征的清擦音和送气塞（擦）音往往组成自然类，在语流音变中当作清擦化的音变条件。在 Hayes 的特征集里，可选用 strident 表达清擦特征，也可用 spread glottis 表达送气性。但把这两类放在一起，组成一个自然类的时候，strident 和 spread glottis 两个特征都不足以概括，因此本文专设一个特征 turbulent。清擦音和送气塞（擦）音都具有 + turb 特征，其他辅音有 − turb 特征。不送气塞擦音 [ʧ] 在发音过程中也携带湍流，但其时长较短，明显不同与清擦音和送气段的湍流，对前后音素也无清化作用。

唇音性（labial），缩写为 lab。辅音发音部位分类之一，唇参与发音的辅音都具有此类区别特征，即 [p，pʰ，f，m，w] 以及唇化辅音都具有 + lab 特征，其他辅音有 − lab 特征。

舌冠音性（coronal），缩写为 cor。舌冠（舌尖和舌叶）参与发音的辅音均有此类特征，即 [t，tʰ，ʧ，ʧʰ，s，ʃ，n，l，r] 等辅音具有 + cor 特征，其他辅音具有 − cor 特征。

前部性或齿前性（anterior），缩写为 ant。anterior 是舌冠音里的进一步分类，发音部位在齿背和齿龈上的辅音具有此类特征，比如 [t，tʰ，s，n，l] 等辅音具有 + ant 特征，而 [ʧ，ʧʰ，ʃ，r] 有 − ant 特征。

---

① R.L. 特拉斯克：《语音学和音系学词典》，语文出版社，2000，第 269 页。

散布性或宽阻性（distributed），缩写为 dist。distributed 也是舌冠音里的进一步分类，［t，tʰ，s，n，l，r］等用舌尖或舌尖和舌叶共同参与发的音有 – dist 特征，［ʧ，ʧʰ，ʃ］等只用舌叶而舌尖不参与的音有 + dist 特征。发 – dist 特征的音时，有时只有舌尖参与，比如［s，r］，有时部分舌叶也会参与成阻，比如［t，tʰ，n，l］，但成阻面积相比［ʧ，ʧʰ，ʃ］窄。

舌面音性（dorsal），缩写为 dor。舌面前、舌面中、舌面后等部位参与发音的音具有 + dor 特征，其中包括硬腭前的［j］以及［k，kʰ，x］等软腭辅音和腭化辅音。

front 和 back，这两个特征是舌面音内部的进一步分类，舌面参与的同时成阻部位（或次要发音部位）相对靠前的音有 + front，– back 特征，成阻部位相对靠后的音有 – front，+ back 特征，中间的音有 – front，– back 特征。达斡尔语腭化辅音和［ʧ，ʧʰ，ʃ，j］等音都具有 + dor，+ front，– back 特征，也是一个自然类。［w］和唇化辅音［kʷ，kʰʷ，xʷ］则具有 + dor，– front，+ back 特征。基本辅音［k，kʰ，x］有 + dor，– front，– back 特征。

high 和 low，主要用于区分软腭塞音和舌面其他辅音，［k，kʰ，kʲ，kʰʲ，kʷ，kʰʷ］等辅音具有 + dor，+ high 特征，其他舌面辅音具有 + dor，– high 特征。

圆唇性（round），发音时携带唇合拢并凸出动作的辅音具有此类特征，达斡尔语唇化辅音和［w］音都具有 + lab，+ round 特征。

合理运用上述 13 个特征，完全能够区分达斡尔语 41 个辅音音位的典型变体。若要完整描写每一个音位，或考虑编写音系规则的简便性，可以再增加颤音性（trill）、鼻音性（nasal）、边音性（lateral）等特征。

表 3.8 – b 为达斡尔语辅音系统的区别特征矩阵，+ 代表具有此类特征，– 代表无此类特征，0 则表示该音的发音与此类特征无关。

表 3.8 – b　辅音区别特征矩阵

	syl	son	cont	del rel	turb	lab	cor	ant	dist	dor	front	back	high	low	round
p	–	–	–	–	–	+	–	0	0	–	0	0	0	0	–
pʰ	–	–	–	–	+	+	–	0	0	–	0	0	0	0	–

续表

	syl	son	cont	del rel	turb	lab	cor	ant	dist	dor	front	back	high	low	round
t	−	−	−	−	−	−	+	+	−	−	0	0	0	0	−
tʰ	−	−	−	−	+	−	+	+	−	−	0	0	0	0	−
s	−	−	+	+	+	−	+	+	−	−	0	0	0	0	−
f	−	−	+	+	+	+	−	0	0	−	0	0	0	0	−
n	−	+	−	0	−	−	+	+	−	−	0	0	0	0	−
m	−	+	−	0	−	+	−	0	0	−	0	0	0	0	−
l	−	+	+	+	−	−	+	+	−	−	0	0	0	0	−
r	−	+	+	−	−	−	+	−	−	−	0	0	0	0	−
tʷ	−	−	−	−	−	+	+	+	−	−	0	0	0	0	+
tʰʷ	−	−	−	−	+	+	+	+	−	−	0	0	0	0	+
ʧʷ	−	−	−	+	−	+	+	−	+	−	0	0	0	0	+
ʧʰʷ	−	−	−	+	+	+	+	−	+	−	0	0	0	0	+
sʷ	−	−	+	+	+	+	+	+	−	−	0	0	0	0	+
ʃʷ	−	+	+	+	+	+	+	−	+	−	0	0	0	0	+
lʷ	−	+	+	+	−	+	+	+	−	−	0	0	0	0	+
mʷ	−	+	−	0	−	+	−	0	0	−	0	0	0	0	+
nʷ	−	+	−	0	−	+	+	+	−	−	0	0	0	0	+
k	−	−	−	−	−	−	0	0		+	−	−	+	−	−
kʰ	−	−	−	−	+	−	0	0		+	−	−	+	−	−
x	−	−	+	+	+	−	0	0		+	−	−	−	−	−
w	−	+	+	0	−	+	0	0		+	−	+	−	−	+
kʷ	−	−	−	−	−	+	0	0		+	−	+	+	−	+
kʰʷ	−	−	−	−	+	+	0	0		+	−	+	+	−	+
xʷ	−	−	+	+	+	+	0	0		+	−	+	−	−	+
ʧ	−	−	−	+	−	−	+	−	+	+	+	−	−	−	−
ʧʰ	−	−	−	+	+	−	+	−	+	+	+	−	−	−	−
ʃ	−	−	+	+	+	−	+	−	+	+	+	−	−	−	−
j	−	+	+	0	−	−	−	0	0	+	+	−	−	−	−
pʲ	−	−	−	−	−	+	−	0	0	+	+	−	−	−	−
pʰʲ	−	−	−	−	+	+	−	0	0	+	+	−	−	−	−
tʲ	−	−	−	−	−	−	+	+	−	+	+	−	−	−	−

续表

	syl	son	cont	del rel	turb	lab	cor	ant	dist	dor	front	back	high	low	round
tʰʲ	−	−	−	−	+	−	+	+	−	+	+	−	−	−	−
kʲ	−	−	−	−	−	−	−	0	0	+	+	−	+	−	−
kʰʲ	−	−	−	−	+	−	−	0	0	+	+	−	+	−	−
lʲ	−	+	+	+	−	−	+	+	−	+	+	−	−	−	−
mʲ	−	+	−	0	−	+	−	0	0	+	+	−	−	−	−
nʲ	−	+	−	0	−	−	+	+	−	+	+	−	−	−	−
rʲ	−	+	+	−	−	−	+	−	−	+	+	−	−	−	−
ç	−	−	+	+	+	−	−	0	0	+	+	−	−	−	−

第四节　语音音变

本节所用的表达式符号意义如下。

符号	ø	C	C₀	σ	#	→	/	＿＿
意义	空位、脱落	辅音	音节首辅音	音节	词界	变为	在……条件下	目标位置

一　元音音变

达斡尔语元音音段音变有基本元音鼻化、复合元音单音化、央或后元音前化等几种。除此之外还有两种超音段音变，即非词首音节元音短化和词末短元音弱化。

1. 基本元音鼻化

V + n 组合出现在单词末尾位置时，元音鼻化，鼻音消失，如图 3.3。

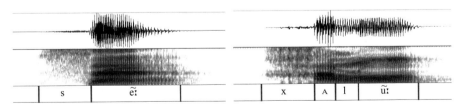

图 3.3　元音鼻化图例，sẽ："好"（M）、xAlũ："热"（M）

男声发音中共有 274 个词末 V + n 组合，其中 249 个例词里元音鼻化，鼻音消失；25个例词里保留着鼻音，元音受鼻音影响，有鼻化表现。女声发音中共有308个词末 V + n 组合，其中294个例词里元音鼻化，鼻音消失；14个例词里保留着鼻音，元音受鼻音影响，有鼻化表现。可见，词末出现的绝大多数 V + n 组合里的元音都会鼻化。元音鼻化时，其舌位、音强与正常元音相同，音长会拉长。但是 V + m 组合里的元音不会鼻化，鼻音 [m] 也不会脱落。

表达式：（1）［+ syl］→［+ syl，+ nasal］/＿＿＿［+ nasal，+ cor，

－dor，－lab］#

（2）［+ nasal，+ cor，－dor，－lab］→ø/＿＿＿#

解释：（1）出现在词末 V + n 组合里的元音鼻化。

（2）出现在词末的鼻音 n 脱落。

2. 复合元音单音化

出现在多音节词末尾位置的复合元音 [əi] 单化为 [eː] 元音，主要是动词陈述式现在 - 将来时词缀 - pəi 里的 [əi] 单化为 [eː] 元音，例如 Aipeː "害怕"、tʷAlləpeː "喜爱" 等，见图3.4。复合元音的单化也是自由音变现象，在有些人的发音里单化，有些人发音里不发生单化。

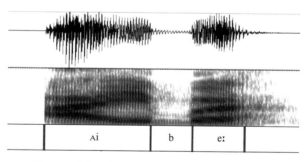

图3.4 复合元音单化例图，Aibeː "害怕"（M）

3. 央、后元音前化

低、央、展唇短元音/A/在高舌面前位辅音（腭化辅音以及 [ʧ，ʧʰ，ʃ，j]）环境中（前邻或后接），或在后续音节中有前元音时，前高化，发为中、前元音 [ɛ]，唇形不变。后元音 o、u 在高舌面前位辅音环境或在后续音节中有前元音时，也会前化为 [ʏ，ɵ] 或 [ʉ，y]，唇形不变。在上述两个条件里出现短元音前化现象，但并非所有出现在这种条件下的/A，o，u/等元音都会前化，只有少部分才前化，大部分元音还尚未前化。显然

达斡尔语的元音前化是特定条件下的非强制性变体。

4. 非词首音节元音短化

达斡尔语非词首音节元音的发音相对短，长元音尤其明显，但不会变读为短元音。元音短化是一种超音段特征，与词重音关系密切，相关分析见第一章和第四章。

5. 词末短元音弱化

达斡尔语词末短元音的弱化是另一个表现在元音上的超音段特征。词末短元音的舌位接近相应非词末短元音，而音强和音高明显变弱。相关分析见第四章。

二 辅音音变

达斡尔语辅音主要音变均为同化音变，有发音部位上的后化以及发音方法上的擦化、清化、浊化等几种。后化是条件音变。其他音变虽然也有特定条件，但均为特定条件下的非强制性音变，有时变，有时不变。或者因人而异。这些音变现象首先为位置变体，主要出现在非词首位置。其次是邻音变体，部分音受到邻音影响发生音变。

（1）前鼻音后化。鼻音/n/出现在软腭辅音/k/、/kʰ/以及相应腭化或唇化辅音之前，逆同化为软腭鼻音［ŋ］。

表达式：［+ nasal，+ cor，- dor，- lab］→［- cor，+ dor］/ ____
［- syl，+ dor，+ high］

解释：出现在软腭 - 舌面塞音（高位音）之前的舌冠鼻音被同化为舌面鼻音。

（2）擦化，指的是①塞音失去阻塞特征，只形成阻碍，不形成阻塞。比如/p/、/k/的典型变体为［p］［k］，但出现在词中时擦化，发为［β］［ɸ］或［ɣ］［χ］。在我们这次实验中，男声塞音擦化情况较多，女声较少。擦化后因前后语境的不同，有时发为浊擦音，有时发为清擦音，清擦音主要出现在送气辅音或清擦音之前，浊擦音出现在其他语境中。②颤音/r/的典型变体为［r］，有时失去颤的特征，只有舌尖翘起动作，形成颤音的舌姿态，而并未颤动，表现为擦音［ɹ］或［ʒ］。辅音［ɹ］是清擦音，主要出现在送气辅音或清擦音前。［ʒ］是浊擦音，出现在词中或词末，主要在两个元音之间。在我们这次实验中发现女声颤音浊擦化较多，男声较少。

表达式（1）$[-syl, -son, -con, -del\ rel, -turb, -cor] \rightarrow [+con, +del\ rel, -\alpha voice] / C_0\underline{\quad} [\alpha turb]$

解释：出现在非词首位置的双唇和舌面（非舌冠）不送气塞音擦化；若其后出现的是送气或清擦音（具有 +turb 特征的音），变为清擦音 -voice，在其他音之前变为浊擦音。

表达式（2）$[-syl, +con, -del\ rel, +cor, -ant, -dist] \rightarrow [+del\ rel] / C_0\underline{\quad}$

解释：出现在非词首位置的舌尖–龈后颤音擦化。

（3）清化。出现在辅音/l/上，出现在送气辅音或清擦音之前，发清化的 [ɬ] 音。

表达式：$[-syl, +lateral, +voice] \rightarrow [-voice] / \underline{\quad} [-syl, +turb]$

解释：出现在具有强湍流特征辅音（送气和清擦）之前的边音清化。

（4）除此之外，/s/有浊化变体 [z]，/p/有浊化变体 [b]。

第五节　拉丁转写系统

达斡尔语已有记音符号体系使用 6 个元音字母、18 个母语辅音字母和 11 个借音字母转写达斡尔语[1]，相关介绍见本文的绪论部分以及相关文献。我们根据本文音系归纳结果，参考前人记音符号体系，提出以下拉丁化转写符号系统。

一　字母表

元音字母：a、e、i、o、u

辅音字母：b、p、d、t、g、k、j、q、s、x、h、m、n、l、r、f、y、w

拉丁转写字母与音系之间的对应见表3.9。

---

① 恩和巴图：《达斡尔语记音符号》，《内蒙古大学学报》（哲学社会科学版），1983 年第3 期。

表 3.9　达斡尔语音位与拉丁字母对应

元音	音位	A	ə	i	o	u	Aː	əː	iː	eː	oː	uː	Ai	əi	oi	ui
	拉丁	a	e	i	o	u	aa	ee	ii	ie	oo	uu	ai	ei	oi	ui
辅音	音位	p	pʰ	t	tʰ	k	kʰ	tʃ	tʃʰ	s	ʃ	x	m	n	l	Ao
	拉丁	b	p	d	t	g	k	j	q	s	x	h	m	n	l	ao
	音位	r	f	j	pʲ	pʰʲ	tʲ	tʰʲ	kʲ	kʰʲ	lʲ	mʲ	nʲ	rʲ	ç	əu
	拉丁	r	f	y	by	py	dy	ty	gy	ky	ly	my	ny	ry	hy	eu
	音位	w	tʷ	tʰʷ	kʷ	kʰʷ	tʃʷ	tʃʰʷ	sʷ	ʃʷ	xʷ	lʷ	mʷ	nʷ		
	拉丁	w	dw	tw	gw	kw	jw	qw	sw	xw	hw	lw	mw	nw		

二　转写规则

（1）基本规则：以音位形式记录词汇，不记录音变。

（2）元音记录规则：以单个元音字母拼写短元音，以双元音字母拼写长元音和复合元音，比如 aa、ai、ao 等。

（3）辅音记录规则：以单个辅音字母拼写基本辅音，基本辅音之后加 y 拼写腭化辅音，基本辅音后加 w 拼写唇化辅音。

（4）省略规则：当腭化辅音和唇化辅音出现在 i 和 u 元音之前时省略腭化和唇化符号 y、w。腭化辅音重叠出现时，比如 pəːlʲlʲi "呕吐"、nilʲlʲAːn "黏的"，不记录前一个腭化辅音的腭化符号，记为 pəːlli、nillyAːn 等。

（5）变音规则：词中重叠辅音［ŋ］转写为 nk，例如 danke "烟"。

（6）借音规则：汉语借词使用汉语拼音直接拼写。

转写实例见附录一的实验词表节选。

第四章

超音段特征

超音段（supersegmental）是对比元音、辅音等音段而讲的概念。最常见的超音段为重音和声调。本文所指的超音段特征包括词内音调以及音段组合特征。将词内音高、音强分布及互相制约模式称为词内音调，以此与句子韵律和单词声调进行区别。音段组合特征包括元音和谐律、音节结构外，还探讨词内音节组合特点。

第一节　词内音调

一　音高

达斡尔语没有声调，音高变化无区别词义或表达语法意义的功能。[①]但，音高模式是言语自然度的主要表现之一，是句子韵律模式的基础，也是非母语人不易掌握的部分，或者容易被辨别为"后学者"的依据。达斡尔语音高不是某个音素的特征，而是整个音节或整个单词的特征。分析音高时不仅要考察每个音素音高曲线的变化，更重要的是分析音节和词内的音高模式。本文用 PRAAT 语音分析软件采集音段、音节、词三个层面的音高（pitch）值，从以下三个方面探讨达斡尔语音高特征。（1）在音节内，音高峰落在哪个音段？（2）在词内（多音节词），音高峰落在哪个音节？

---

① 除了在部分形容词和副词里通过拉长元音，保持高平调来表达形容词或副词的程度加强外，达斡尔语的"调儿"没有更多语法含义。

（3）词内音高模式怎么样？

（一）音高峰

音高峰指的是音高曲线的最高点。声调研究中认为音高的最高点或最低点往往是声调目标。同样，无声调语言的音高峰点和谷点也是音高表达的目标。

1. 音节内的音高峰位置

本研究采用 M2 和 F2 的音高数据。男发音人 M2 的音域在 75Hz～295Hz间，即最低音高为 75Hz，最高达到 295Hz。女发音人 F2 的音域在 86Hz～395Hz 之间。

在单音节词里，当单词以长元音、复合元音和鼻化元音结尾时，音高峰落在元音段里，一般在元音段前半部分。其他类型音节的情况见表 4.1（加号 "＋" 表示两个音素的界线，例如 V＋C 表示音高峰落在元音和辅音的界线上）。根据该表，可知在 VC 或 CVC 音节里，音高峰出现在元音后半段（80% 以上）或元辅界上（10%～20%）；在 VCC 或 CVCC 音节里，音高峰落在复辅音前置辅音前半部（74%、89%）或元辅界上（26%、11%）；在 VVC 或 CVVC 音节里，音高峰出现在复合元音后置元音段内（52%、75%）或元辅界上（41%、25%）；在 VVCC 或 CVVCC 音节里，音高峰基本落在复辅音前置辅音前半部里（33%、100%）或者元辅界上（50%）。

表 4.1　单音节词音高峰位置

	VC、CVC		VCC、CVCC		VVC、CVVC			VVCC、CVVCC		
	V	V＋C	V＋C	前 C	后 V	V＋C	C	后 V	V＋C	前 C
M	79%	21%	26%	74%	52%	41%	7%	17%	50%	33%
F	89%	11%	11%	89%	75%	25%				100%

可见，在大多数情况下，元音承担单音节词音高峰。除此之外，复辅音前置辅音（主要为 [n, ŋ, l, r] 等响音）也能承担音高峰。显然，元音后出现辅音时，改变音高模式，使得音高峰后移。尤其出现复辅音时，音高峰后移到复辅音前置辅音上。如图 4.1，比较单音节词 wA："味道"、wAn "下落"、wAntʰ "睡" 的音高曲线，在 wA：里，音高峰在元音段前半

部；在 wAn 里，音高峰后移，落在元音段尾部；在 wAnt^h 里，音高峰持续后移，落在复辅音前置辅音 n 里。

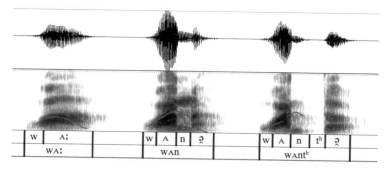

图 4.1　单音节词音高峰后移对比图（M）

多音节词音高峰在最后一个音节，分两种情况。（1）单词以弱化短元音结尾时，音高峰落在弱化短元音前邻辅音上。（2）单词以其他音素结尾时，情况与单音节词相同。以长元音、鼻化元音和复合元音结尾时，音高峰落在元音前半段；以单辅音结尾时，音高峰在元音后半段；以复辅音结尾时，音高峰在复辅音前置辅音处。以双音节词为例（见表 4.2），在"－Cv#"结构词（即在以短元音结尾的词）里，音高峰主要（60%、68%）落在词末短元音之前的辅音上，词末短元音处于音高曲线下降阶段，如图 4.2 所示。在 mAŋŋe:"凶魔，莽古斯"一词里，音高峰出现在词末长元音段，而在 mAŋŋə"好样的，有本事的"一词里，音高峰出现在后置 ŋ 辅音段，词末弱化短元音 [ə] 处于音高曲线降落阶段。

表 4.2　双音节词音高峰统计

#：词界，v：词末弱化短元音，V：其他元音

	－ Cv#			－ CV#	－ VC#		－ VCC#	
	前 C	后 C	C＋V	V	V	V＋C	V＋C	前 C
M	23%	60%	17%	100%	90%	10%	31%	69%
F	8%	68%	24%	100%	88%	12%	48%	52%

2. 词内音高峰位置

通过分析词内承载音高峰的音节位置，考察词内有无音高重音，音高重音在哪个音节等问题。达斡尔语每个单词只有一个音高峰，多音节词音高峰基本都在最后一个音节（表 4.3 和图 4.3）。以双音节词为例，第二音节的音

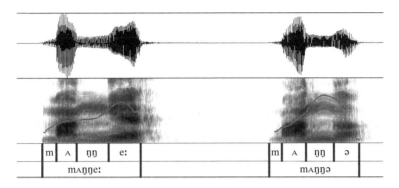

图 4.2　双音节词音高模式后移例图

高峰明显高于第一音节的峰值，男声差值在 20Hz～120Hz 不等，大部分的差值集中在 40Hz～80Hz（79%左右），均值为 61Hz。女声差值在 20Hz～140Hz不等，大部分集中在 50Hz～100Hz（70%左右），均值为 74Hz。

表 4.3　多音节词音高峰值

单位：Hz

	单音节	双音节		三音节			四音节词			
	S1	S1	S2	S1	S2	S3	S1	S2	S3	S4
M	211	166	226	163	183	228	165	190	196	224
F	267	217	287	223	228	294	225	234	238	288

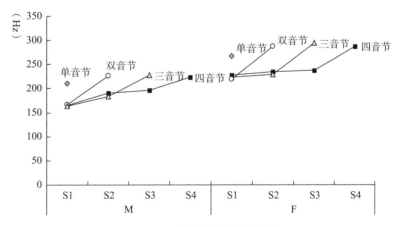

图 4.3　四种音节音高峰值曲线图

在三音节和四音节词里，随着音节个数的增多，音高峰后移，见图 4.3

和图 4.4。在图 4.4 里，单音节词 Ak "年长的" 的音高峰在元音 [A] 段；双音节词 AkʰA: "哥哥" 的音高峰在第二音节长元音 [A:] 上；三音节词 AkʰA:min "我的哥哥" 的音高峰在第三音节元音 [i] 上；四音节词 AkʰA:tʰe:jə: "和自己的哥哥（一起）" 的音高峰在第四音节元音 [ə:] 上。Ak 和 AkʰA:min 两个词的词末出现了增音 [ə̥]，增音不同于词末短元音，不参与音高模式，它的出现不改变词内音高峰位置。词内音高峰虽然不能出现在词末短元音上，但词末短元音的出现使得音高峰后移。

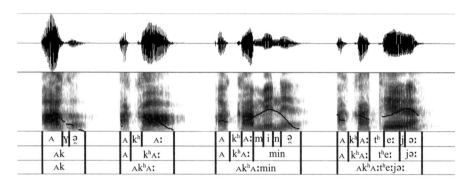

图 4.4　多音节词音高模式后移例图

（二）词内音高模式

达斡尔语词内音高模式主要有降调和凸调两种。降调为高调起头，直线下降到终点调尾的模式，一般出现在 CV、CVV、CVC 等类型的单音节词中。凸调为先升后降的模式，一般出现在 CVCC、CVVC 等类型的单音节词或多音节词中，其音高起点低，逐渐上升，达到峰点，后下降至终点调尾。

1. 单音节词的音高模式

单音节词里出现以上两种模式。降调为 V、CV、VV、CVV、CVC、VC 等音节类型的主要音高模式，可分为两种形式，一种为直降模式，音高峰出现在调头，直线下降到调尾。这种模式多数出现在女声发音中，如表 4.4 和图 4.5。表 4.4 中的数据为等额等距采集的音高数据。"等额" 指每个单词所采集的音高参数的个数相同，这次实验中在每个单音节词韵部①采集了 10 个音高参数，表里以 T1 ~ T10 代表。"等距" 指每个音高参数之间的时间

---

① 包括音节核元音和音节尾辅音，主要选用了开音节或音节尾辅音为浊辅音的单词。

距离为相等，在时间轴上将音高曲线等距分成了九段，采集 10 个点上的音高数据。

　　从数据和图看，直降调的起点音高取值范围大，变异系数为 13%，最大值为 305Hz，最小值为 186Hz。随着音高的下降，标准差变小，音高终点值比较集中，最大值为 167Hz，最小值为 131Hz，变异系数为 6%。从均值来看，女声直降调以 239Hz 起头，结束于 141Hz 左右，差值为 100Hz。听感上明显表现为降调。

表 4.4　直降调音高 10 点采集数据（F）

单位：Hz

	T1	T2	T3	T4	T5	T6	T7	T8	T9	T10
AVG	239	232	224	213	202	189	175	162	150	141
STD	31.1	30.6	27.5	23.7	20.6	17.3	14	11	8.8	7.75
CV	13%	13%	12%	11%	10%	9%	8%	7%	6%	6%
max	305	289	276	256	243	228	211	191	175	167
min	186	183	180	174	166	157	149	142	136	131

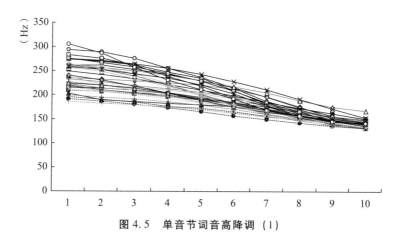

图 4.5　单音节词音高降调（1）

　　降调的另一种模式为带有上升调头的降调。这种模式在男声和女声的发音中均有出现，在听感上被感知为降调。但数据显示，这种调总是携带较短上升的调头，如表 4.5 和图 4.6。这种降调的音高峰出现在音高曲线起点后的第二或第三采集点上，音高起点和峰点之间的频率差值很小，峰点与终点之间的差值在 100Hz 左右。

表 4.5　降调音高 10 点采集数据（M）

单位：Hz

	T1	T2	T3	T4	T5	T6	T7	T8	T9	T10
AVG	185	198	201	194	183	167	147	127	109	94
STD	15	16	16	15	14.3	13	12.1	10.7	9.4	7.7
CV	8%	8%	8%	8%	8%	8%	8%	8%	9%	8%
max	212	226	230	223	213	193	173	155	137	115
min	160	169	175	166	155	142	124	109	98.6	86

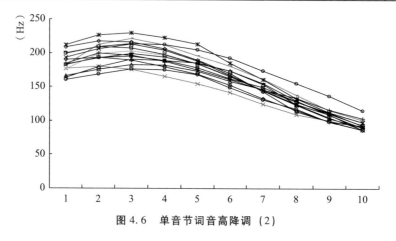

图 4.6　单音节词音高降调（2）

凸调主要出现在 VVC、CVVC、VCC、CVCC 等韵部负荷较大的音节中，音高峰随着韵部负荷的增加而后移，形成凸调。凸调的音高起点频率较低，先上升，达到音高峰点，后下降到终点。凸调的峰点出现在第六或第七采集点上，起点和峰点之间的频率差值为 80Hz 左右，在听感上有明显的升调感觉。终点和峰点之间的差值也在 100Hz 左右，见表 4.6 和图 4.7。

表 4.6　凸调音高 10 点采集数据（M）

单位：Hz

	T1	T2	T3	T4	T5	T6	T7	T8	T9	T10
AVG	133	143	157	178	200	213	209	193	157	112
STD	13.6	15.3	17.5	23.27	23	20.4	19.6	20.7	24.6	17.9
CV	10%	11%	11%	13%	12%	10%	9%	11%	16%	16%
MAX	152	169	190	229.8	244	249	240	228	198	147
MIN	103	110	125	139.9	156	175	173	157	119	85

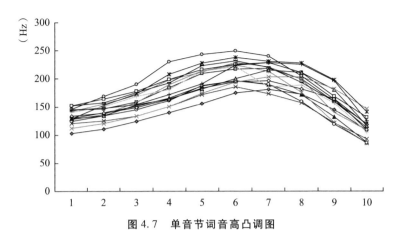

图 4.7　单音节词音高凸调图

比较单音节词里的降调和凸调模式，降调的起点频率高，峰点出现位置早，峰点到终点的距离长，凸调则与之相反。降调和凸调的基本模式如图 4.8 所示。

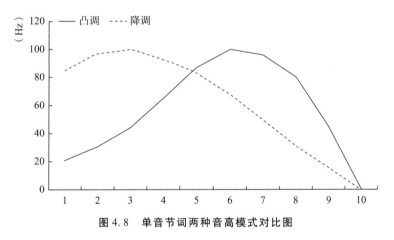

图 4.8　单音节词两种音高模式对比图

2. 双音节词音高模式

双音节词第一音节音高低而平缓，音高峰出现在第二音节里，第二音节音高相对高，变化明显（图 4.9 – a 和图 4.9 – b）。图 4.9 为双音节词音高基本模式图，在双音节词每个音节里采集三个点（起点、折点、终点）音高值后绘制而成，能够展示双音节词音高基本走向。

双音节词第一音节音高峰较低，模式有升、降、平、凸、凹等几种。升调一直上升，降调一直下降，起点和终点差值大于 10Hz。平调基本为平行，虽有上升或下降，但差值不超过 10Hz。凸调的峰点出现在折点上，折点与起

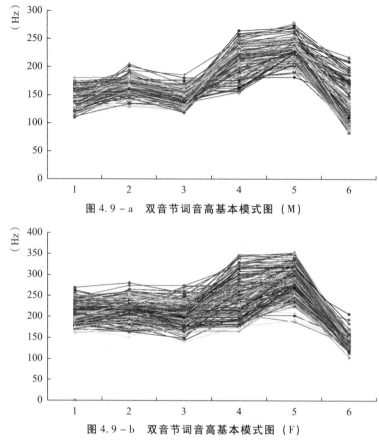

图 4.9 - a　双音节词音高基本模式图（M）

图 4.9 - b　双音节词音高基本模式图（F）

点或终点之间的音高差值大于 10Hz。凹调的折点是谷点，频率最低，折点与起点或终点之间的差值为 10Hz 以上。以上五种模式的出现次数不同，如表 4.7。

表 4.7　双音节词第一音节音高五种模式出现频次

单位：次

	升	降	平	凸	凹
M	382	103	202	71	1
F	110	422	161	42	11

从表中数据看，双音节词第一音节的音高模式以升调、降调或平调为主。男声和女声的第一音节音高模式有所不同，女声以降调为主，但男声以升调为主。显然，第一音节的音高模式有一定的自由性。男声和女声升调起点与终点差均值为 32Hz，大部分例词（77% 左右）的差值在 40Hz 以

下。男声降调起点和终点差均值为 21Hz，99% 的例词的差值小于 40Hz；女声起点和终点差均值为 29Hz，差值小于 40Hz 的例词占 82%。在凸调里，男声起点和折点之间的差值为 32Hz 左右，从折点到终点，下降 22Hz；女声起点和折点之间的差值为 22Hz，折点和终点的差值为 20Hz 左右。凹调主要出现在女声发音中，从起点到谷点，音高下降 19Hz 左右，从谷点到终点，再上升 40Hz。总之，达斡尔语双音节词第一音节音高变化基本都在 40Hz 以内。

双音节词第二音节的音高模式以降调和凸调为主。与单音节词的音高模式相近，降调主要出现在 CV、CVV、CVC 等音节里，凸调出现在 CVCC 音节里。双音节词音高峰出现在第二音节里，男声凸调峰点和起点（第二音节起点）之间的音高差的均值为 50Hz，峰点和终点之间的差值为 96Hz；女声峰点和起点之间音高差为 56Hz，峰点和终点之间的差值为 148Hz。

从以上数据看，虽然双音节词第一音节的音高模式较多，发音人之间有差异，但音高变化小，相对平缓，明显小于第二音节峰点和起点之间、峰点和终点之间的差异，感知上表现为低平调。双音节词音高主要变化出现在第二音节峰前后，升降幅度大，在听觉上有明显的音调变化。

3. 三音节词和四音节词音高模式

三音节词第一音节和第二音节的音高低而平缓，第三音节以降调为主，升降变化明显，在听感上具有明显的降调感。三音节词第一音节出现升、降、平、凸调，第二音节出现升、降、平、凸、凹调，其中升调、降调和平调占多数，凸调和凹调较少。第一和第二音节音高起点、折点、终点之间的变化小，差值基本在 20Hz～30Hz，数据见表 4.8。第三音节峰点和终点之间的差值大，男声为 90Hz 左右，女声为 130Hz 左右。

四音节词前三个音节的音高走向与三音节词第一和第二音节基本相同，各种调型的出现次数和变化程度见表 4.9。四音节词音高峰在第四音节，峰点和终点之间的频率差值为 80Hz（男声）或 140Hz（女声）左右。

表 4.8　三音节词第一、第二音节音高 5 种模式出现次数和差值

单位：次、Hz

	调型	第一音节					第二音节					
		升	降	平	凸		升	降	平	凸		凹
M	次数	151	55	104	26		143	57	84	55		4
	差值	24	−19	4.1	25	−18	25	−21	3.8	23	−27	−18	18

续表

	调型	升	降	平	凸		升	降	平	凸		凹	
		第一音节					第二音节						
F	次数	151	48	106	11		21	202	75	13		8	
	差值	24	-23	5	30	-20	40	-23	5	18	-20	-21	28

表 4.9　四音节词第一、第二、第三音节音高四种模式出现次数和差值

单位：次、Hz

	调型	第一音节					第二音节					第三音节				
		升	降	平	凸		升	降	平	凸		升	降	平	凸	
M	次数	19	7	34	4		18	12	14	9		12	12	21	8	
	差值	21	-18	4.9	24	-22	24	-22	4.6	23	-25	22	-30	3.3	20	-22
F	次数	9	38	34	4		3	35	41	6		6	53	21	5	
	差值	23	-20	4.6	18	-19	26	-20	3.5	45	-18	47	-28	4.2	27	-15

　　从三音节词中选用包含浊辅音的若干单词，等额等距采集音高参数，绘图展示三音节词音高模式，如图 4.10。从图看，三音节词音高峰在第三音节，第三音节的调型具有明显的高降特征，与之相比，第一和第二音节调型低而平缓。

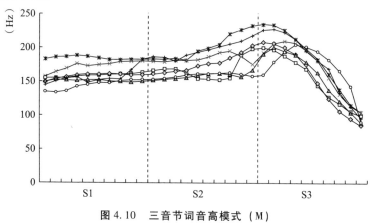

图 4.10　三音节词音高模式（M）

二　音强

　　音素音质的不同而其音强出现显著差异，普遍的规律是元音强于辅音，低元音强于高元音，浊辅音强于清辅音。因此，音节内的音强峰均出现在

元音段里。

元音音强跟其长度有密切关系。根据元音音长，将达斡尔语双音节词分为短—短、短—长、长—短、长—长等四种模式（"短"指短元音，"长"包括长元音和复合元音）后，发现大多数单词音强峰出现在含有长元音的音节里（表4.10，该表次数为各类音强峰分布模式的出现次数；差值为第二音节的音强峰值减去第一音节的峰值而获得的数据）。比如，在短—长结构里，多数词（男声259个，占77.1%；女声200个，占64.9%）音强峰出现在后音节里，差值达到5.27dB（男）或4.97dB。在少数词里前音节强于后音节，差值只有–2.73（男）或–3.25（女）dB。在长—短结构里，多数单词（男声32个，占78%，女声57个，占83%）音强峰出现在前音节里，少数词出现在后音节。在短—短和长—长结构里，音强峰的出现相对均衡，每个音节音强峰均比较接近。

表4.10 双音节词音强峰分布以及前后两个音节的音强差值

单位：次，dB

		短—短		短—长		长—短		长—长	
		S1 > S2	S1 < S2	S1 > S2	S1 < S2	S1 > S2	S1 < S2	S1 > S2	S1 < S2
次数	M	128	99	77	259	32	9	43	51
	F	103	99	108	200	57	12	68	34
差值	M	–4.32	3.74	–2.73	5.27	–5.19	3	–2.86	3.39
	F	–3.65	3.96	–3.25	4.97	–4.79	3.18	–3.63	2.91

限定前后两个音节的元音音长和舌位后（表4.11），发现：（1）当前音节元音为固有音强相对强的中、低元音 [A，ə，o，Aː，əː，oː]，而后音节元音为固有音强相对弱的高元音 [i，u，iː，uː] 时，即在 A—i、A—u、ə—u、o—u、Aː—iː、Aː—uː、əː—iː、əː—uː、oː—iː 等组合里，多数情况下音强峰出现在前音节里。（2）与之相反，当后音节元音为中、低元音，前音节元音为高元音（i—A、u—ə、iː—Aː、iː—əː、uː—əː 等组合）时，音强峰值一般落在后音节上。（3）当前后音节元音相同时，多数时候音强峰值出现在后音节上，比如在 i—i、u—u、əː—əː、oː—oː、uː—uː 等五个组合。只在 A—A 组合里，音强峰值多数出现在前音节。在 o—o、ə—ə、Aː—Aː 组合里，男声和女声数据不一致，男声在后音节，女声在前音节。

以上数据不包含词末弱化短元音的数据。带有词末弱化短元音的双音节词里，音强峰都在第一音节。

表 4.11 短—短和长—长结构双音节词元音音质与音强分布对比

单位：次、dB

| V1 | V2 | S1 > S2 | | | | S1 < S2 | | | | S1 = S2 | |
| | | 次数、占比 | | 差值 | | 次数、占比 | | 差值 | | 次数 | |
		M	F	M	F	M	F	M	F	M	F
A	ʌ	1、50%	2、100%	−2	−4.5	1、50%		6			
	ə	28、55%	26、62%	−4.04	−4.23	20、45%	11、26%	3	2	3	5
	i	12、48%	12、55%	−3.83	−3.83	8、32%	6、27%	3	2.67	5	4
	u	9、75%	7、100%	−6.78	−4.57	1、8%		2			
ə	ə	6、31%	8、47%	−6.2	−3.27	9、47%	7、41%	2.78	3.14	4	2
	i	6、100%		−4.33			3、75%		2.33		1
	u	7、100%	6、86%	−5.86	−4		1、14%		4		
i	ʌ					1、100%	1、100%	15	8		
	ə	7、58%	2、18%	−4.71	−1.5	5、42%	8、83%	6.6	5.13		1
	i	3、33%		−4		6、67%	5、100%	4.33	10.02		
	u	6、75%	1、17%	−4.17	−3	1、13%	4、67%	5	2.75	1	1
o	o	1、25%	6、55%	−4	−3	3、75%	4、36%	2.67	3.75		1
	ə	3、75%	1、50%	−4.5	−7	1、25%	1、50%	5	1		
	i	2、50%	3、50%	−6	−1.67	2、50%	2、33%	1.5	3		1
	u	19、68%	10、63%	−3.36	−3.4	7、25%	3、19%	3	1.67	2	3
u	ə		1、17%		3	1、100%	5、83%	15	5		
	i	4、44%	1、14%	−3.75	−3	5、56%	6、86%	4.8	5.83		
	u	8、24%	3、9%	−2.13	−2.68	22、65%	27、79%	3.86	3.92	4	4
Aː	Aː	3、13%	9、41%	−2.33	−2.44	16、70%	8、36%	3.06	3.13	4	5
	əː	10、77%	2、67%	−2.8	−2.5	2、15%	1、33%	2.5	6	1	
	iː	4、100%	2、67%	−4	−4.5		1、33%		1		
	oː	1、33%	1、100%	−4	−4	2、67%		1.5			
	uː	1、100%		−4							
əː	əː	1、10%	3、33%	−2	−1.33	8、80%	4、44%	2.63	1.75	1	2
	iː	2、100%	1、50%	−3	−2		1、50%		4		
	uː	1、100%		−7							

续表

V1	V2	S1 > S2				S1 < S2				S1 = S2	
		次数、占比		差值		次数、占比		差值		次数	
		M	F	M	F	M	F	M	F	M	F
iː	ʌː					3、100%		9.33			
	əː					1、100%		9			
oː	ʌː	2、100%	1、50%	− 5	− 2	1、100%	1、100%	2	3		
	iː						1、50%		1		
	oː	3、50%		− 2		2、33%	3、100%	2.5	2.67	1	
uː	əː					3、100%	3、100%	7	6.33		
	uː					3、100%		3			

　　可见，当双音节词前后两个音节元音音质（音长和舌位）完全相同时，多数时候音强峰出现在后一个音节。这种分布特征可能与音高分布有关。双音节词第二音节音高峰显著高于第一音节，因而使得上述这类单词第二音节的音强也随之提升。

　　总之，双音节词内音强峰首先受到元音舌位和音长的制约，其次受到音高峰分布的影响。在不考虑元音音长和舌位的统计里，达斡尔语多数（男声54%，女声46.2%）双音节词的音强峰出现在第二音节里。一方面，正如第三章所述，达斡尔语短元音和长元音在词内的分布有一定的互补性，多数短元音出现在词首音节，而多数长元音出现在非词首音节。这种分布特征可能是导致上述双音节词音强分布结果的原因之一；另一方面，第二音节较高的音高峰也会提升音强。

　　三音节词和四音节词情况与双音节词相同，音强峰出现位置与音节核元音的长度和舌位高低直接相关。三音节词八种长—短结构模式的音强峰分布情况见表4.12。除了短—短—短和长—长—长以外的其他结构中，即在短元音和长元音混合出现在同一个词里时，音强峰多数时候出现在含有长元音的音节里，如表里突出显示的数据。在短—短—短结构里，音强峰的出现相对均衡。在长—长—长结构里，男女音强峰有差异，男声多数时候出现在第二音节，女声多数时候出现在第一音节。

表 4.12　三音节词音强峰分布

单位：次

	短—短—短			短—短—长			短—长—长			短—长—短		
	S1	S2	S3	S1	S2	S3	S1	S2	S3	S1	S2	S3
M	5	7	8	30	12	**103**	6	**36**	**62**	4	**14**	5
F	18	8	16	54	45	**63**	11	**37**	22	7	8	10
	长—长—长			长—长—短			长—短—短			长—短—长		
	S1	S2	S3	S1	S2	S3	S1	S2	S3	S1	S2	S3
M	3	10	7	**3**	2	1	**5**	1	2	**6**	3	**11**
F	8	4	3	**3**	1		**4**		4	**16**	2	8

三　音长

第一章已讨论过元音音长问题，有关短元音音长，主要结论有：（1）词首音节短元音比非词首音节短元音长。（2）词界上的短元音比非词界短元音长。（3）前邻辅音发音方法影响元音音长，伴有强气流特征的辅音缩短短元音音长。（4）词内音节个数和音节内音素个数对短元音音长没有影响。长元音也会受到词中音节位置和词界的影响，规律与短元音相似。但不受前置辅音发音方法的影响。

本节所讨论的音长为词内音素音长分布。以双音节和三音节词为例，讨论词内元音的音长比例，以此探索词内的元音音长分配。词内音节的音长比例也是音长研究重点内容之一，词内音节长度包含元音和辅音的音长。因位置和发音方法的缘故，辅音音长各异，同时也受到语境影响，发生复杂变化。以后的研究将进一步探讨达斡尔语词内音节长度的分配情况。

词内元音音长比例的计算方法如下。相加同一个词内前后出现的元音音长，并计算出每一个元音音长所占比例。根据元音位置、前置辅音等情况，分类计算词内元音音长比例的平均值，获得表 4.13 和 4.14 中的数据。

（一）双音节词内元音音长比例

在双音节词里，将词内元音构成分为短—短、短—长、长—短、长—长等四种来讨论词内的元音音长比例。

正如第一章所述，第一音节短元音音长主要受到词界和前置辅音发音方法的影响。出现在词界的元音 V1 比非词界元音 V2 长，出现在强气流辅音（送气塞音、送气塞擦音、清擦音）之后的短元音的音长比其他短元音短。出现在腭化辅音和唇化辅音之后的元音包含一段过渡音，因此比其他元音稍长。对于非词首短元音来讲，主要是出现在词界时（V4）音长会延长。其他语境条件，比如音节类型、词内音节个数、音节内音素个数等条件对元音音长的影响较小。根据这些结论，分类对比了词内元音音长比例。

表 4.13 中的数据为短—短、短—长、长—短、长—长四类构成双音节词内元音音长比例。其中，不包括词末鼻化元音、送气辅音、清擦辅音、腭化辅音、唇化辅音之后的 V2 数据。图 4.11 为"V2∶V3"和"V2∶V4"的音长比例图。

表 4.13　达斡尔语双音节词内前后两个元音音长比例

	短—短	短—长	长—短	长—长
V2∶V3	59∶41	41∶59	77∶33	72∶38
V2∶V4	46∶54	29∶71	74∶26	60∶40
V1∶V3	64∶36	46∶54	81∶19	
V1∶V4	47∶53	35∶65		

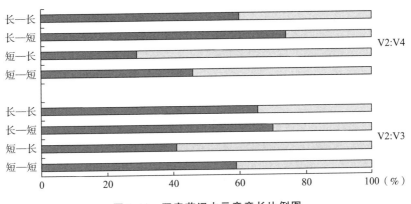

图 4.11　双音节词内元音音长比例图

以 V2∶V3 为例，在短—短结构里 V2 音长占 59%，V3 占 41%；在短—长结构里，V2 占 41%，V3 占 59%；在长—短结构里，V2 占 77%，V3 占 33%；在长—长结构里，V2 占 72%，V3 占 38%。当第二音节元音换成 V4 时，其占比增大。把第一音节元音换成 V1 时，占比也会增大。

在词首音节里出现长元音时，长元音占词内元音音长的 75% 左右。

在词首音节出现短元音时，短—短结构的元音比例为 6：4；短—长结构的元音比例为 4：6。总之，可将双音节词内元音音长比例概括为两条：长元音的音长占比更大，词首音节元音占比更大。

（二）三音节词内元音音长比例

三音节词有短—短—短、短—短—长、短—长—短、短—长—长、长—长—长、长—长—短、长—短—长、长—短—短等八种元音构成。因为语料限制，我们语料库中前四种较多，以长元音开头的几种不全，出现频次也少。表 4.14 是达斡尔语三音节词内元音音长比例数据。数据中不包含鼻化元音音长，计算 V2 位置的短元音音长时不包括送气辅音、清擦辅音、腭化辅音和唇化辅音之后的元音数据。数据表第一列 V1 或 V2 为第一音节元音，中间的 V3 为第二音节元音，最后一个 V3 或 V4 为第三音节元音。

与双音节词相同，三音节词内长元音音长占比相对大，词首音节元音的占比也相对大。在任何条件下，第二音节短元音占比均最小，第一音节长元音占比最大。词内短元音和长元音共同出现时，长元音占比大。词内不出现长元音时，第一音节短元音音长占比最大，第二音节短元音占比最小。

表 4.14　三音节词词内元音音长比例

	短—短—短	短—短—长	短—长—短	短—长—长	长—长—长	长—长—短	长—短—长	长—短—短
V2：V3：V3	38：29：33	40：23：37	30：43：27	29：35：36	52：24：24	55：30：15		61：18：21
V2：V3：V4	26：24：50	27：16：57		16：33：51	43：22：35		49：15：36	
V1：V3：V3	49：21：30	45：16：40	39：36：25	29：45：26				
V1：V3：V4	41：24：35	35：17：49	33：28：39	28：29：43			62：12：26	

第二节　词重音

一　词末元音弱化

达斡尔语词末短元音音段可分为两种。一种是词末短元音音位，一般不能脱落。研究数据表明词末短元音音位的缺失或拉长均会导致发音错误，例如，不可将 Allə"车辕"发音为 All 或 Alləː，不可将 ənnə"这里"发音为 ənn 或 ənnəː；另一种是词末增音，可脱落，它的出现或缺失不影响语义。

（一）声学特征

词末短元音有［ə, i, u］三个。有关词末短元音的舌位特点，见第一章相关部分。词末［ə, i, u］平均时长为 105ms 左右，因受到词界的效应而有所拉长。这个长度比非词首闭音节中的短元音长，而显著短于词末开音节中的长元音。

词末短元音和其他短元音之间最大的区别在音强和音高上。

在音强上，词末短元音显著弱于非词末短元音，一般相差 5dB ~ 7dB。词末［ə］元音的音强为 73dB 左右，相比前一个音节的音节核元音，弱 6.74dB。词末［i］元音的音强为 74dB 左右，相比前一个音节的音节核元音，弱 6.11dB。词末［u］元音的音强为 72dB 左右，相比前一个音节的音节核元音，弱 7.51dB。这种差异在听觉上也较为显著。

在音高上，词末短元音处在单词音高曲线下降阶段，音高峰出现在词末短元音之前的辅音或复辅音段里。如前图 4.2 所示，单词以长元音结尾时词末长元音承载音高峰；以短元音结尾时，虽然音高峰在第二音节，但出现在短元音的前邻辅音段，词末短元音不承载音高峰。

词末增音也有三个，记为［ə̯, i̯, u̯］。词末增音的语音特征非常接近于词末短元音，甚至在语音层面上难以区分。但它们的功能不同，出现语境不同，因而其性质截然不同。

（二）功能和音变趋势

词末短元音是独立音位，与长元音对立区别词义，例如，çilləː"屋内地板"和çillə"癣"。根据母语人的语感，词末短元音不可脱落。连续语流的实验结果也证明了这一点。词末短元音的脱落或拉长在达斡尔族中均不可接受。而，词末增音可以脱落，词末的增音不影响语义表达。我们选用 44 个单词，设计实验句，请 6 位母语人，做了连续语流中的发音实验。通过实验，得到以下结论。

1. 孤立发音时，绝大多数单词末尾出现短元音音位或增音。

2. 接以元音起首的词缀时，词末短元音（或增音）与后续词缀的首音合并或脱落，例如：

Allə + ɑːr→Allɑːr "用车辕"

Altʰə̬ + ɑːr→Altʰɑːr "用金子"

kʌlʲi̬ + iː→kʌliː "火的"

ʧusə̬ + əːr→ʧusəːr "用……颜色" 等。

3. 接以辅音起首的词缀时：

（1）词末短元音音位不会脱落，例如：

tʰʷɑːllə + tʰeː→tʰʷɑːllətʰeː "有灰尘的"

tʌŋŋə + tʰeː→tʌŋŋətʰeː "有烟的"

unni + sən→unnisən "过夜了"

xollə + tʰeː→xollətʰeː "有嘴唇的"

kʰʌikʰʷu + tʰeː→kʌikʰʷutʰeː "有鲫鱼的"

morkʰʲi + peː→morkʰʲipeː "拧"。

（2）增音会脱落，例如：

tʰʌtʰə̬ + sən→tʰʌtʰtʰən "拉了"

uʧə̬ + peː→uʧβeː "看（将来时）"

ʌulə̬ + tʰeː→ʌultʰeː "有山的"

ʧusə̬ + tʰeː→ʧustʰeː "有……颜色的"

kʌlʲi̬ + tʰeː→kʌlʲtʰeː "有火的"

nokʷu̬ + tʰeː→nokwtʰeː "有狗的"。

（3）但是，复辅音之后的增音有时脱落而有时不脱落，例如：

xunsu̬ + peː→xunsu̬peː "饿"

lʌrʧʰi̬ + tʰeː→lʌrʧʰtʰeː "有叶子的"

Altʰə̬ + tʰeː→Altʰə̬tʰeː "有金子的"

olsə̬ + tʰeː→olstʰeː "有线麻的"。

4. 在短语或句中（以词干形式出现时）：

（1）词末短元音音位不脱落，例如：

ən Allə ʧʰikɑːn ʧustʰeː "这个车辕是白色的"

otoː tʌŋŋə tʰɛrʧe xu uʧə̬ːkʰ pollon "现在种烟草的人少了"

ʧʰiː ənnə so "你坐这儿"

ən kʰʌikʰʷu uːsən "这个鲫鱼死了"。

（2）增音会脱落，例如：

tʰər kʌlʲ suːsən "那个火灭了" kʌlʲi̥里的［i̥］已脱落。

ən əut sʌikʰʌn "这个门好看" əutə̥里的［ə̥］已脱落。

in tuʧʰ ʧʌkʰ tʷʰʌːlʧ ʃʌttʰən "他会数到四十" tuʧʰu̥里的［u̥］已脱落。

由此可见，词末短元音是出现在单词末尾位置的元音音位，担任音节核，在音位层面上保留着区别词义功能，但在语音层面上已开始弱化。弱化表现为音强和音高的相对弱和低。这种弱化是一种相对概念，依靠单词内与其他元音之间形成的显著音强和音高差异来实现发音上的不同。

词末短元音在音强和音高上的弱化表明，此类音段正趋于脱落。当语速较快时，连续语流中的词末短元音也会脱落。虽然这种现象较少，但这是达斡尔语词末短元音发展趋势。可预测，词末短元音［ə］脱落后，前邻重叠辅音会逐步单音化，词的音节结构进一步简化，例如 Allə→All→Al。词末短［i］［u］脱落后，其舌位和唇形特征附着在辅音段，甚至在有些词里已出现更进一步的逆同化，元音［i］的舌位特征前移到辅音前的元音上，使其前高化，例如［ʌ］变为［ɛ］的音变正在逐渐增多。

词末短元音的另一个功能是参与词内重音，它的出现会改变单词音高模式，将音高峰后移到词末短元音之前的辅音上。增音无此类功能，见前图 4.4。

达斡尔语词末出现增音的主要原因有三种。一是语调需求，词末增音的出现是停顿标志，因语调需求而出现，词末增音只出现在孤立发音的单词词末或句中停顿前；二是部分辅音的发音导致词末增音的出现，在孤立发音的单词末尾位置，增音主要出现在发音过程中具有阻塞特征的辅音之后；三是与音节结构有一定关系。在音素少，音节结构简单（轻）的音节末尾，增音出现得少，或者这些音节里的增音在语流中更容易脱落。而在音素多，音节结构复杂（重）的音节末尾，增音出现得多，在语流中也不容易脱落。

（三）出现频次和语境

在我们数据库（男声）中，526 个单词以短元音音段结尾，其中 79 个是词末短元音，447 个是词末增音。词末短元音主要出现在词干末尾位置，在重叠辅音（24 次）、腭化辅音和唇化辅音（55 次）之后，例如 Allə "车辕"、tʰʷAːllə "灰尘"、ənnə "这里"、unnʲi "过夜，住一宿"、tʰAulʲi "兔子"、morkʰʲi "拧"、kʰAikʰʷu "鲫鱼"、Alkʰʷu "走步" 等。词末增音出现在基本单辅音、复辅音以及部分腭化辅音和唇化辅音之后。例如 ʧusə̩ "颜色"、uʧə̩ "看"、əutə̩ "房门"、Aulə̩ "山"、Altʰə̩ "金子"、ərtə̩ "破坏"、Antʰə̩ "味道"、olsə̩ "线麻"、Amʲi "生命"、kAlʲi "火"、nokʷu "狗" 等。在基本单辅音中，塞音、边音、鼻音、颤音之后容易出现增音，而在清擦音、清塞擦音以及近音之后相对少见。从声学特征来看，增音出现在具有阻塞特征的辅音之后。发音过程中不形成阻塞，只形成阻碍或者持阻阶段早期除阻（阻塞较弱）的辅音之后较少出现增音。

其中，当腭化、唇化辅音出现在音节结构相对简单（轻）的 CVC 音节（V 为短元音）末尾时，其后出现的是增音，可以脱落，例如 Amʲi→Amʲ "生命"、kAlʲi→kAlʲ "火" 等。而腭化、唇化辅音出现在音节结构较为复杂（重）的 CVVC（VV 包括长元音）或者 CVCC 音节末尾位置时，其后出现的是短元音，一般不脱落，例如 tʰAulʲi "兔子"、kʰAikʰʷu "鲫鱼"、piriŋkʰʷu "擀面杖" 等。

二　词重音

有关达斡尔语词重音的研究众说纷纭。多数人认为达斡尔语重音在词的第一音节。[1] "第一音节的元音，不论是长元音、复元音还是短元音，发音都是清晰的，音长比以后各音节的同类元音略长些"。[2] "达斡尔语着力重音的位置是固定的，总是在词的第一音节。它的特点是，不论是短元音还是长元音，其发音总是完全的和清楚的……达斡尔语的音调重音总是落在末音节上。这种重音的特点在于'音调的微弱上升'上。"[3] 另外一些研究结论与之基本相同，认为达斡尔语重读（stress）在第一音节，而音高

① 清格尔泰：《中国蒙古语族语言和方言概况》（蒙古文），《蒙古语文》1957 年第 11～12 期；《蒙古历史和语文》1958 年第 1～4、6～7 和 12 期；拿木四来等：《达斡尔语与蒙古语比较》，内蒙古人民出版社，1983；孙竹：《论达斡尔族语言（上）——兼谈达斡尔语与蒙古语的某些异同》，《青海民族学院学报》1983 年第 4 期。

② 仲素纯：《达斡尔语概况》，《中国语文》1965 年第 4 期。

③ 恩和巴图：《达斡尔语和蒙古语》，内蒙古人民出版社，1988，第 149～150 页。

（pitch）在末音节上。①

　　传统语音学研究，依据元音的"清晰"和"完全"的程度，判定词重音的性质和位置。认为达斡尔语词重音在词的第一音节，就是依据"第一音节的元音清晰、完全、长"这一传统理论。与之对应，非第一音节的元音"不清晰、不完全、短"。词重音是跟语音音质、音长、音高和音强都有关系的复杂概念。在实验语音学研究中，虽然难以直接量化"清晰"和"完全"的程度，但可以根据语音四要素的词内分布模式，辨别词重音的性质和位置。

　　（1）达斡尔语词内音高峰均落在最后一个音节上。音高曲线先上升，后下降（下降100Hz左右），音高起点、峰点和终点之间显现出明显的上升和下降的落差性。为了保持最后一个音节的音调提升和降落，其前所有音节的音高低而平缓。

　　（2）达斡尔语词内音强峰的分布主要受到词内各音节元音音长和开口度的制约。长元音比短元音强，低元音比高元音强。当前后音节元音的音质和音长类型完全相同时，受到"音高后高"模式的影响，多数时候音强峰出现在最后一个音节上。

　　（3）达斡尔语词首音节元音相对长，非词首音节元音会缩短。

　　（4）达斡尔语词首音节元音和辅音发音完整、到位，音色饱满。与之相比，非词首音节短元音央化或弱化，词末复合元音单音化，辅音也弱化。

　　（5）达斡尔语词首音节音素类型丰富，区别度高，元音长短对立基本都出现在词首音节内。比如在词首音节可以出现30个元音音素（11个短、13个复合、6个长），而在非词首音节只出现15个元音音素（6个短、6个长、3个复合）。绝大多数复合元音、腭化辅音和唇化辅音出现在词首音节。

　　从这些特点看，达斡尔语有音高重音，出现在词末音节。音高重音不只是"音调的微弱上升"，而是完成在短时间内的显著上升和下降。达斡尔语还有词首音节凸显特征，词首音节音素发音完整，发音器官动作到位，音质饱满，与非词首音节音素的弱化特征形成对比。达斡尔语无着力重音。着力重音主要与音强有关，达斡尔语词内音强分布不稳定。

---

① Juha Janhunen：The Mongolic Languages，Routledge 11 New Fetter Lane，London，EC4P4EE，2003，津曲敏郎（Toshiro Tsumagari）：达斡尔语部分。

蒙古语卫拉特方言以及满－通古斯语族部分语言的词重音实验研究提出，双音节词的重音在第一音节，主要的语音表征为第一音节音高表现为"稳定的低调域平调"[1]，"非重读音节表现为较大的音高变化动程或相对较大的音高值，元音趋于弱化"[2] 等。达斡尔语多音节词词首音节音高曲线也表现为低平曲线，比较稳定。但在三或四音节词里，第二和第三音节的音高曲线是第一音节音高曲线的直接延续，也是低平曲线，不发生大波动，主要的突出表征在末尾音节。因此我们认为达斡尔语音高重音在词的末尾音节。

达斡尔语词重音没有区别词义的功能，达斡尔语里无"重音对子"，但重音具有标词界作用。在还未完全词化的复合词里，音高峰往往出现在复合词前一个成分的末尾音节上。这一特征与短语的重音位置相同，短语音高峰也出现在第一个单词末尾音节上。

达斡尔语是黏着型语言，第一音节是词干所在音节。达斡尔语无前缀，有丰富的后缀，后缀接在词干上，接词缀后词内非词首音节发生重组，但词首音节的节首和节核不发生变化。因此，词首音节也是处于支配地位的音节，支配着后续音节。这种支配地位可能是词首音节发音"完整、到位"等凸显表现的原因之一。

第三节　词内音声单位组合模式

一　元音和谐律

元音和谐律是阿尔泰语系语言的共有特征，人们根据词内元音的组合规则提出了元音和谐律。本节考察达斡尔语词内元音组合规则，并根据共振峰互相影响情况，分析达斡尔语元音和谐律。

达斡尔语元音系统有短元音、长元音和复合元音等三个小系，包含 16 个元音音位。在这些元音里，长元音最活跃，词内分布均匀。短元音出现频率虽然高于长元音，但分布不均匀，只有/ə/、/i/、/u/可以自由出现在

---

[1]　李兵、汪朋、贺俊杰：《锡伯语双音节词重音实验语音学研究》，《民族语文》2012 年第 2 期。

[2]　李兵、贺俊杰：《蒙古语卫拉特方言双音节词重音的实验语音学分析》，《民族语文》2010 年第 5 期。

词内任何位置，/ʌ/、/o/主要出现在词首音节里。复合元音也分布在词首音节。

根据我们数据库，达斡尔语双音节词元音搭配情况如下（表4.15 - a 和表4.15 - b，表中数字为元音出现频次）。

（1）短/ʌ/只出现在/ʌ/、/ʌː/以及以［ʌ］起头的复合元音之后；短/o/只出现在/o/、/oː/以及以［o］起头的复合元音之后；/ə/、/i/、/u/自由出现在任何元音之后。例如：

Amʲnʌl "生活"、Aitʌr "公野猪"、onʧʰor "草根鱼崽"、olloʃ "侧斜"

kʌkər "男式袍子"、ʃitər "马绊"、kʰorsəʧ "怀恨"、xəsər "跳"、suktən "天气"

kʌʧir "地、土地"、kʰəʧʰik "前天"、iʧil "合群、同伴"、kʰotir "井"、urkil "故事"

tʌwur "达斡尔"、əlpʰur "丰裕的"、isur "衣服里子"、olur "众人"、utʰum "馍馍"

（2）长/ʌː/不能出现在/ə/、/əː/或以/ə/起头的复合元音之后；长/əː/不能出现在/ʌ/、/ʌː/、/o/、/oː/或以［ʌ］、［o］起头的复合元音之后；长/oː/不能出现在/ə/、/əː/、/u/、/uː/或以［ə］、[u]起头的复合元音之后；长/uː/不能出现在/o/、/oː/或以［o］起头的复合元音之后；长/iː/、/eː/可以出现在任何元音之后。

大致上，ʌ，o（以及相应长、复合元音，下同）为一类，可以出现在一个词里；ə，u 为一类，可以出现在一个词里；i、e 为一类，可以跟前两类自由组合。例如：

ʌkʰʌː "哥哥"、imʌː "山羊"、utʰʌːʧʰ "老人"、sorkʌː "教、育"

əwəː "母亲"、itəː "食物"、xutəː "野外"

ʌliːs "黄油渣"、iltʰiː "热闹的"、kʰəlkiː "结巴"、solkiː "左撇子"、kʰuʃtʰiː "有力气的"

ʌtoː "群（畜群）"、niroː "背、脊梁"、poikʰoː "曲棍球的曲棍"

ʃiruːn "粗糙的"、xʌtuːr "镰刀"、ərʧʰuː "胸"、xuluː "多余的"

ʌneː "春节"、ʃiʧʰeː "使……害羞"、pəleː "抢夺"、lurkeːl "舞蹈"、lemmeːl "袅娜的"

表 4.15 – a 双音节词元音搭配 （M）

单位：次

前\后	A	ə	i	o	u	Aː	əː	iː	oː	uː	eː
A-	6	91	41		21	58	1	14	19	11	30
ə-		38	9		15		35	8		5	8
i-	1	17	13		8	18	15	1	5	2	10
o-		7	3	13	39	7		8	33		14
u-		5	9		39	14	22	1		10	7

表 4.15 – b 双音节词元音搭配 （F）

单位：次

前\后	A	ə	i	o	u	Aː	əː	iː	oː	uː	eː
A-	8	86	43		22	46	1	13	13	9	25
ə-		47	9		14		29	5		4	12
i-	1	30	9		7	18	12	2	6	4	6
o-	1	14	10	25	24	3		6	25		12
u-		13	7		43	20	19	2		7	6

根据以上分析，发现（1）元音分为三类：［A，o］为一类，阳性元音；［ə，u］为一类，阴性元音；［i 和 e］为一类，中性元音。阳性元音是舌位相对低的元音（［A］比［ə］低，［o］比［u］低），与之对应的阴性元音是舌位相对高的元音。（2）有阴阳和谐。阳性与阴性元音之间互相排斥，其他情况下均互相适应。即阳性元音和阴性元音不能出现在同一个词里；阳性和阳性、阴性和阴性、中性和阳或阴性元音之间，互相都能适应，可以出现在同一个词里。（3）唇形和谐非常有限，只出现在非词首音节短［A，o］元音上，短［A］是展唇元音，只出现在展唇［A］类元音（相应短、长元音以及［A］开头的复合元音）之后；短［o］是圆唇元音，只出现在圆唇的［o］类元音（相应短、长元音以及［o］开头的复合元音）之后。

在三音节词里验证上述达斡尔语元音和谐律，见表 4.16 – a 和表 4.16 – b。表中，"一"为第一音节的元音，"二"和"三"为第二音节和第三音节的元音。表 4.16 显示，达斡尔语三音节词绝大多数情况下满足了达斡尔语元音和谐律要求。

表 4.16 – a　三音节词元音搭配（M）

单位：次

		A	ə	i	o	u	ʌː	əː	iː	oː	uː	eː	合计
A-	A、ʌː		5	5		1	6		9			3	29
	ə		8	1			21	1	6			5	42
	i、iː		10				10	3			1	2	26
	oː			1								1	2
	u、uː			1		2	10	1	2			5	21
	eː		1	1		1	1	1					5
	小计	0	24	9	0	4	48	6	17	0	1	16	
ə-	ə、əː		11	6		6		9	7	1		4	44
	i					1		5	3				9
	u、uː			1		2		3				7	13
	eː		1			1		2				1	5
	小计	0	12	7	0	10	0	19	10	1	0	12	
i-	ʌː		1			2	1		4			1	9
	ə、əː	1	5	1				3	2		1	2	15
	i					1	1					1	3
	u、uː	1				1						2	4
	小计	2	6	1	0	4	2	3	6	0	1	6	
o-	ʌː			2								1	3
	ə、əi		1	1								1	3
	i		2			1	1					1	5
	o、oː	1		3			8		1	3		4	20
	u、uː		1			2	6		1			3	13
	小计	1	4	6	0	3	15	0	2	3	0	10	
u-	ʌː			1									1
	ə、əː		1	1		2		5	3				12
	i											1	1
	u、uː	1	3	1		2	1	5			2	4	19
	eː		1										1
	小计	1	5	3	0	4	1	10	3	0	2	5	
e-	iː											1	1
	uː											1	1

表 4.16 - b　三音节词元音搭配（F）

单位：次

		A	ə	i	o	u	Aː	əː	iː	oː	uː	eː	合计
A-	A、Aː	1	6	6		1	1	1	8			3	27
	ə	5	7	1		1	11		4	1		6	36
	i、iː	2	6	2			7		1			3	21
	o、oː		2	1									3
	u、uː	1	1	1		2	5	1			1	2	14
	e、eː	1	4	1								1	6
	小计	10	26	12	0	4	24	2	13	1	1	15	
ə-	ə、əː		13	10		6		3	5		1	4	42
	i		3			1		1					5
	u、uː		1			2		2				3	8
	eː			1								2	3
	小计	0	17	11	0	9	0	6	5	0	1	9	
i-	Aː		2			2	2		4			1	11
	ə、əː		3	1				2	2			4	12
	i		1							1			2
	u、uː						1					3	4
	小计	0	6	1	0	2	3	2	6	1	0	8	
o-	A		1										1
	ə		1	1			1		1				4
	i		1	1		1	4		1			1	9
	o、oː	1	4	6		1	4	1	2	1		4	24
	u、uː		1	1		2	1		1			3	9
	小计	1	8	9	0	4	10	1	5	1	0	8	
u-	Aː		1	1					1			1	4
	ə、əː		3	4		1		2	3				13
	i		2	1			1					1	5
	u、uː		2			2		1			1	4	10
	小计	0	8	5	0	3	1	3	4	0	1	6	
e-	ə	1	3				2						6
	iː	1					2					1	4
	uː		1						1				2
	eː			1									1
	小计	2	4	1	0	0	4	0	1	0	0	1	

　　虽然，绝大多数双音节词和三音节词遵循了达斡尔语元音和谐律规则，但已开始出现"不和谐"现象。（1）非词首音节［ə］［i］［u］等短元音不遵守元音和谐规则，可以自由出现在任何元音之后，但在一定程度上受到词首音节元音的制约，舌位有所不同，见第一章。（2）/ʌ:/和/u:/也可以出现在一个词里，破坏了阴阳和谐规则。例如：nuwʌ:"菜"、xumpʰʌ:"洗澡"、susʌ:m"玉米"、sʌru:l"月亮"、tʰʌlu:n"甜的"、ʌitu:"可怕"等。（3）也有部分例外，如表 4.17。

表 4.17　部分违反和谐律的例词

非词首音节长元音	［ʌ］后出现长元音［ə:］	nʌinwə:→ nʌinkʷə:"大姑、大姨"
		xʌirənkʰə:"可惜的"、wʌjinkʰə:"弄软"
		tʌli:jə:r"从大海（那边）"、nʌimtʰi:jə:r"从八岁（开始）"
		ʌmu:kʰʷə:"吓唬小孩的鬼怪"
		pʌrʌ:ntʃʰə:r"再多一点"、tʰʌlluntʃʰə:r"味再淡一些"
	［o］后出现短元音［ə:］	xortontʃʰə:r"再快些"
	［o］后出现短元音［u:］	nomu:kʰun"老实的"、ʃomu:kʰun"安静的"
非词首音节短元音	［i］后出现短元音［ʌ］	imʌrs"山羊皮"、ʃirtʰʌl"沙子"
	［o］后出现短元音［ʌ］	tolo:tʌr"第七"xoitʌr"第二"
		sonsmʌkʰən"好听的"、poknʲʌkʰən"矮小的"
	［u］后出现短元音［ʌ］	turuptʌr"第四"

　　根据这些例词可以总结出：（1）部分复合词不遵守元音和谐律，比如 nʌinwə: ~ nʌinkʷə:"大姑、大姨"、imʌrs"山羊皮"、ʃirtʰʌl"沙子"等。（2）部分词缀不遵守元音和谐律，例如形容词词缀-kʰə:、名词词缀-jə:r-、副词词缀-tʃʰə:r-、数词词缀-tʌr、动词词缀-mʌkʰən、-lʌ等。（3）非词首音节长元音的短化成为部分单词不遵守元音和谐律的另一个原因，比如 nomu:kʰun"老实的"、ʃomu:kʰun"安静的"等。

二　音节结构

　　从结构角度，可将达斡尔语的音节分解为首、核、尾等三个部分。构成音节的规则如下：（1）音节核为音节的核心，一般由元音承担，不可空缺。（2）音节首由单辅音承担，音节尾由单辅音或复辅音承担。（3）在词首，音节首位可以空缺；在非词首位置，首位不可空缺。（4）在词内所有位置，音节尾可以空缺。

由 C 代表辅音、由 V 代表元音，达斡尔语的音节基本结构为：（C）V（C），可以展开为基本音节类型 V、CV、VC、CVC 以及扩展类型 VCC、CVCC 等。复合元音为一个元音音位，但考虑到发音时发音器官活动量的增多，可将复合元音记为 VV。那么，达斡尔语的音节可有 V、CV、VC、CVC、VCC、CVCC、VV、CVV、VVC、CVVC、VVCC、CVVCC 等 12 种。

在我们数据库中，单音节词里出现了 11 种音节，没有出现 VVCC 类型，见表 4.18。

表 4.18　单音节词音节类型出现频次

单位：次

	V	CV	VC	CVC	VCC	CVCC	VV	CVV	VVC	CVVC	VVCC	CVVCC
M	4	56	32	149	9	53	3	21	12	55		6
F	3	43	29	128	14	57	1	17	9	40		3

从出现频次看，CVC 类型最多，其次是 CV、CVVC、CVCC 等类型，这四类音节的出现次数明显多于其他类型。出现次数最少的是 VV 和 V 类型音节，其次是 CVVCC 以及 VCC 和 VVC 等类型，见图 4.12。

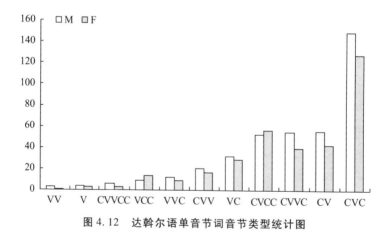

图 4.12　达斡尔语单音节词音节类型统计图

可见，虽然说达斡尔语音节可无音节首和音节尾（元音起头或元音结尾），但很少出现由单独音节核元音构成的单音节词。除此之外，韵部（音节核与音节尾）超长的 CVVCC 和没有音节首而且韵部相对长的 VCC、VVC 等类型的音节也比较少见。与之相比，音节结构较为平衡的 CVC 类型是达斡尔语单音节词最常见的音节类型。

总之，音节结构的平衡与否以及韵部的长度是否适当是达斡尔语单音节词音节结构的重要制约因素。韵部长度以双音素为最常见，当韵部只有一个音素时，韵部相对短，有三个音素时相对长，有四个音素时超长。我们在数据库中没有发现韵部超长，且无音节首的 VVCC 类型音节。

无音节首的音节只出现在词首位置，因此双音节词第一音节的音节类型比第二音节丰富。双音节词第一音节里出现了 VVCC 以外的 11 种类型。在第二音节里，出现了 CV、CVC、CVCC、CVV 等几种较为常见的音节。见表 4.19。

表 4.19　双音节词音节类型统计

单位：次

		V	VC	VCC	VV	VVC	CV	CVC	CVCC	CVV	CVVC	CVVCC
S1	M	72	57	1	20	4	308	244	13	37	15	
	F	60	40	4	18	6	298	235	12	42	30	1
S2	M						437	299	26	9		
	F						441	277	21	7		

双音节词第一音节的音节类型出现频次不同于单音节词。单音节词里 CVC 类型音节出现次数最多，其次是 CV、CVVC、CVCC 等类型的音节。在双音节词第一音节里，出现次数最多的是 CV 类型，其次是 CVC。CV 和 CVC 的出现频次远远高于其他类型。出现次数最少的是 CVVCC、VCC、VVC 等类型，见图 4.13。

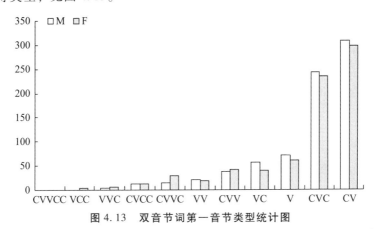

图 4.13　双音节词第一音节类型统计图

　　显然，双音节词第一音节里 CV、CVC、V、VC 等韵部短，音节负荷相对轻的音节较多，而 CVVCC、VCC、VVC、CVCC、CVVC 等音节负荷大，韵部较长的音节相对少见。在双音节词第二音节里 CV 的出现频率最高，其次是 CVC，CVCC 和 CVV 很少。

　　双音节词第一音节的音节类型为 11 种，第二音节的音节类型为 4 种，可组合为 44 种音节组合。在实际语料中出现了 31 种，其中出现次数高于 20 的常见类型只有 CV. CV、CVC. CV、CV. CVC、CVC. CVC、CV. VC、CVC. V、CV. V、CV. CVV 等 8 个。而其他 23 个类型的音节组合出现次数少于 20 次，大部分少于 10 次。见表 4. 20。

表 4. 20　双音节词音节组合形式频次统计

单位：次

	S1 / S2	V	VC	VCC	VV	VVC	CV	CVC	CVCC	CVV	CVVC	CVVCC
M	CV	32	38	1	12	4	156	147	9	25	13	
	CVC	36	17		8		139	83	2	12	2	
	CVCC	3	2				12	9				
	CVV	1					1	5	2			
F	CV	29	29	4	9	5	145	149	11	31	28	1
	CVC	29	10		8		139	79		11	1	
	CVCC	2			1	1	14	3				
	CVV		1					4	1		1	

　　从出现次数较多和较少的音节组合形式来看，（1）常见音节 CV 和 CVC 的组合最多。（2）出现次数较多的音节组合里跨音节的辅音丛较少，出现次数最多的 8 种组合类型中没有出现跨音节的三辅音丛（ - CC. C - ）。（3）开音节的组合能力较强，两个闭音节的组合频次少。就从 CV. CV、CV. CVC、CVC. CV、CVC. CVC 等 4 组看，CV. CV、CV. CVC 和 CVC. CV 明显多于 CVC. CVC；在 V. CV、V. CVC、VC. CV、VC. CVC 等 4 组里，V. CV、V. CVC、VC. CV 的出现个数多于 VC. CVC。

　　三音节词音节类型少于双音节，见表 4. 21 - a 和表 4. 21 - b。在三音节词第一音节里出现 V、VC、VV、VVC（女声）、CV、CVC、CVCC、CVV、CV-VC 等 9 种音节，最多的是 CV 音节，其次是 CVC 音节，再次为 V 和 VC 音节，其他音节都比较少见。在第二音节里出现 CV、CVC、CVCC、CVV 等 4 种类型，其中 CV 和 CVC 占绝大多数。在第三音节里只出现 CV、CVC、CVV 等 3 种类型，其中 CV 占绝大多数。三音节词里最活跃的音节类型是 CV 和 CVC 音节。

　　三音节词第一音节出现 9 种类型的音节，第二和第三音节各出现 4 种或 3 种，在我们语料库中出现了 34 种组合。其中，出现次数最多的是 CV. CV. CV、CV. CVC. CV、CVC. CV. CV 等 3 种类型，其次是 CV. CV. CVC、CVC. CVC. CV、V. CV. CV、V. CVC. CV、VC. CV. CV 等 4 种类型，其他类型组合相对少。总之，CV 和 CVC 类型音节的组合最多，其次是 V、VC 和 CV、CVC 类型音节之间的组合。

表 4.21 - a　三音节词音节组合模式（M）

单位：次

S2	S1 / S3	V	VC	VV	CV	CVC	CVCC	CVV	CVVC	合计	
CV	CV	12	11	2	63	54		3	2	147	186
	CVC	7	1		23	6		1	1	39	
CVC	CV	22	6	2	56	28		6	1	121	150
	CVC		4	1	13	10		1		29	
CVCC	CV	1	1		1	2	1			6	6
CVV	CV		1							1	3
	CVC				1	1				2	
总计		42	24	5	157	101	1	11	4		

表 4.21 - b　三音节词音节组合模式（F）

单位：次

S2	S1 / S3	V	VC	VV	VVC	CV	CVC	CVCC	CVV	CVVC	合计	
CV	CV	15	17	6	1	52	67	1	5	5	169	203
	CVC	4	3			19	5		1		32	
	CVV					2					2	
CVC	CV	15	4	1		39	23		6		88	114
	CVC		1	1		10	7		2		21	
	CVV					3	2				5	
CVCC	CV			1		1					2	2
总计		34	25	9	1	124	106	1	14	5	319	

在四音节词里（表4.22－a和表4.22－b）只出现了V、VC、VV、CV、CVC、CVV、CVVC（女声）等7种，其中CV最多，其次是CVC，其他类型的音节比较少见。在四音节词第一音节出现7种音节类型。在第二音节，出现CV、CVC、CVCC等类型的音节，其中CVCC只出现了1次。在第三音节，出现CV、CVC、CVV等几个类型，其中CV明显多于其他类型。在第四音节，也出现CV、CVC、CVV等几个类型，CV占绝大多数。显然，随着词内音节个数的增多，越往后的音节类型越简单，以最简单也最常见的CV类型为主，其次是CVC较多。

表4.22－a　四音节词音节组合模式（M）

单位：次

S2	S3	S1／S4	V	VC	VV	CV	CVC	CVV	合计		
CV	CV	CV	3	1	1	5	3		13	16	22
		CVC			1	1	1		3		
	CVC	CV				4		1	5	6	
		CVC				1			1		
CVC	CV	CV	2	4		7	6	2	21	25	31
		CVC				2	1		3		
		CVV					1		1		
	CVC	CV			1		1	2	4	6	
		CVC	1				1		2		
CVCC	CV	CV				1			1	1	1
总计			6	5	3	21	14	5	54		

表4.22－b　四音节词音节组合模式（F）

单位：次

S2	S3	S1／S4	V	VC	VV	CV	CVC	CVV	CVVC	合计		
CV	CV	CV	7	3	1	15	10	1	2	39	45	57
		CVC	1			4				5		
		CVV				1				1		
	CVC	CV	2			5	1			8	11	
		CVC	2				1			3		
	CVV	CV				1				1	1	

续表

S2	S3	S1 S4	V	VC	VV	CV	CVC	CVV	CVVC	合计		
CVC	CV	CV	4			8	6			18	24	28
		CVC				2	2			4		
		CVV				2				2		
	CVC	CV				1				1	2	
		CVC						1		1		
	CVV	CV	1					1		2	2	
总计			12	8	1	39	20	3	2	85		

从音节组合的角度来看，四音节词最多的可能性组合为 189 种，我们在数据库中发现了 33 种，其中 CV. CV. CV. CV、CV. CVC. CV. CV、CVC. CV. CV. CV、CVC. CVC. CV. CV 等组合较多，其次是 V. CV. CV. CV、VC. CVC. CV. CV。

总之，达斡尔语的音节结构、类型以及组合特征可以总结为四点。

（1）音节由音节首、音节核、音节尾构成。虽然音节首和尾并不是必要的组成部分，但无音节首或音节尾的音节比较少见。

（2）音节类型可多达 11 种，但常见音节只有 CV 和 CVC 等 2 种，CV 为最基本的音节类型。

（3）随着词内音节个数的增多，音节类型减少。音节个数越多，CV 的所占比例越大，其他音节的出现比例越少。

（4）从音节组合特征看，音节个数越多，其组合类型越少，越简单。

（5）随着音节个数的增多，音节间辅音丛减少。

三 增音

正如第二节所述，达斡尔语里出现一种"不承担音节核，不参与重音结构，不表达词汇意义和语法意义，可脱落"的类元音音段。一部分出现在音节间，本研究将之称为连音，见第二章第四节内容。另一部分出现在词末，如图 4.14 所示。

增音可以脱落，其脱落不影响语义，例如 Alə ~ Al "杀"、Antʰə ~ Antʰ "味道"、Amisə ~ Amis "呼吸"、nAːtə ~ nAːt "玩耍"、tʰətə ~ tʰət "他们"、Aolə ~ Aol "山"等。增音具有元音性质，出现在大部分辅音之后。"达斡

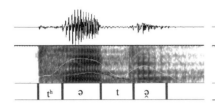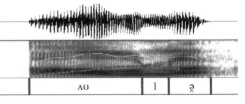

图 4.14　词末增音图例

尔语语音声学参数数据库"（男声）有 692 个单词以辅音结尾，其中 447 个词末辅音后出现增音，图 4.15 以正值百分比表达。其余 245 个辅音后无增音，以负值百分比表达。可见，增音主要出现在塞音、边音、鼻音、颤音之后，而在清擦音、清塞擦音以及近音之后相对少见。从数据看，在 [χ, ɹ, ɬ, j, s, ʃ, w, ʧ, ʧʰ] 等辅音之后大多数情况下或完全可以不出现增音，而 [k, p, tʰʷ, t, tʰ, β, kʰ, z, n, l, m, ɣ, r] 等辅音之后大多数情况下会出现增音。

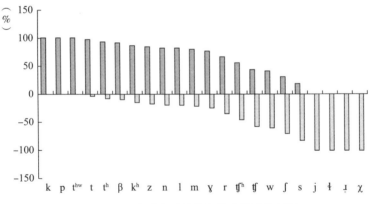

图 4.15　词末增音以及前邻辅音统计数据图

参考文献

专著、词典或词汇集

[1] 鲍怀翘、林茂灿主编，《实验语音学概要》（增订版），北京：北京大学出版社，2014 年。

[2] 宝玉柱、孟和宝音：《现代蒙古语正蓝旗土语音系研究》，北京：民族出版社，2011 年。

[3] 包智明、侍建国、许德宝：《生成音系学理论及其应用》（第二版），北京：中国社会科学出版社，1997 年。

[4] 朝克：《鄂温克语研究》，北京：民族出版社，1995 年。

[5] 《达斡尔族简史》修订编写组：《达斡尔族简史》（修订版），北京：民族出版社，2008 年。

[6] 丁石庆：《达斡尔语言与社会文化》，北京：中央民族大学出版社，1998 年。

[7] 丁石庆：《莫旗达斡尔族语言使用现状与发展趋势》，北京：商务印书馆，2009 年。

[8] 恩和巴图：《达汉小词典》，呼和浩特：内蒙古人民出版社，1983 年。

[9] 恩和巴图等：《达斡尔语词汇》，呼和浩特：内蒙古人民出版社，1984 年。

[10] 恩和巴图：《达斡尔语话语材料》，呼和浩特：内蒙古人民出版社，1985 年。

[11] 恩和巴图：《达斡尔语和蒙古语》，呼和浩特：内蒙古人民出版社，1988 年。

[12] 刚苏和：《达斡尔语分类词汇集》，呼和浩特：内蒙古文化出版社，

2011 年。

[13] 哈斯其木格：《基于动态腭位图谱的蒙古语辅音研究》，北京：社会科学出版社，2013 年。

[14] Hayes Bruce：*Introductory Phonology*，UK：John Wiley & Sons Ltd.，Blackwell Publishing，2009.

[15] 呼和：《蒙古语语音实验研究》，沈阳：辽宁民族出版社，2009 年。

[16] 金刚：《蒙古语言文化研究》（蒙古文），北京：民族出版社，2013 年。

[17] Juha Janhunen：*The Mongolic Languages*，London：Routledge 11 New Fetter Lane，EC4P4EE，2003.

[18] 李兵：《阿尔泰语言元音和谐研究》，北京：商务印书馆，2013 年。

[19] 梁磊、石锋：《什么是语音学》，上海：上海外语教育出版社，2015 年。

[20] 拿木四来、哈斯额尔顿：《达斡尔语与蒙古语比较》（蒙古文），呼和浩特：内蒙古人民出版社，1983 年。

[21] 那顺达来：《汉达词典》，呼和浩特：内蒙古大学出版社，2003 年。

[22] 诺尔金：《标准音－察哈尔土语》（蒙古文），呼和浩特：内蒙古人民出版社，1998 年。

[23] 欧南·乌珠尔：《达斡尔语概论》，哈尔滨：哈尔滨出版社，2003 年。

[24] 清格尔泰：《蒙古语语法》，呼和浩特：内蒙古人民出版社，1991 年。

[25] 石锋：《实验音系学探索》，北京：北京大学出版社，2009 年。

[26] 苏都日·图木热：《达斡尔语分类词汇》，海拉尔：内蒙古文化出版社，2009 年。

[27]〔英〕特拉斯克，R.L.：《语音学和音系学词典》，北京：语文出版社，2000 年。

[28] 图雅：《卫拉特方言元音的实验语音学研究》（蒙古文），呼和浩特：内蒙古人民出版社，2008 年。

[29] 特鲁别茨柯依，H.C. 著《音位学原理》，杨衍春译，广西师范大学出版社，2015 年。

[30] 赵忠德：《音系学》，上海：上海外语教育出版社，2006 年。

[31] 仲素纯：《达斡尔语简志》，北京：民族出版社，1981 年第一版；2006 年由丁石庆修订出版。

[32] 朱晓农：《语音学》，北京：商务印书馆，2010 年。

论文

[1] 阿如含:《达斡尔语和蒙古语元音比较》,《赤峰师范专科学院学报》(蒙文版),2012 年第 2 期。

[2] 敖敏:《基于韵律的蒙古语语音合成研究》,博士学位论文,内蒙古大学蒙古学学院,2012 年。

[3] 敖云高娃:《达斡尔语海拉尔方言词首唇化辅音》,《内蒙古社会科学》(蒙文版),2008 年第 4 期。

[4] 敖云高娃:《调查研究鄂温克旗巴彦塔拉乡达斡尔族所用语言》,《内蒙古社会科学》(蒙文版),2012 年第 4 期。

[5] 巴达荣嘎:《达斡尔语、满洲语、蒙古语的关系》,《内蒙古社会科学》,1982 年第 2 期。

[6] 巴达荣:《达斡尔语与蒙古语异同比较——兼谈达斡尔语的系属》,《民族语文》,1988 年第 6 期。

[7] 白纯:《音系规划及其在达斡尔语中的应用》,硕士学位论文,黑龙江大学外国语学院,1992 年。

[8] 包萨仁:《现代蒙古语短元音弱化以至脱落元音分析》,《内蒙古民族大学学报》(社会科学版),2005 年第 2 期。

[9] 宝玉柱:《现代蒙古语正蓝旗土语重音研究》,《中央民族大学学报》(哲学社会科学版),2007 年第 6 期。

[10] 宝玉柱、孟和宝音:《现代蒙古语正蓝旗土语长元音实验音系学研究》,《内蒙大学学报》(哲学社会科学版),2008 年第 4 期。

[11] 宝玉柱:《现代蒙古语正蓝旗土语音节研究》,《中央民族大学学报》(哲学社会科学版),2008 年第 5 期。

[12] 宝玉柱、孟和宝音:《现代蒙古语正蓝旗土语弱元音研究》,《大连民族学院学报》,2008 年第 6 期。

[13] 宝玉柱:《蒙古语正蓝旗土语元音和谐律研究》,《语言研究》,2010 年第 1 期。

[14] 宝玉柱:《蒙古语正蓝旗土语前化元音与后续短元音 i》,《中央民族大学学报》(哲学社会科学版),2011 年第 3 期。

[15] 包玉柱:《蒙古语词首元音前化与辅音腭化》,《民族语文》,2011 年

第 4 期。

[16] 朝克：《达斡尔语中的满 – 通古斯语借词》，《民族语文》，1988 年第 4 期。

[17] 达斡尔历史语言文学学会：《达斡尔语记音符号》，1981 年讨论通过。

[18] 道布：《蒙古语的元音和谐与元音音位对立的中和》，《民族语文》，1984 年第 2 期。

[19] 丁石庆：《达斡尔语名词语法成分的重叠》，《中央民族学院学报》，1989 年第 6 期。

[20] 丁石庆：《论达斡尔语中的满语借词》，《满语研究》，1990 年第 1 期。

[21] 丁石庆：《新疆达斡尔语小舌音浅析》，《民族语文》，1992 年第 5 期。

[22] 丁石庆：《达斡尔语方言问题研究综析》，《内蒙古师大学报》，1993 年第 1 期。

[23] 丁石庆：《达斡尔语方言成因试析》，《齐齐哈尔师范学院学报》，1994 年第 3 期。

[24] 丁石庆：《论达斡尔族母语文化的物质层次》，《民族语文》，1994 年第 3 期。

[25] 丁石庆：《新疆达斡尔语简述》，《语言研究》，1995 年第 1 期。

[26] 丁石庆：《新疆达斡尔语语音及其特点》，《语言与翻译》，1995 年第 1 期。

[27] 丁石庆：《达斡尔语渔业词汇与渔业文化历史变迁》，《满语研究》，2002 年第 2 期。

[28] 丁石庆：《达斡尔族早期狩猎文化的母语重建》，《满语研究》，2004 年第 1 期。

[29] 丁石庆：《莫旗达斡尔族语言发展趋势预测》，《中央民族大学学报》（哲学社会科学版），2008 年第 5 期。

[30] 丁石庆：《达斡尔语布特哈方言的语音特点》，《民族语文》，2008 年第 6 期。

[31] 丁石庆：《达斡尔语的传据语用策略》，《民族语文》，2012 年第 6 期。

[32] 鄂巧玲：《达斡尔语研究概述》，《黑龙江民族丛刊》，2000 年第 4 期。

[33] 恩和巴图：《达斡尔语音位系统》，《内蒙古大学学报》（蒙文版），1982 年第 4 期。

[34] 恩和巴图：《达斡尔语记音符号》，《内蒙古大学学报》，1983 年第 3 期。

[35] 恩和巴图：《关于达斡尔语的格》，《内蒙古大学学报》（蒙文版），1985 年第 3 期。

[36] 恩和巴图：《从〈满达词典〉看达斡尔语的语音脱落现象》，《内蒙古大学学报》，1994 年第 2 期。

[37] 恩和巴图：《谈满文字母的达斡尔文》，《民族语文》，1994 年第 2 期。

[38] 恩和巴图：《〈满达词典〉研究》，《满语研究》，1994 年第 2 期。

[39] 恩和巴图：《论达斡尔语用满文拼写法》，《内蒙古大学学报》（蒙文版），1994 年第 2 期。

[40] 恩和巴图：《〈满达词典〉研究（二）》——满达词汇对照》，《满语研究》，1995 年第 2 期。

[41] 恩和巴图：《19 世纪达斡尔人使用的文字》，《内蒙古大学学报》（哲学社会科学版），1996 年第 6 期。

[42] 恩和巴图：《〈满达词典〉研究（三）》——满达词汇对照》，《满语研究》，1997 年第 1 期。

[43] 哈斯其木格：《蒙古语复辅音问题》，《民族语文》，2006 年第 3 期。

[44] 哈斯其木格：《蒙古语词内元音音长分布模式》，《民族语文》，2015 年第 4 期。

[45] 何日莫奇：《达斡尔语与蒙古书面语语音比较》，《黑龙江民族丛刊》，1991 年第 4 期。

[46] 呼和、曹道巴特尔：《蒙古语察哈尔土语词末弱短元音的声学分析》，《内蒙古大学学报》（蒙文版），1996 年第 3 期。

[47] 呼和：《关于蒙古语的音节问题》，《民族语文》，1998 年第 4 期。

[48] 呼和：《蒙古语辅音腭化问题研究》，《民族语文》，2005 年第 2 期。

[49] 呼和：《蒙古语词重音问题》，《民族语文》，2007 年第 4 期。

[50] 呼和：《蒙古语单词自然节奏模式》，《蒙古语言文化学论丛（第 1 卷）》，民族出版社，斯钦朝克图主编，2008 年。

[51] 呼和：《再论蒙古语词重音》，《民族语文》，2014 年第 4 期。

[52] 姜根兄：《蒙古语元音弱化及脱落原因探析》，《内蒙古民族大学学报》（社会科学版），2010 年第 4 期。

［53］ 李兵、贺俊杰：《蒙古语卫拉特方言双音节词重音的实验语音学分析》，《民族语文》，2010 年第 5 期。

［54］ 李兵、李文欣：《鄂伦春语白银纳方言双音节词重音的实验语音学分析》，第九届中国语音学学术会议论文集，天津大学，2010 年 5 月 8 日。

［55］ 李兵、汪朋、贺俊杰：《锡伯语双音节词重音实验语音学研究》，《民族语文》，2012 年第 2 期。

［56］ 李兵、贺俊杰、汪朋：《锡伯语三音节词重音的实验语音学研究》，《民族语文》，2014 年第 2 期。

［57］ 马银亮：《蒙古语 bdgs 音与达斡尔语 r 音之间的对应关系》，《中国蒙古学》（蒙文版），2005 年第 1 期。

［58］ 梅花：《达斡尔语海拉尔方言元音声学分析》，硕士学位论文，内蒙古大学蒙古学学院，2009 年。

［59］ 梅花：《达斡尔语海拉尔方言词首短元音声学分析》，《蒙古语文》（蒙文版），2014 年第 1 期。

［60］ 梅花：《关于达斡尔语海拉尔方言词重音》，《中国蒙古学》（蒙文版），2014 年第 2 期。

［61］ 梅花：《达斡尔语海拉尔方言的非词首短元音的央化现象》，《内蒙古社会科学》（蒙文版），2014 年第 3 期。

［62］ 孟和宝音：《区别特征学说与现代蒙古语语音模式》，《内蒙古师大学报》（哲学社会科学版），2000 年第 1 期。

［63］ 拿木四来：《达斡尔语的领属后缀》，《内蒙古师范学院学报》，1980 年第 2 期。

［64］ 拿木四来：《达斡尔语的谓语人称范畴》，《民族语文》，1981 年第 2 期。

［65］ 拿木四来：《关于达斡尔语谓语体格变化的后缀》，《蒙古语言文学》（蒙古文），1991 年第 6 期。

［66］ 欧南·乌珠尔：《有关达斡尔语的系属》，《民间文化》，2000 年第 8 期。

［67］ 其布尔哈斯：《蒙古语和达斡尔语元音读音比较》，《内蒙古社会科学》（蒙文版），2004 年第 4 期。

［68］ 其布尔哈斯、呼和：《达斡尔语词首音节短元音声学分析》，第 9 届中

国语音学学术会议论文，南开大学，2010 年。

[69] 其布尔哈斯：《论达斡尔语布特哈方言辅音同化》，《中国蒙古学》
（蒙古文），2013 年第 6 期。

[70] 清格尔泰：《中国蒙古语族语言和方言概况》（蒙古文），《蒙古语
文》，1957 年第 11－12 期；《蒙古历史和语文》，1958 年第 1－4、6－
7 和 12 期。

[71] 清格尔泰：《蒙古语族语言中的音势结构》，《民族语文》，1989 年第
1 期。

[72] 确精扎布：《蒙古语察哈尔土语元音的实验语音学研究》，《民族语
文》，1989 年第 4 期。

[73] Roman Jakobson，G. Gunnar，Fant，Morris Halle 著《语音分析初探－区
别性特征及其相互关系》，王力译，《国外语言学》，1981 年第 3 期。

[74] 森格：《关于达斡尔语中的同音词》，《蒙古语文》（蒙文版），1989 年
第 6 期。

[75] 山田洋平：《达斡尔语四种方言中的辅音 k 与 x 的对应演变》（蒙古
文），硕士学位论文，内蒙古大学蒙古学学院，2013 年。

[76] 孙竹：《现代蒙古语的弱化元音》，《民族语文》，1981 年第 1 期。

[77] 孙竹：《达斡尔语的概要》，《青海民族学院学报》，1983 年第 3 期。

[78] 孙竹：《论达斡尔族语言（上）——兼谈达斡尔语与蒙古语的某些异
同》，《清海民族学院学》，1983 年第 4 期。

[79] 孙竹：《论达斡尔族语言（下）——兼谈达斡尔语与蒙古语的某些异
同》，《青海民族学院学报》，1984 年第 1 期。

[80] 塔娜：《试论汉语对达斡尔语的影响》，《内蒙古大学学报》，1982 年
Z1 期。

[81] 特木尔太：《关于达斡尔族育儿用语》，《蒙古语文》（蒙古文），2007
年第 10 期。

[82] 沃彩金、杨才铭：《关于蒙古语、达斡尔语、鄂温克语动词时态的表
达》，《西北民族大学学报》，1984 年 2 期。

[83] 乌力吉达来：《关于达斡尔语和蒙古语同源词》（蒙古文），硕士学位
论文，内蒙古师范大学蒙古语言文学系，1991 年。

[84] 希德夫：《达斡尔语与鄂温克语语音比较》，《满语研究》，2004 年第

2 期。

［85］ 玉山：《达斡尔族传统器具及其名称》，《内蒙古社会科学》（蒙文版），2007 年第 3 期。

［86］ 赵明鸣、冬瑛：《塔城地区达斡尔语语法的一些特点》，《语言与翻译》，1997 年第 4 期。

［87］ 仲素纯：《达斡尔语概况》，《中国语文》，1965 年第 4 期。

［88］ 仲素纯：《达斡尔语元音和谐》，《民族语文》，1980 年第 4 期。

［89］ 仲素纯：《达斡尔语的亲属称谓》，《语言研究》，1985 年第 1 期。

附录一
词表节选

序号	M2 发音	F2 发音	音位记音	拉丁文转写	汉 译
N0001	ʌːlʲ	ʌːlʲ	ʌːlʲ	aaly	习气，脾气
N0002	ɐitʌr	ɐitʌr	ʌitʌr	aidar	公野猪
N0003	ɐiləχ	ɐilək	ʌilək	aileg	声音，音韵，语调
N0004	ɐimən	ɐimən	ʌimən	aimen	民族
N0005	ɐiʃil	ɐiʃil	ʌiʃil	aixil	帮助，援助
N0006	ʌʊ	ʌʊ	ʌo	ao	要；拿；买
N0007	ʌʊsəm	ʌʊsum	ʌosəm	aosem	蒸后磨成的糜子米
N0008	ʌʊl	ʌʊl	ʌol	aol	山
N0009	ʌʊʃeː	ʌʊʃeː	ʌoʃeː	aoxie	姐夫
N0010	ʌtʌːkʰiː	ʌtʌːkʰiː	ʌtʌːkʰiː	adaakii	刺，棘刺
N0011	ʌtʲriɣ	ʌtirik	ʌtʲrik	adyrig	儿马，种马
N0012	ʌtoː	ʌtoː	ʌtoː	adoo	畜群
N0013	ʌtus	ʌtus	ʌtus	adus	牲畜
N0014	ʌtʰʌːkʰiː	ʌtʰʌːkʰiː	ʌtʰʌːkʰiː	ataakii	蜘蛛
N0015	ʌtʰeː	ʌtʰeː	ʌtʰeː	atie	驮子
N0016	ʌkʰʌː	ʌkʰʌː	ʌkʰʌː	akaa	兄，哥哥
N0017	ʌʧʰʌː	ʌʧʰʌː	ʌʧʰʌː	aqaa	父亲
N0018	ʌʧʰir	ʌʧʰir	ʌʧʰir	aqir	拿来，带来
N0019	ʌneː	ʌneː	ʌneː	anie	春节
N0020	ʌnʲ	ʌnʲ	ʌnʲ	any	相当，很

序号	M2 发音	F2 发音	音位记音	拉丁文转写	汉 译
N0021	ʌm	ʌm	ʌm	am	嘴
N0022	ʌmər	ʌmər	ʌmər	amer	休息
N0023	ʌmis	ʌms	ʌmis	amis	呼吸
N0024	ʌmʲ	ʌmʲ	ʌmʲ	amy	生命
N0025	ʌlkʰu	ʌlkʰu	ʌlkʰu	alku	迈步，走步
N0026	ʌllə	ʌllə	ʌllə	alle	车辙
N0027	ʌllər	ʌllər	ʌllər	aller	消息
N0028	ʌltʰ	ʌltʰ	ʌltʰ	alt	金
N0029	ʌriɣmʌ:	ʌrikmʌ:	ʌrikmʌ:	arigmaa	爱喝酒的
N0030	ʌru:n	ʌru:n	ʌru:n	aruun	干净的
N0031	ʌjil	ʌjil	ʌjil	ayil	村屯
N0032	əiɣən	eikən	əikən	eigen	毛驴
N0033	ɤukʰə:	ɤukʰə:	əukʰə:	eukee	大爷、大舅父、父亲之表兄
N0034	ɤulən	ɤulun	əulən	eulen	云
N0035	ɤur	ɤur	əur	eur	疾病
N0036	əɸkʰu	əkkʰu	əpkʰu	ebku	叠，卷
N0037	ət	ət	ət	ed	他们（近指），这些人
N0038	ətʰərkʰə:n	ətʰərkʰə:n	ətʰərkʰə:n	eterkeen	熊，母熊
N0039	ətʃin	ətʃin	ətʃin	ejin	皇帝，主人
N0040	ətʃisɣun	ətʃikusun	ətʃiskun	ejisgun	记忆
N0041	əsɣun	əskun	əskun	esgun	蛮横的
N0042	əŋŋəl	əŋŋəl	əŋkəl	engel	宽敞
N0043	əŋkʰu	əŋkʰu	əŋkʰu	enku	含；咬，吃
N0044	ənnə	ənnə	ənnə	enne	这里
N0045	əməs	əms	əməs	emes	穿
N0046	əmu:kʰun	əmu:kʰun	əmu:kʰun	emuukun	温柔的，温顺的
N0047	ələ:wun	ələ:kun	ələ:wun	eleewun	饱的，不贪吃的
N0048	əliʒtə:n	əliʒtə:n	əlirtə:n	elirdeen	蝙蝠
N0049	ərtʃʰu:	əʒtʃʰu:	ərtʃʰu:	erquu	胸脯

续表

序号	M2 发音	F2 发音	音位记音	拉丁文转写	汉 译
N0050	ərtəm	ərtəm	ərtəm	erdem	学问，专长，德性
N0051	ərɣəl	ərkəl	ərkəl	ergel	公牛
N0052	əβtʃəːn	əptʃəːn	əptʃəːn	ebjeen	虚弱，病包儿
N0053	ərʲ	əʒ	ərʲ	ery	寻找
N0054	itəː	itəː	itəː	idee	食物
N0055	itʰ	itʰ	itʰ	it	和睦，和善；得劲，合适
N0056	itʰəɣ	itʰək	itʰək	iteg	相信
N0057	itʰən	itʰən	itʰən	iten	二岁牛
N0058	itʃil	itʃil	itʃil	ijil	（马）合群；惯熟，同伴
N0059	itʃʰ	itʃʰ	itʃʰ	iq	去
N0060	is	is	is	is	九
N0061	isur	isʉr	isur	isur	衣服里子
N0062	in	in	in	in	他，她
N0063	intʃʰəːn	intʃʰeːn	intʃʰəːn	inqeen	肘
N0064	imʌː	imʌː	imʌː	imaa	山羊
N0065	iltʰiː	iltʰiː	iltʰiː	iltii	热闹的
N0066	ir	iʒ	ir	ir	来
N0067	irɣən	iʒkən	irkən	irgen	老百姓；汉人
N0068	oøs	oøs	ois	ois	桦树皮
N0069	oː	oː	oː	oo	喝
N0070	oβoː	opoː	opoː	oboo	土堆；敖包
N0071	ontʃʰ	ontʃʰ	ontʃʰ	onq	刀子
N0072	ols	ols	ols	ols	麻，线麻
N0073	olur	olur	olur	olur	人们，众人
N0074	or	or	or	or	位置
N0075	oreː	oreː	oreː	orie	晚上
N0076	ortʰu	ortʰu	ortʰu	ortu	长的
N0077	ojuŋŋu	ojoŋɣu	ojunku	oyungu	重要
N0078	utiʃ	utiʃ	utiʃ	udix	昨天

续表

序号	M2 发音	F2 发音	音位记音	拉丁文转写	汉 译
N0079	utur	utur	utur	udur	日，昼
N0080	utʰʌ:tʃʰ	utʰʌ:tʃʰ	utʰʌ:tʃʰ	utaaq	爷爷，老头
N0081	utʰum	utʰum	utʰum	utum	点心，饽饽
N0082	ukʰu	ukʰu	ukʰu	uku	给
N0083	utʃ	utʃ	utʃ	uj	看
N0084	une:	une:	une:	unie	母牛
N0085	unun	unun	unun	unun	真的
N0086	ul	ul	ul	ul	不
N0087	ulin	ulin	ulin	ulin	钱财
N0088	ur	ur	ur	ur	债务
N0089	urɣun	urkun	urkun	urgun	喜
N0090	ure:	urə:	ure:	urie	三至五岁的公马
N0091	ujə:li:	ujə:li:	ujə:li:	uyeelii	堂亲
N0092	ujin	ujin	ujin	uyin	姑娘
N0093	uwei	uwe:	uwəi	uwei	没有
N0094	uwul	ukul	uwul	uwul	冬天
N0095	pʌ:	pʌ:	pʌ:	baa	我们
N0096	pʌ:nʲi	pʌ:nʲi	pʌ:nʲi	baani	冰雹
N0097	pʌβəɣ	pʌpək	pʌpək	babeg	拳头
N0098	pʌtʌ:	pʌtʌ:	pʌtʌ:	badaa	饭
N0099	pɛɛlɣʌ:	pɛɛlkʌ:	pʌilkʌ:	bailgaa	盖房，建筑；建立
N0100	pɛɛtʰ	pɛɛtʰ	pʌitʰ	bait	事情；问题，事故；案件
N0101	pʌŋŋəl	pʌŋŋəl	pʌnkəl	bangel	滚圆的
N0102	pʌnʲnə	pʌnnə	pʌnʲnə	banyne	早晨
N0103	pʌrʌ:n	pʌrʌ:n	pʌrʌ:n	baraan	多
N0104	pɛre:tʃʰin	pʌre:tʃʰin	pʌre:tʃʰin	barieqin	接生
N0105	pʌrkʰən	pʌrkʰən	pʌrkʰən	barken	佛，神
N0106	pʌsərtʰ	pʌsərtʰ	pʌsərtʰ	basert	肾
N0107	pʌjin	pʌjin	pʌjin	bayin	富有的

续表

序号	M2 发音	F2 发音	音位记音	拉丁文转写	汉　译
N0108	pə:	pə:	pə:	bee	鱼饵，饵食
N0109	pə:lⁱlʲi	pə:lli	pə:lⁱlʲi	beelli	呕吐
N0110	pəle:ltʃʰitʃ	pəle:tʃʰitʃ	pəle:ltʃʰitʃ	belielqij	争夺，争先
N0111	pərɣə:n	pərkə:n	pərkə:n	bergeen	嫂子
N0112	pi:	pi:	pi:	bii	我
N0113	pinʃ	penʃ	pinʃ	binx	饺子
N0114	piruŋkʰu	piruŋkʰu	pirunkʰu	birunku	擀面杖
N0115	poøkʰo:	poøkʰo:	poikʰo:	boikoo	曲棍球球棍
N0116	polo:tʌ:	polo:tʌ:	polo:tʌ:	boloodaa	棒打
N0117	poluɣ	poluɣ	poluk	bolug	共，全体，全部
N0118	po:	po:	po:	boo	下，降
N0119	poɟʧʰo:	portʃʰo:	portʃʰo:	borqoo	豆
N0120	putu:n	putu:n	putu:n	buduun	粗的
N0121	pulʌ:r	pulʌ:r	pulʌ:r	bulaar	泉
N0122	purɣe:n	purke:n	purke:n	burgien	模糊不清的
N0123	putʰu:n	putʰu:n	putʰu:n	butuun	除夕
N0124	pʰʌβul	pʰʌpəl	pʰʌpul	pabul	限制，禁止
N0125	pʰɐɛ	pʰɐɛ	pʰʌi	pai	牌，纸牌
N0126	pʰʌʊtʃin	pʰʌʊtʃin	pʰʌʊtʃin	paojin	炮仗，爆竹
N0127	pʰəʃkʰələ:	pʰəʃkʰələ:sən	pʰəʃkʰələ:	pexkelee	踢
N0128	pʰi:	pʰi:	pʰi:	pii	笔，毛笔
N0129	pʰisɣə:	pʰiskə:	pʰiskə:	pisgee	糜米
N0130	pʰo:le:	pʰo:le:	pʰo:le:	poolie	曲棍球，球
N0131	pʰjʌ:ltʰʌ:n	pʰjʌ:ltʰʌ:n	pʰjʌ:ltʰʌ:n	pyaaltaan	面片
N0132	tʌli:	tʌli:	tʌli:	dalii	海洋
N0133	tʌŋŋə	tʌŋŋə	tʌŋkə	dange	烟草
N0134	tʌrəm	tʌʒəm	tʌrəm	darem	后腰
N0135	tʌrɣunnʌ:	tʌrɣunnʌ:	tʌrkunnʌ:	dargunnaa	麻雀
N0136	tʌru:l	tʌru:l	tʌru:l	daruul	鱼罩

续表

序号	M2 发音	F2 发音	音位记音	拉丁文转写	汉 译
N0137	tʌsun	tʌsun	tʌsun	dasun	甜的
N0138	tʌʊre:	tʌʊre:	tʌʊre:	daorie	模仿
N0139	tʌwaː	tʌwaː	tʌwaː	dawaa	山岭
N0140	tʌwur	tʌwur	tʌwur	dawur	达斡尔
N0141	təɸtʰə:mul	təptʰə:mul	təptʰə:mul	debteemul	布帮软皮底靴
N0142	tə:s	tə:s	tə:s	dees	绳子
N0143	təɣi:	təki:	təki:	degii	鸟，飞禽
N0144	tərbu:n	tərpu:n	tərpu:n	derbuun	潮湿的
N0145	tərt	təʒt	tərt	derd	飞
N0146	tərəβ	tərəp	tərəp	dereb	枕头
N0147	tərtʃə:	təʒʃə:	tərtʃə:	derjee	裤子
N0148	tʊu	tʊu	tʊu	deu	弟弟，妹妹；（年岁）小的
N0149	təwus	tʊus	təwus	dewus	铺，垫
N0150	tilo:	tilo:	tilo:	diloo	缰绳
N0151	tilwə:	tilkʷə:	tilwə:	dilwee	苍蝇
N0152	toɣlon	toklon	toklon	doglon	瘸子
N0153	tolo:	tolo:	tolo:	doloo	七
N0154	tomul	tomol	tomul	domul	曾孙
N0155	to:	to:	to:	doo	河边
N0156	tos	tos	tos	dos	滴，点
N0157	totʰur	totʰur	totʰur	dotur	内脏；内心
N0158	tutʃʰ	tʉtʃʰ	tutʃʰ	duq	四十
N0159	tulʌ:n	tulʌ:n	tulʌ:n	dulaan	暖
N0160	turun	turun	turun	durun	衣服样，鞋样；榜样
N0161	tur	tur	tur	dur	卖
N0162	tʷʌr	tʷʌr	tʷʌr	dwar	心愿，意愿；兴趣
N0163	tʷʌtʰ	tʷʌtʰ	tʷʌtʰ	dwat	缺少；留下，拉下
N0164	tʲʌ:s	tʲʌ:s	tʲʌ:s	dyaas	碟子
N0165	tʲʌlkʰu	tɛlənkʰu	tʲʌlkʰu	dyalku	帽檐；书皮

续表

序号	M2 发音	F2 发音	音位记音	拉丁文转写	汉　译
N0166	tɛns	tɛns	tʰᴧns	dyans	甸子
N0167	tʰᴀː	tʰᴀː	tʰᴀː	taa	你们
N0168	tʰᴀːl	tʰᴀːl	tʰᴀːl	taal	爱，喜欢，爱吃
N0169	tʰᴧβəl	tʰᴀpəl	tʰᴀpəl	tabel	劝告
N0170	tʰæiβ	tʰeip	tʰᴀip	taib	房柁，房梁
N0171	tʰᴀkʰiː	tʰᴀkʰiː	tʰᴀkʰiː	takii	挺胸直腰
N0172	tʰɛli	tʰᴀlʲ	tʰᴀlʲ	taly	放
N0173	tʰᴀɣun	tʰᴀrkun	tʰᴀrkun	targun	肥的
N0174	tʰɛr	tʰᴀrʲ	tʰᴀrʲ	tary	种植
N0175	tʰᴀrkʰə	tʰᴀrkʰ	tʰᴀrkʰə	tarke	打，敲；编织
N0176	tʰᴀtʰ	tʰᴀtʰ	tʰᴀtʰ	tat	拉，拽
N0177	tʰᴧʊlʲi	tʰᴧʊlʲi	tʰᴧolʲi	taoli	兔子
N0178	tʰət	ət	tʰət	ted	他们
N0179	tʰəː	tʰəː	tʰəː	tee	装载
N0180	tʰəməːni	tʰəməːni	tʰəməːni	temeeni	大穿针
N0181	tʰəŋŋəl	tʰəŋŋəl	tʰənkəl	tengel	车轴
N0182	tʰəŋkʰ	tʰəŋkʰ	tʰənkʰ	tenk	火着起来
N0183	tʰɤureː	tʰɤuʒeː	tʰəureː	teurie	抱
N0184	tʰipkʰəs	tʰipkʰəs	tʰipkʰəs	tibkes	钉
N0185	tʰiː	tʰiː	tʰiː	tii	那样
N0186	tʰokʰilʲi	tʰokʰolʲi	tʰokʰolʲi	tokoli	牛犊
N0187	tʰoŋkʰu	tʰoŋkʰu	tʰonkʰu	tonku	拱地
N0188	tʰoːtʰi	tʰʷᴀːtʰiː	tʰoːtʰi	tootii	少有的，罕见的
N0189	tʰopʰoːr	tʰopʰoːr	tʰopʰoːr	topoor	斧子
N0190	tʰortʰoː	tʰortʰoː	tʰortʰoː	tortoo	决定，规定；稳定
N0191	tʰos	tʰos	tʰos	tos	益处，好处；功用，效果
N0192	tʰuimur	tʰʉimur	tʰuimur	tuimur	野火
N0193	tʰuleː	tʰʉleː	tʰuleː	tulie	烧柴
N0194	tʰulkʰʲi	tʰʉlkʰʲi	tʰulkʰʲi	tulki	推

序号	M2 发音	F2 发音	音位记音	拉丁文转写	汉 译
N0195	tʰuŋkʰə:	tʰuŋkʰə:	tʰunkʰə:	tunkee	拾，捡
N0196	tʰuwɑ:	tʰuwɑ:	tʰuwɑ:	tuwaa	锅
N0197	tʰwɑ:ləχ	tʰwɑ:lək	tʰwɑ:lək	twaaleg	柱子
N0198	tʰwɑ:llə	tʰwɑ:llə	tʰwɑ:llə	twaalle	尘土
N0199	tʰwʌltʃʰiχ	tʰwʌltʃʰik	tʰwʌltʃʰik	twalqig	膝盖
N0200	tʰjʌbɣər	tʰʲɛpkər	tʰʲʌpkər	tyabger	黑桦
N0201	kɑ:ɣʷ	kɑ:wu	kɑ:kʷ	gaagw	乌鸦
N0202	kɑ:llən	kɑ:llən	kɑ:llən	gaallen	天晴
N0203	kʌlʲ	kʌlʲ	kʌlʲ	galy	火
N0204	kʌlʲlʲo:	kʌlʲlʲo:	kʌlʲlʲo:	gallyoo	疯的
N0205	kʌlo:	kʌlo:	kʌlo:	galoo	鹅，雁
N0206	kʌrʲ	kʌrʲ	kʌrʲ	gary	手
N0207	kʌsu:n	kʌsu:n	kʌsu:n	gasuun	辣的，苦的，咸的
N0208	kʌʊlʲi	kʌʊlʲi	kʌolʲi	gaoli	后脑勺
N0209	kə:	kə:	kə:	gee	丢，扔
N0210	kənsun	kənsun	kənsun	gensun	冰凉；冷的
N0211	kətʃiɣ	kətʃik	kətʃik	gejig	发辫
N0212	kotʃʰ	kotʃʰ	kotʃʰ	goq	三十
N0213	kotʃʰo:r	kotʃʰo:r	kotʃʰo:r	goqoor	靴子
N0214	koø	koø	koi	goi	请求
N0215	koøɣotʃʰ	koøkətʃʰ	koikotʃʰ	goigoq	行乞
N0216	kolʲ	kolʲ	kolʲ	goly	中心，脊柱
N0217	kolmo:	kolmo:	kolmo:	golmoo	脏的，可恶的
N0218	kutʃʰ	kutʃʰ	kutʃʰ	guq	朋友
N0219	kui	kui	kui	gui	跑
N0220	kuilə:s	kuilə:s	kuilə:s	guilees	杏
N0221	kurə:s	kurə:s	kurə:s	gurees	野兽
N0222	kuruŋku	kʰuruŋkʰu	kuruŋku	gurunku	风车（玩具）
N0223	kuskʰə:	kuskʰə:	kuskʰə:	guskee	狼

续表

序号	M2 发音	F2 发音	音位记音	拉丁文转写	汉　译
N0224	ku:	ku:	ku:	guu	玉，玻璃
N0225	kutʃə:	kutʃə:	kutʃə:	gujee	胃
N0226	kʷʌɣəs	kʷʌkəs	kʷʌkəs	gwages	野韭菜
N0227	kʷʌnən	kʷʌnən	kʷʌnən	gwanen	三岁口的（牛、马）
N0228	kʷə:n	kʷə:n	kʷə:n	gween	深
N0229	kʲʌ:	kʲʌ:	kʲʌ:	gyaa	街市，城镇
N0230	kʲʌ:kʰu	kʲʌ:kʰu	kʲʌ:kʰu	gyaaku	外屋
N0231	kʲʌn	kʲʌn	kʲʌn	gyaan	道理，理由；原则
N0232	kʰʌ:lʌ:	kʰʌ:lʌ:	kʰʌ:lʌ:	kaalaa	改变，改正；调换
N0233	kʰʌtʃʰir	kʰʌtʃʰir	kʰʌtʃʰir	kaqir	脸颊
N0234	kʰɐitʃʰ	kʰɐitʃʰ	kʰʌitʃʰ	kaiq	剪子
N0235	kʰʌle:r	kʰʌle:r	kʰʌle:r	kalier	山韭菜
N0236	kʰʌlliχ	kʰʌllik	kʰʌllik	kallig	贫穷
N0237	kʰʌre:	kʰʌre:	kʰʌre:	karie	跳
N0238	kʰʌrsʌ:	kʰʌʒsʌ:	kʰʌrsʌ:	karsaa	烤，焙
N0239	kʰʌso:	kʰʌso:	kʰʌso:	kasoo	铁
N0240	kʰʌtʰʌ:	kʰʌtʰʌ:	kʰʌtʰʌ:	kataa	盐
N0241	kʰʌʊtʃʰin	kʰʌʊtʃʰin	kʰʌʊtʃʰin	kaoqin	旧的
N0242	kʰətʃʰiɣ	kʰətʃʰik	kʰətʃʰik	keqig	前天
N0243	kʰə:kʰə:	kʰə:kʰə:	kʰə:kʰə:	keekee	猫
N0244	kʰə:lʲi	kʰə:lʲi	kʰə:lʲi	keeli	肚子
N0245	kʰəkʰre:	kʰəkʰre:	kʰəkʰre:	kekrie	打饱嗝
N0246	kʰəlɣi:	kʰəlki:	kʰəlki:	kelgii	结巴，口吃
N0247	kʰəltʰiχ	kʰəltʰik	kʰəltʰik	keltig	大鲫鱼
N0248	kʰəŋkʰ	kʰəŋkʰ	kʰənkʰ	kenk	瓜
N0249	kʰərtʃə:	kʰərtʃə:	kʰərtʃə:	kerjee	园田，菜园
N0250	kʰʌur	kʰʌur	kʰʌur	keur	草地，草甸子
N0251	kʰətʃin	kʰətʃin	kʰətʃin	kejin	围墙，土墙
N0252	kʰirə:	kʰirə:	kʰirə:	kiree	锯

序号	M2 发音	F2 发音	音位记音	拉丁文转写	汉 译
N0253	kʰoltʰus	kʰoltʰus	kʰoltʰus	koltus	外壳，外皮
N0254	kʰoŋŋo:	kʰoŋŋo:	kʰonko:	kongoo	耳聋
N0255	kʰo:to:	kʰo:to:	kʰo:to:	koodoo	疯子，糊涂
N0256	kʰotʰon	kʰotʰon	kʰotʰon	koton	城市
N0257	kʰuitʰun	kʰʉitʰun	kʰuitʰun	kuitun	寒冷
N0258	kʰummil	kʰʉmmil	kʰummil	kummil	柳蒿芽
N0259	kʰurʧʰ	kʰurʧʰ	kʰurʧʰ	kurq	弓弦
N0260	kʰurtʰ	kʰurtʰ	kʰurtʰ	kurt	棉袍
N0261	kʰurum	kʰurum	kʰurum	kurum	长袍
N0262	kʰuʃe:	kʰʉʃe:	kʰuʃe:	kuxie	篱笆
N0263	kʰʷʌ:m	kʰʷʌ:m	kʰʷʌ:m	kwaam	脖子
N0264	kʰʷʌ:rtʰ	kʰʷʌ:tʰ	kʰʷʌ:rtʰ	kwaart	猎刀
N0265	kʰʷʌkʰ	kʰʷʌkʰ	kʰʷʌkʰ	kwak	倒，掉，精光
N0266	kʰʷə:l	kʰʷə:lle:pe:	kʰʷə:l	kweel	套（车）
N0267	kʰʲʌ:nʧʰ	kʰʲʌ:nʧʰ	kʰʲʌ:nʧʰ	kyaanq	象棋（汉）
N0268	kʰʲʌ:nə	kʰʲʌ:n	kʰʲʌ:nə	kyaane	羊草
N0269	kʰʲʌr	kʰʲʌr	kʰʲʌr	kyar	棱，梁
N0270	ʧʌ:	ʧʌ:	ʧʌ:	jaa	告诉；教
N0271	ʧʌtəɣ	ʧʌtək	ʧʌtək	jadeg	瘆病
N0272	ʧʌlkʰo:	ʧʌlkʰo:	ʧʌlkʰo:	jalkoo	懒惰
N0273	ʧʌlo:	ʧʌlo:	ʧʌlo:	jaloo	年轻
N0274	ʧʌrəɣ	ʧʌrək	ʧʌrək	jareg	享福；患天花
N0275	ʧʌʊ	ʧʌʊ	ʧʌo	jao	百
N0276	ʧʌʊs	ʧʌʊs	ʧʌos	jaos	鱼
N0277	ʧʌʊʧʌ:	ʧʌʊʧʌ:	ʧʌoʧʌ:	jaojaa	脚跟
N0278	ʧə:	ʧə:	ʧə:	jee	外甥（儿、女）
N0279	ʧɤut	ʧɤut	ʧɤut	jeud	梦
N0280	ʧɤulə:n	ʧɤulə:n	ʧɤulə:n	jeuleen	软
N0281	ʧʃitən	ʧʃitən	ʧʃitən	jiden	兴安岭

续表

序号	M2 发音	F2 发音	音位记音	拉丁文转写	汉 译
N0282	ʧiɣʌː	ʧikʌː	ʧikʌː	jigaa	钱
N0283	ʧiːβlʌ	ʧeːplʌ	ʧiːplʌ	jiiblaa	盘腿
N0284	ʧeːʧʰ	ʧeːʧʰ	ʧeːʧʰ	jieq	第二个，次子
N0285	ʧeːŋŋeː	ʧeːŋkeː	ʧeːnkeː	jiengie	（线、绳的）结
N0286	ʧilliχ	ʧellik	ʧillik	jillig	猪崽
N0287	ʧinnilʌ	ʧenʧilʌ	ʧinnilʌ	jinnilaa	挑担
N0288	ʧiʒɣo	ʧiʒɣo	ʧirko	jirgoo	六
N0289	ʧiro	ʧiʒo	ʧiro	jiroo	大走
N0290	ʧoβlon	ʧoβlon	ʧoplon	joblon	苦难
N0291	ʧoː	ʧoː	ʧoː	joo	藏，瞒
N0292	ʧɣrin	ʧorin	ʧorin	jorin	目的
N0293	ʧurʌːs	ʧʉʒʌːs	ʧurʌːs	juraas	冬季狍皮
N0294	ʧus	ʧʉs	ʧus	jus	颜色
N0295	ʧuː	ʧuː	ʧuː	juu	针
N0296	ʧʷəːβeː	ʧʷəːpeː	ʧʷəːpeː	jweebie	二月
N0297	ʧʰʌː	ʧʰʌː	ʧʰʌː	qaa	板筋，脖筋
N0298	ʧʰʌːʧ	ʧʰʌːʧ	ʧʰʌːʧ	qaaj	后天
N0299	ʧʰʌrkʰuluŋ	ʧʰʌkkʰuluŋ	ʧʰʌrkʰulun	qarkulun	饱的
N0300	ʧʰʌs	ʧʰʌs	ʧʰʌs	qas	雪
N0301	ʧʰikʰ	ʧʰikʰ	ʧʰikʰ	qik	耳朵
N0302	ʧʰinʧʰ	ʧʰinʧʰ	ʧʰinʧʰ	qinq	单衣
N0303	ʧʰɵkʰʲ	ʧʰokʰʲ	ʧʰokʰʲ	qoky	啄
N0304	ʧʰoloː	ʧʰoloː	ʧʰoloː	qoloo	石头
N0305	ʧʰoŋkʰu	ʧʰoŋkʰu	ʧʰonkʰu	qonku	窗户
N0306	ʧʰoːr	ʧʰoːr	ʧʰoːr	qoor	拉胡琴
N0307	ʧʰulʧʰ	ʧʰʉlʧʰ	ʧʰulʧʰ	qulq	胆
N0308	ʧʰuŋŋur	ʧʰuŋkur	ʧʰunkur	qungur	滚动
N0309	ʧʰuː	ʧʰuː	ʧʰuː	quu	闩，插关儿
N0310	ʧʰʷʌɣ	ʧʰʷʌk	ʧʰʷʌk	qwag	兵，军队

序号	M2 发音	F2 发音	音位记音	拉丁文转写	汉 译
N0311	sʌβʲ	sɛp	sʌpʲ	saby	鞋
N0312	sɛɣ	sɛk	sʌkʲ	sagi	看守
N0313	sɐir	sɐir	sʌir	sair	大力士
N0314	sæiso:	sæiso:	sʌiso:	saisoo	打千请安
N0315	sʌlʌ:	sʌlʌ:	sʌlʌ:	salaa	枝杈
N0316	sɛlɣin	sɛlkən	sʌlʲkin	salygin	权力
N0317	sʌrəpʰ	sʌrpʰ	sʌrəpʰ	sarep	筷子
N0318	sʌskən	sʌskən	sʌskən	sasgen	烩菜
N0319	sʌʊ	sʌʊ	sʌo	sao	坐
N0320	sʌʊr	sʌʊr	sʌor	saor	犁
N0321	sə:s	sə:s	sə:s	sees	尿
N0322	sərə:	sərə:	sərə:	seree	叉子，鱼叉
N0323	səri:	səri:	səri:	serii	（毛发）蓬乱
N0324	səru:n	səru:n	səru:n	seruun	凉爽
N0325	sʁulʲi	sʁulʲi	səulʲi	seuli	尾巴
N0326	sʁutʃ	sʁutʃi	səutʃ	seuj	骨盆
N0327	soɣur	sokur	sokur	sogur	瞎的
N0328	solɣi:	solki:	solki:	solgii	左边的
N0329	soni:	soni:	soni:	sonii	伸懒腰
N0330	sons	sons	sons	sons	听
N0331	so:	so:	so:	soo	腋
N0332	suɣ	suk	suk	sug	斧子
N0333	sʉi	sʉi	sui	sui	罪
N0334	susʌ:m	susʌ:m	susʌ:m	susaam	玉米
N0335	sʷʌtəl	sʷʌtəl	sʷʌtəl	swadel	血管
N0336	sʷʌɣəs	sʷʌkəs	sʷʌkəs	swages	雅罗鱼
N0337	sʷʌl	sʷʌl	sʷʌl	swal	木排，筏子
N0338	sʷʌrs	sʷʌʒs	sʷʌrs	swars	荒地，撂荒地
N0339	ʃʌtəl	ʃʌtəl	ʃʌtəl	xadel	能力，本领

续表

序号	M2 发音	F2 发音	音位记音	拉丁文转写	汉　译
N0340	ʃʌɣ	ʃʌk	ʃʌk	xag	擦，抹；挤，逼
N0341	ʃʌl	ʃʌl	ʃʌl	xal	完全，都是
N0342	ʃʌr	ʃʌr	ʃʌr	xar	脸面
N0343	ʃʌʊ	ʃʌʊ	ʃʌO	xao	方网
N0344	ʃəːrsən	ʃəːʈʃəʃ	ʃəːrsən	xeersen	缠住不放，要赖
N0345	ʃɚɣu	ʃɚku	ʃəuku	xeugu	锥子
N0346	ʃɚur	ʃɚur	ʃəur	xeur	（手、脚）汗
N0347	ʃiɣ	ʃik	ʃik	xig	大
N0348	ʃiɣeː	ʃikeː	ʃikeː	xigie	窥视
N0349	ʃiː	ʃiː	ʃiː	xii	做
N0350	ʃilʌːs	ʃilʌːs	ʃilʌːs	xilaas	麻线，棉线
N0351	ʃim	ʃim	ʃim	xim	营养，汁液
N0352	ʃinʃ	ʃinʃ	ʃinʃ	xinx	倾听，细听
N0353	ʃirβis	ʃiʒpəs	ʃirpis	xirbis	筋
N0354	ʃirəβ	ʃirəp	ʃirəp	xireb	摸，按摩
N0355	ʃirəː	ʃiʒəː	ʃirəː	xiree	桌子
N0356	ʃirəm	ʃirəm	ʃirəm	xirem	小腿，小腿骨
N0357	ʃiruːn	ʃiʒuːn	ʃiruːn	xiruun	粗糙的
N0358	ʃitʰʌː	ʃitʰʌː	ʃitʰʌː	xitaa	点火
N0359	ʃitʰəːləː	ʃitʰəːləː	ʃitʰəːləː	xiteelee	坐炕沿上
N0360	ʃitʃim	ʃitʃim	ʃitʃim	xijim	生磨的穄子米
N0361	ʃolβur	ʃolpur	ʃolpur	xolbur	偏缰
N0362	ʃolɣun	ʃolkon	ʃolkun	xolgun	裤腿
N0363	ʃomoːl	ʃomoːl	ʃomoːl	xomool	蚊子
N0364	ʃullu	ʃʉllu	ʃullu	xullu	唾液
N0365	ʃuɭkʰul	ʃukkʰul	ʃurkʰul	xurkul	鬼
N0366	ʃuwʌː	ʃuwʌː	ʃuwʌː	xuwaa	签
N0367	ʃʷəː	ʃʷəː	ʃʷəː	xwee	直的
N0368	χʌː	χʌː	χʌː	haa	关，堵，挡

续表

序号	M2 发音	F2 发音	音位记音	拉丁文转写	汉 译
N0369	xɑ:ləɣ	xɑ:lək	xɑ:lək	haaleg	院门
N0370	xɑtu:r	xɑtu:r	xɑtu:r	haduur	刀，菜刀，镰刀
N0371	xæitʃʰ	xæitʃʰ	xɑitʃʰ	haiq	鳞
N0372	xɐitɑ:	xæitɑ:	xɑitɑ:	haidaa	往哪里
N0373	xɑlu:n	xɑlu:n	xɑlu:n	haluun	热
N0374	xɑnʲɑ:kʰɑ:	xɑnikʰɑ:	xɑnʲɑ:kʰɑ:	hanyaakaa	纸人（儿童手工玩具）
N0375	xɑɾɑ:	xɑɾɑ:	xɑɾɑ:	haraa	咒骂
N0376	xɑɾəβ	xɑɾəp	xɑɾəp	hareb	十
N0377	xɑɾɣəl	xɑɾkəl	xɑɾkəl	hargel	干牛粪
N0378	xʌʊr	xʌʊʒ	xʌor	haor	春
N0379	xʌʊs	xʌʊs	xʌos	haos	鱼刺
N0380	xʌtʃ	xʌtʃ	xʌtʃ	haj	啃，咬
N0381	xʌtʃir	xʌtʃir	xʌtʃir	hajir	回来
N0382	xə:tə:	xə:tə:	xə:tə:	heedee	分得，摊得
N0383	xein	xein	xəin	hein	风
N0384	xəkʰʲ	xəkʰʲ	xəkʰʲ	heky	病因，来源
N0385	xəsər	xəsəʒ	xəsər	heser	跳，蹦
N0386	xətʰkʰulə:	xətʰkʰulə:	xətʰkʰulə:	hetkulee	抓
N0387	xɤur	xɤur	xəur	heur	窝子，怀抱
N0388	xətʃə:	xətʃə:	xətʃə:	hejee	何时
N0389	xoβe:	xope:	xope:	hobie	分
N0390	xolo:	xolo:	xolo:	holoo	偷
N0391	xo:tos	xo:tos	xo:tos	hoodos	膀胱
N0392	xo:lʲi	xo:lʲi	xo:lʲi	hooli	喉，嗓子
N0393	xo:n	xo:n	xo:n	hoon	年
N0394	xorton	xortun	xorton	hordon	快
N0395	xorɣo:l	xorɣo:l	xorko:l	horgool	野鸡
N0396	xorʃe:l	xoʃe:l	xorʃe:l	horxiel	天鹅
N0397	xutɑ:	xutɑ:	xutɑ:	hudaa	价钱

续表

序号	M2 发音	F2 发音	音位记音	拉丁文转写	汉　译
N0398	xullən	xullən	xullən	hullen	剩下，留下
N0399	xulthu	xuɬthu	xulthu	hultu	穿，透
N0400	xulu:	xulu:	xulu:	huluu	多，余
N0401	xuŋŋə:r	xuŋkə:r	xunkə:r	hungeer	沙葱
N0402	xuŋkhu	xuŋkhu	xunkhu	hunku	毛巾
N0403	xunnu	xunnə	xunnu	hunnu	重，重的
N0404	xunuχ	xunuk	xunuk	hunug	狐狸
N0405	xurtʃhʌ:	xurtʃhʌ:	xurtʃhʌ:	hurqaa	翻，颠倒
N0406	xuthʌ:m	xuthʌ:m	xuthʌ:m	hutaam	婴孩
N0407	xujʌ:	xujʌ:	xujʌ:	huyaa	系绳，拴绳
N0408	xutʃu:	xutʃu:	xutʃu:	hujuu	脖子
N0409	xutʃu:r	xutʃu:r	xutʃu:r	hujuur	尖，端
N0410	xʷʌtəl	xʷʌtəl	xʷʌtəl	hwadel	谎话，假的
N0411	xʷɐɛr	xʷɪɜr	xʷʌir	hwair	嫉妒
N0412	xʷʌkhər	xʷʌkhər	xʷʌkhər	hwaker	短的
N0413	xʷʌləɣ	xʷʌləɣ	xʷʌlək	hwaleg	贼，小偷
N0414	xʷʌr	xʷʌr	xʷʌr	hwar	雨
N0415	xʷə:s	xʷə:s	xʷə:s	hwees	脓，泡沫
N0416	ɕʌ:rkhu	ɕʌ:rkhu	ɕʌ:rkhu	hyaarku	房山墙
N0417	ɕʌth	ɕʌth	ɕʌth	hyat	破、碎
N0418	ɕʌʊth	ɕʌʊth	ɕʌoth	hyaot	狭窄的，紧瘦的
N0419	nʌ:t	nʌ:t	nʌ:t	naad	玩
N0420	nʌ:tʃil	nʌ:tʃil	nʌ:tʃil	naajil	娘家
N0421	nɐɛm	nɐim	nʌim	naim	八
N0422	nʌrɛ:m	nɛrʌ:m	nʌrɛ:m	nariem	小米
N0423	nʌʊr	nʌʊʒ	nʌor	naor	湖，池
N0424	nʌtʃir	nʌtʃir	nʌtʃir	najir	夏天
N0425	nə:	nə:	nə:	nee	开
N0426	nə:r	nə:r	nə:r	neer	灶门

序号	M2 发音	F2 发音	音位记音	拉丁文转写	汉 译
N0427	nəmməs	nəmməs	nəmməs	nemmes	被子
N0428	nərʧʰə:	nəɻʧʰen	nərʧʰə:	nerqee	孵
N0429	nʁu	nʁusən	nəu	neu	搬家
N0430	nituŋkʰu	nituŋkʰu	nituŋkʰu	nidunku	杵
N0431	ninnur	ninnur	ninnur	ninnur	单的
N0432	nirkəs	niʒkəs	nirkəs	nirges	颗，粒
N0433	niro:	niro:	niro:	niroo	脊梁
N0434	noør	noør	noir	noir	淋湿
N0435	noøtʰon	noøtʰon	noitʰon	noiton	湿的
N0436	no:	no:	no:	noo	角落
N0437	nuwA:	nuwA:	nuwA:	nuwaa	菜
N0438	nʲA:rβəe	nʲA:rpe:	nʲA:rpəi	nyaarbei	留恋，恋恋不舍
N0439	nɛtəm	nɛtəm	nʲAtəm	nyadem	脸，脸面
N0440	nʲommus	nʲommus	nʲommus	nyommus	泪，唾沫
N0441	nʲo:kʰul	nʲo:kʰul	nʲo:kʰul	nyookul	后项
N0442	nʲos	nʲos	nʲos	nyos	鼻涕
N0443	mA:ʧ	mA:ʧ	mA:ʧ	maaj	搔，挠
N0444	mAltʰ	mAltʰ	mAltʰ	malt	搂，扒；挖
N0445	mAŋŋə	mAŋŋə	mAŋkə	mange	好样的，有本事的
N0446	mAŋŋe:	mAŋke:	mAŋke:	mangie	凶魔
N0447	mɛn	mAnʲ	mAnʲ	many	群
N0448	mAʧin	mAʧin	mAʧin	majin	木匠
N0449	meis	meis	məis	meis	冰
N0450	mərɣən	mərkən	mərkən	mergen	神箭手；有智慧的
N0451	mi:r	mi:r	mi:r	miir	臂
N0452	minA:	minA:	minA:	minaa	鞭子
N0453	monʲo:	monʲo:	monʲo:	monyoo	猴
N0454	mo:	mo:	mo:	moo	坏，不好
N0455	mo:t	mo:t	mo:t	mood	木头，树

续表

序号	M2 发音	F2 发音	音位记音	拉丁文转写	汉　译
N0456	motʃ	motʃ	motʃ	moj	骨节
N0457	mutur	mutur	mutur	mudur	龙
N0458	mʷəːr	mʷəːr	mʷəːr	mweer	车辋
N0459	muŋŋu	muŋŋu	munku	mungu	银
N0460	mʲɑːrtʰ	mʲɑːɻtʰ	mʲɑːrtʰ	myaart	头皮
N0461	mʲɑɣ	mʲɑk	mʲɑk	myag	肉
N0462	mʲɑluːr	mɛluːr	mʲɑluːr	myaluur	舌头伸一下
N0463	mʲɑŋŋə	mʲɑŋŋə	mʲɑnkə	myange	千
N0464	mʲɑrt	mʲɑrtʰ	mʲɑrt	myard	豹
N0465	lɑːlɑtʃ	lɑːlɑtʃ	lɑːlɑtʃ	laalaj	胡言乱语
N0466	lɑːlʲi	lɑːlʲi	lɑːlʲi	laali	膏糜，稠粥
N0467	lɑrtʃʰ	lɑɻtʃ	lɑrtʃʰ	larq	叶
N0468	lɑɻtʰoː	lɑɻtʰoː	lɑrtʰoː	lartoo	贴
N0469	lʌʊwu	lʌʊwu	lʌʊwu	laowu	眼屎
N0470	lʌwɑː	lʌwɑː	lʌwɑː	lawaa	细枝
N0471	ləlllə	ləlllə	ləlllə	lellee	命名
N0472	løplɑːtʃ	loplɑːtʃ	lopʲlɑːtʃ	lobylaaj	抖搂
N0473	luŋŋur	luŋkur	lunkur	lungur	钻
N0474	lupʰu	lupʰu	lupʰu	lupu	一直
N0475	jɑːr	jɑːr	jɑːr	yaar	忙
N0476	jɑːtʰɑː	jɑːtʰɑː	jɑːtʰɑː	yaataa	坐月子，生孩子
N0477	jɑβtəl	jɑptəl	jɑptəl	yabdel	行为
N0478	jɑtɣən	jɑtkən	jɑtkən	yadgen	萨满
N0479	jɑlləm	jɑlləm	jɑlləm	yallem	伶俐，敏捷
N0480	jɑnz	jɛns	jɑns	yans	样子
N0481	jʌʊ	jʌʊ	jʌO	yao	走
N0482	jir	jir	jir	yir	九十
N0483	joɸtʰ	joptʰ	joptʰ	yobt	（不停地）前进
N0484	joː	joː	joː	yoo	什么

续表

序号	M2 发音	F2 发音	音位记音	拉丁文转写	汉　译
N0485	wɑːʧʰ	wɑːʧʰ	wɑːʧʰ	waaq	荐股部，尻背
N0486	wɑːɣri:	wɑːkre:	wɑːkri:	waagrii	大声叫喊，大声哭叫
N0487	wɑːlɣən	wɑːlkən	wɑːlkən	waalgen	回音，回响
N0488	wɑːtʰi:	wɑːtʰi:	wɑːtʰi:	waatii	香的，有味的
N0489	wɛɛr	wɛɛr	wʌir	wair	近；亲属；近似的
N0490	wɛɛɻkʰən	weiɻkʰən	wʌirkʰən	wairken	近的
N0491	wʌntʰ	wʌntʰ	wʌntʰ	want	睡觉
N0492	wʌnwui	wʌnwui	wʌnwui	wanwui	西边
N0493	wʌrən	wʌrən	wʌrən	waren	巧的，艺术的，优美的
N0494	wʌɻkʰəl	wʌʒkʰəl	wʌrkʰəl	warkel	衣服
N0495	wʌʧ	wʌʧ	wʌʧ	waj	痕迹，足迹
N0496	wʌʧir	wʌʧiʒ	wʌʧir	wajir	近来，进入
N0497	wəː	wəː	wəː	wee	祭祀，上供
N0498	wəːt	wəːt	wəːt	weed	上行，逆行
N0499	wəːre:	wəːre:	wəːre:	weerie	自己
N0500	wəj	wəj	wəj	wey	关节；时期；辈分

附录二

语音声学参数数据库（样例）

No.	File Name	W	W – PS	W – PN	S	SN	SL	ST	S – PS	S – PN	P	PC	PO
N00001	DWEM2A001	ʌː	1	1	ʌː	1	1	1	1	1	ʌː	LV	3
N00002	DWEM2A002	ɐi	2	1	ɐi	1	1	2	2	1	a	DVf	3
N00003	DWEM2A002	ɐi	2	2	ɐi	1	1	2	2	2	i	DVs	4
N00004	DWEM2A003	tʰət	4	1	tʰət	1	1	10	4	1	tʰ	ʌC	1
N00005	DWEM2A003	tʰət	4	2	tʰət	1	1	10	4	2	ə	SV	3
N00006	DWEM2A003	tʰət	4	3	tʰət	1	1	10	4	3	t	SC	5
N00007	DWEM2A003	tʰət	4	4	tʰət	1	1	10	4	4	ʔ	NSV	9
N00008	DWEM2A004	ʌːl	3	1	ʌːl	1	1	3	3	1	ʌː	LV	3
N00009	DWEM2A004	ʌːl	3	2	ʌːl	1	1	3	3	2	l	TC	5
N00010	DWEM2A004	ʌːl	3	3	ʌːl	1	1	3	3	3	ʔ	NSV	9
N00011	DWEM2A006	ʌːʃ	2	1	ʌːʃ	1	1	3	2	1	ʌː	LV	3
N00012	DWEM2A006	ʌːʃ	2	2	ʌːʃ	1	1	3	2	2	ʃ	FC	5
N00013	DWEM2A007	ʌjiɣ	5	1	ʌ	2	1	1	1	1	ʌ	SV	3
N00014	DWEM2A007	ʌjiɣ	5	2	jik	2	9	10	4	1	j	TC	1
N00015	DWEM2A007	ʌjiɣ	5	3	jik	2	9	10	4	2	i	SV	3
N00016	DWEM2A007	ʌjiɣ	5	4	jik	2	9	10	4	3	ɣ	TC	5
N00017	DWEM2A007	ʌjiɣ	5	5	jik	2	9	10	4	4	ʔ	NSV	9
N00018	DWEM2A008	ʌjil	5	1	ʌ	2	1	1	1	1	ʌ	SV	3
N00019	DWEM2A008	ʌjil	5	2	jil	2	9	10	4	1	j	TC	1
N00020	DWEM2A008	ʌjil	5	3	jil	2	9	10	4	2	i	SV	3
N00021	DWEM2A008	ʌjil	5	4	jil	2	9	10	4	3	l	TC	5

续表

No.	File Name	W	W – PS	W – PN	S	SN	SL	ST	S – PS	S – PN	P	PC	PO
N00022	DWEM2A008	ʌjil	5	5	jil	2	9	10	4	4	ʔ	NSV	9
N00023	DWEM2A010	ʌʊl	4	1	ʌʊl	1	1	4	4	1	ʌ	DVf	3
N00024	DWEM2A010	ʌʊl	4	2	ʌʊl	1	1	4	4	2	ʊ	DVs	4
N00025	DWEM2A010	ʌʊl	4	3	ʌʊl	1	1	4	4	3	l	TC	5
N00026	DWEM2A010	ʌʊl	4	4	ʌʊl	1	1	4	4	4	ʔ	NSV	9
N00027	DWEM2A011	ʌʊ	2	1	ʌʊ	1	1	2	2	1	ʌ	DVf	3
N00028	DWEM2A011	ʌʊ	2	2	ʌʊ	1	1	2	2	2	ʊ	DVs	4
N00029	DWEM2A012	ʌʊr	4	1	ʌʊr	1	1	4	4	1	ʌ	DVf	3
N00030	DWEM2A012	ʌʊr	4	2	ʌʊr	1	1	4	4	2	ʊ	DVs	4
N00031	DWEM2A012	ʌʊr	4	3	ʌʊr	1	1	4	4	3	r	RC	5
N00032	DWEM2A012	ʌʊr	4	4	ʌʊr	1	1	4	4	4	ʔ	NSV	9
N00033	DWEM2A013	ʌʊtʃʰ	3	1	ʌʊtʃʰ	1	1	4	3	1	ʌ	DVf	3
N00034	DWEM2A013	ʌʊtʃʰ	3	2	ʌʊtʃʰ	1	1	4	3	2	ʊ	DVs	4
N00035	DWEM2A013	ʌʊtʃʰ	3	3	ʌʊtʃʰ	1	1	4	3	3	tʃʰ	ʌC	5
N00036	DWEM2A014	ʌʊs	3	1	ʌʊs	1	1	4	3	1	ʌ	DVf	3
N00037	DWEM2A014	ʌʊs	3	2	ʌʊs	1	1	4	3	2	ʊ	DVs	4
N00038	DWEM2A014	ʌʊs	3	3	ʌʊs	1	1	4	3	3	s	FC	5

No.	P – Pre	PC – Pre	P – Fol	PC – Fol	GAP	VOT	CD	CA	CF1	CF2	CF3	CF4	CF5
N00001													
N00002			i	DVs									
N00003	ʌ	DVf											
N00004			ə	SV		53		57	625	1510	2729	3610	4203
N00005	tʰ	ʌC	t	SC									
N00006	ə	SV	ʔ	NSV	52	17	69	82	625	1510	2729	3610	4203
N00007	t	SC											
N00008			l	TC									
N00009	ʌː	LV	ʔ	NSV			42	74					
N00010	l	TC											
N00011			ʃ	FC									
N00012	ʌː	LV					264	60	980	1700	2790	3852	4843
N00013			j	TC									

续表

No.	P–Pre	PC–Pre	P–Fol	PC–Fol	GAP	VOT	CD	CA	CF1	CF2	CF3	CF4	CF5
N00014	ʌ	SV	i	SV			40	79					
N00015	j	TC	ɣ	TC									
N00016	i	SV	ʔ	NSV			74	68					
N00017	ɣ	TC											
N00018			j	TC									
N00019	ʌ	SV	i	SV			58	79					
N00020	j	TC	l	TC									
N00021	i	SV	ʔ	NSV			59	73					
N00022	l	TC											
N00023			ʊ	DVs									
N00024	ʌ	DVf	l	TC									
N00025	ʊ	DVs	ʔ	NSV			60	75					
N00026	l	TC											
N00027			ʊ	DVs									
N00028	ʌ	DVf											
N00029			ʊ	DVs									
N00030	ʌ	DVf	r	RC									
N00031	ʊ	DVs	ʔ	NSV			93	72					
N00032	r	RC											
N00033			ʊ	DVs									
N00034	ʌ	DVf	tʃʰ	ʌC									
N00035	ʊ	DVs			55	115	170	60	576	1977	2733	3648	4427
N00036			ʊ	DVs									
N00037	ʌ	DVf	s	FC									
N00038	ʊ	DVs					147	55	569	1835	3233	4009	4979

No.	VF1	VF2	VF3	VF4	VF5	VD	VA	TF1	TF2	TF3	TF4	F1	F2	F3	F4
N00001						290	81	784	1173	2607	2891	852	1227	2565	2888
N00002						103	82	860	1305	2233	2948	809	1416	2232	2974
N00003						192	77	640	1691	2135	2999	413	2161	2871	3944
N00004															
N00005						68	82	508	1130	2326	3439	516	1306	2565	3309

No.	VF1	VF2	VF3	VF4	VF5	VD	VA	TF1	TF2	TF3	TF4	F1	F2	F3	F4
N00006															
N00007						78	72	405	1385	2551	3187	472	1361	2669	3516
N00008						226	81	841	1282	2342	3002	876	1275	2450	3691
N00009	448	1072	2323	3460	4146										
N00010						62	74	511	1138	2353	3263	615	1202	2320	2919
N00011						223	82	936	1287	2442	3463	913	1245	2378	3700
N00012															
N00013						169	79	874	1403	2316	3437	802	1600	2273	3489
N00014	413	2133	2783	3476											
N00015						58	78	382	2137	2745	3453	410	2058	2561	3372
N00016	358	1523	2442	3418	4697										
N00017						63	71	425	1323	2450	3575	459	1246	2396	3534
N00018						135	77	884	1284	2459	4487	836	1463	2226	3482
N00019	475	2050	2707	3447											
N00020						74	79	404	2072	2738	3423	428	1921	2571	3454
N00021	376	1354	2486	3456	4569										
N00022						88	76	546	1305	2571	3443	645	1299	2461	3428
N00023						133	81	779	1095	2717	4178	711	1017	2811	3717
N00024						118	82	657	920	3134	3740	471	755	2683	3253
N00025	448	1004	1439	3422	5041										
N00026						95	78	693	830	2017	3503	625	1168	2464	3407
N00027						133	84	770	1083	3421	4852	751	1034	2712	3457
N00028						185	84	638	887	2666	3417	517	700	2420	3212
N00029						148	82	806	1105	2731	3943	755	1025	2662	3635
N00030						99	80	588	849	2651	3402	490	712	2718	3388
N00031	588	1111	1759	2833	3201										
N00032						51	75	618	1192	2082	3373	609	1187	2111	3357
N00033						103	83	849	957	3011	3587	750	1009	2684	3362
N00034						116	83	676	888	2534	3395	483	789	2594	3443
N00035															
N00036						127	83	783	1063	2627	3372	725	984	2623	3509

No.	VF1	VF2	VF3	VF4	VF5	VD	VA	TF1	TF2	TF3	TF4	F1	F2	F3	F4
N00037						111	82	644	842	2604	3325	514	794	2459	3322
N00038															

No.	TP1	TP2	TP3	TP4	SF	BF	EF	BD	WD	SD	COG	STD	SKEW
N00001	820	1163	2379	2773	112	135	83	83	290	290			
N00002	651	1670	2158	2979	128	138	138	56	295	295			
N00003	336	2341	2818	4139	128	138	138	56	295	295			
N00004					163	189	80	48	267	267			
N00005	407	1314	2587	3218	163	189	80	48	267	267			
N00006					163	189	80	48	267	267			
N00007	494	1381	2556	3617	163	189	80	48	267	267			
N00008	622	1156	2287	3442	115	147	83	188	329	329			
N00009					115	147	83	188	329	329	444	433	11.6
N00010	646	1286	2332	3125	115	147	83	188	329	329			
N00011	555	1583	2465	4205	118	159	153	181	487	487			
N00012					118	159	153	181	487	487	4125	2774	0.16
N00013	476	2147	2762	3470	119		167		405	169			
N00014					174	210	94	77	405	236	747	932	3.02
N00015	396	1813	2453	3375	174	210	94	77	405	236			
N00016					174	210	94	77	405	236	377	448	10.89
N00017	485	1181	2437	3684	174	210	94	77	405	236			
N00018	541	1921	2393	3301	101		138		414	135			
N00019					145	191	79	110	414	279	765	843	2.52
N00020	480	1552	2484	3443	145	191	79	110	414	279			
N00021					145	191	79	110	414	279	561	723	3.56
N00022	634	1225	2346	3504	145	191	79	110	414	279			
N00023	652	928	3182	3827	112	204	173	258	407	407			
N00024	443	953	1863	2985	112	204	173	258	407	407			
N00025					112	204	173	258	407	407	404	231	19.66
N00026	596	1134	2340	3439	112	204	173	258	407	407			
N00027	669	949	2669	3425	173	203	116	68	318	318			
N00028	417	712	2468	3243	173	203	116	68	318	318			

No.	TP1	TP2	TP3	TP4	SF	BF	EF	BD	WD	SD	COG	STD	SKEW
N00029	589	861	2670	3404	128	195	90	208	392	392			
N00030	434	833	2363	3169	128	195	90	208	392	392			
N00031					128	195	90	208	392	392	501	327	7.44
N00032	597	1145	2132	3416	128	195	90	208	392	392			
N00033	683	894	2538	3412	115		211		388	388			
N00034	411	1425	2288	3241	115		211		388	388			
N00035					115		211		388	388			
N00036	646	868	2607	3335	138	177	162	190	384	384			
N00037	473	1081	2698	3636	138	177	162	190	384	384			
N00038					138	177	162	190	384	384	5438	2819	− 0.54

附录三

符号解释

本文所用符号规范及其语言学意义解释如下，不包括音标附加符号。

1. ［］：方括号，音素符号，音素音标记在［］内，例如［t］为辅音音素。

2. //：双斜线，音位符号，音位音标记在//内，例如/t/为辅音音位。

3. #：井号，词界符号，表达词的界线，例如 #Al. lər#

4. . . ：点号，音节界符号，表达音节界线，例如 Al. lər、CV. CVC。

5. +：加号，（1）表示音素界线，主要用在音高描写中，当音高峰出现在某两个音素界线上，记为出现在 V + C 处，详见第四章。（2）表示具有某种区别特征，见第三章第三节。

6. -：短中画线，（1）音素标志，代表任意音素，例如 -l. l-，意义为出现在音节界上的重叠辅音 l. l 前后可以出现任意音素，若无 "-"，即不出现其他音素。（2）也是语素标志，例如 Al-，意义为该词根后可加语素。

7. –：减号，表示无某种区别特征，见第三章第三节。

8. ~：波浪线，（1）范围符号，用于表达数字范围，例如 "F1 为 344Hz ~ 455Hz"，表达 F1 的取值范围在 344Hz 到 455Hz 之间。（2）或者符号，例如 əmkun ~ əmɣun，意义为该词可有两种发音，əmkun 或 əmɣun。

9. —：长中画线，组合符号，主要用于表达前后音节组合形式，例如 "短—短"，表明前后两个音节元音均为短元音的组合形式，详见第四章第一节。

10. →：右向箭头，音系表达式的 "变为" 符号，即表达音变结果，详见第三章。

11. /：单斜线，音系表达式的条件符号，即表达"在……条件下"，详见第三章。

12. ＿＿：长下画线，音系表达式的目标位置，即当某个音素出现在该位置时，发生音变，详见第三章。

13. ø：空位符，音系表达式的空位符号，表达音素脱落，详见第三章。

14. σ：音节符号，代表一个音节。

15. C_0：辅音加任意元音，在音位表达式中代表音节首辅音。

后　记

本书在笔者博士学位论文的基础上修改而成。我的博士论文研究是导师包玉柱教授国家社科基金重点课题"蒙古语族语言语料库研制"项目的一部分，在写作过程中得到了老师悉心指导和严格把关。本书也是该课题阶段性成果之一。

该研究采用了本人第一手语料，语料发音人为 阿尔坦桑 、孟丽芳、郭旭光、鄂丽萍、 苏都日·图木热 、布库保、郭英保、敖荣胜、郭军、敖萨仁、苏梅杰，均为内蒙古自治区呼伦贝尔市莫力达瓦达斡尔族自治旗的布特哈达斡尔人。在语言田野调查中也得到了莫力达瓦达斡尔族自治旗达斡尔协会敖好章秘书长、郭白云先生、郭银柱先生、敖峰林书记等人无私的帮助。

实验语音学研究数据烦琐，图谱多，编排、审阅和校对需要投入更多时间和精力。我爱人乌日格喜乐图老师参与全程工作，协助收集语料，提出建议，给与了最大的支持。社会科学文献出版社刘丹老师、周志静老师以及匿名外审老师认真审阅，纠正错漏，不嫌烦琐，才最终成就了这本著作。

借此机会，一并感谢所有人，他们的辛勤劳动和宝贵意见保证了本书的顺利出版。因本人水平所限，文中难免出现遗漏或错误，敬请学界同行批评指正。

2019 - 8 - 3

图书在版编目（CIP）数据

达斡尔语音系实验研究 / 哈斯其木格著. -- 北京：
社会科学文献出版社，2019.9
ISBN 978 - 7 - 5201 - 4738 - 5

Ⅰ.①达… Ⅱ.①哈… Ⅲ.①达斡尔语 - 语音 - 研究
Ⅳ.①H222.1

中国版本图书馆 CIP 数据核字（2019）第 075536 号

达斡尔语音系实验研究

著　　者 / 哈斯其木格

出 版 人 / 谢寿光
组稿编辑 / 宋月华　周志静
责任编辑 / 刘　丹

出　　版 / 社会科学文献出版社·人文分社（010）59367215
　　　　　　地址：北京市北三环中路甲 29 号院华龙大厦　邮编：100029
　　　　　　网址：www. ssap. com. cn
发　　行 / 市场营销中心（010）59367081　59367083
印　　装 / 三河市龙林印务有限公司

规　　格 / 开　本：787mm × 1092mm　1/16
　　　　　　印　张：17.25　字　数：284 千字
版　　次 / 2019 年 9 月第 1 版　2019 年 9 月第 1 次印刷
书　　号 / ISBN 978 - 7 - 5201 - 4738 - 5
定　　价 / 198.00 元